iconzone: ii

welcome to our

PW
Parallel World

「たかしのPaper Doll」昭和30年代

WELCOME to OUR PARALLEL WORLD.

The exciting paradoxes in the 1970's Counter-Culture

あのころ、吉祥寺には「ぐゎらん堂」があった。

——1970年代のカウンターカルチャー、その痛快な逆説

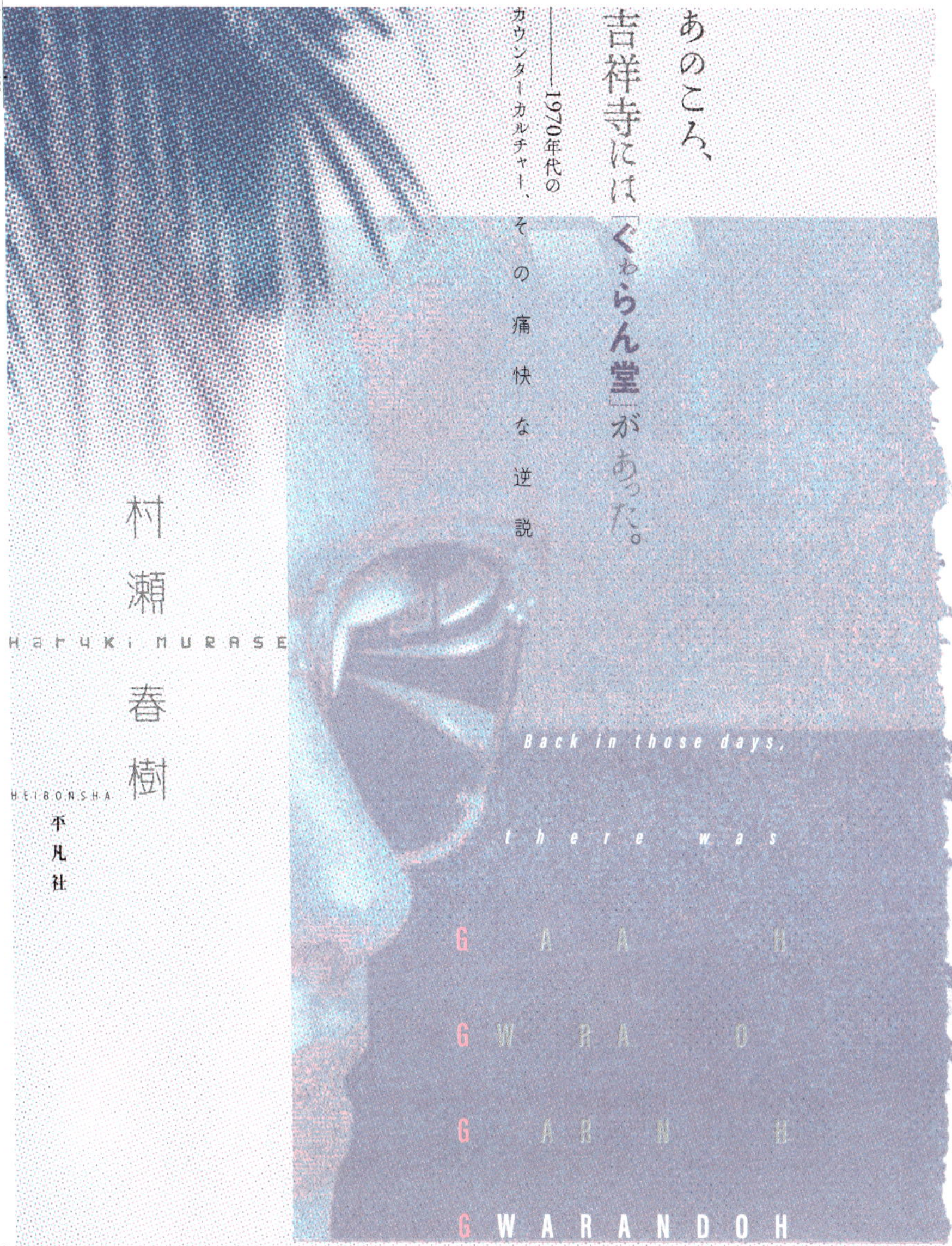

村瀬春樹

HaruKi MURASE

Back in those days, there was

G A A H

G W R A O

G A R N H

GWARANDOH

in Kichijoji.

HEIBONSHA

平凡社

iconzone: IV

HeiQuicci HARATA: AS IS+, 2024

［献辞］

70年代を共有した多くの諸君と、
70年代を知らないもっと多くの人びとに本書を捧げる。

写真：歴史寫眞會発行「歴史寫眞」1933（昭和8）年3月号。

『もくじ』
menu
Welcome to Our Parallel World.
めにゅう

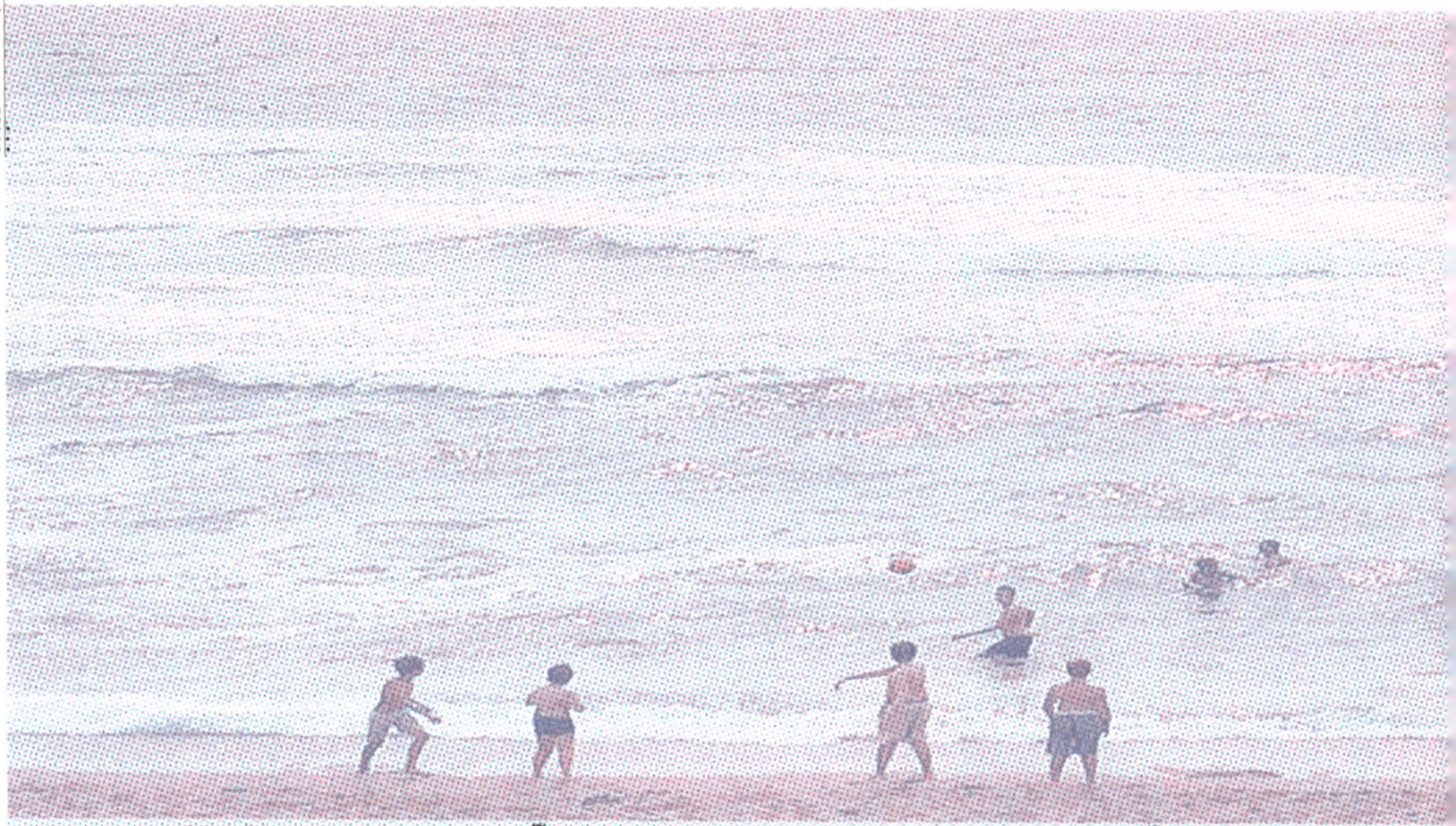

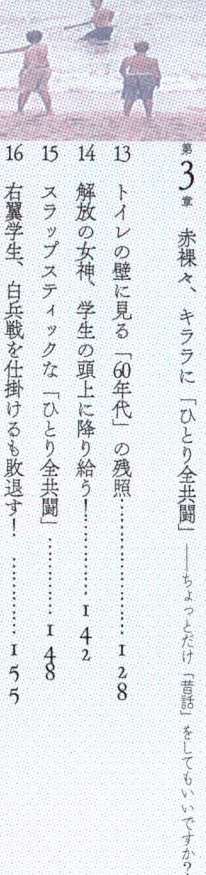

【本書の取り扱い説明書（トリセツ）――筆者】

一、本書は、意図的に、筆者特有の「アナクロ&アナログ表記法」にこだわって編集されている。

一、たとえば、次のように、用語の表記が必ずしも統一されていない。

例＝「ひろがる／広がる」「そろう／揃う」「おびただしい／夥しい」「とき／時」「ひとり／一人」など、仮名と漢字を混然として入り交じらせてある。

また、「言う／言った」という動詞は基本的に「いう／いった」と仮名にしてあるが、文意の強弱をつけるために「言いあらわせない」「言いたい」とした例もある。慣用句の熟語も「言い方」「言い分」などとした。決して、編集者、校閲者の手抜きではないことをあらかじめお断りしておく。

一、表記の上での選択基準はひとえに筆者の語感に依（よ）る。すなわち、前後の文章の仮名と漢字のバランス、字面（じづら）の見映え、眼と脳が感じる音（おん）の響きやリズム、仮名表記と漢字表記の微妙なニュアンスの違いなどによって選別されている。

一、表記を敢えて不統一とした理由は、筆者が表現にユニフォーム（制服）を着せたくなかったからであり、字面にマスゲームを踊らせたくなかったからだ。

一、ここでいう「アナクロ&アナログ表記法」とは、筆者が好むフリーハンドの作文法（手書き時代の表記法）のことだ。活字文化以前の和様（わよう）の書（日本の肉筆文化）は、気の向くままの散らし書きやら乱れ書き、その書の上に折り重なっての重ね書きが特徴のひとつだが、その不揃いな美しさに敬意を表したい。もとより、人が記す文章や詩歌は「固体（木版や合金活字）」を起源としたものではない。流れる水の如き「流動体」のやはらかさ、危ふさこそをかしけれ。

一、別の言い方をすれば、ジャズやロックのセッション（即興演奏）に見るフリースタイル。あるいは、パリの「五月革命」（１９６８年）でカルチェ・ラタンの街の壁に残された「落首（らくしゅ）」や「壁文学（Littérature Mural）」の野放図をおもしろがるものである（本編参照）。

一、なので、本書の文体や用語もまた、論文調あり、ため口体あり、漢文、古文、掛け言葉、対句、縁語や淫語（いんご＝放送禁止語）ありと筆にまかせた。

一、引用文は〈 〉で括（くく）ってあるが、原則として、旧漢字を新漢字に直した。また、特に筆者の注釈が必要な場合は［ ］を添えて表示した。

一、引用したインタビュー、対談などの質問者は、基本的に名前を省略して「Q（Question）」と表記し、注釈に氏名を記載させていただいた。

一、筆者の手元に残された写真類は膨大な数にのぼる。撮影者と提供者についてはわかるかぎり記載したが、なかには撮影者不明のものもある。心当たりのある方は連絡をいただければと思う。また、特に表記のないものは、筆者が撮影したものかスキャン（複写）した画像である。

一、写真によっては、「ぐゎらん堂」や「名前のない新聞」などの住所や電話番号が記載されているケースがあるが、デザイナーの作品の完成度を損なわないために無加工のままにした（あの店の閉業後、電話加入権も消滅しているので通話しないこと。また、当時の「新聞発行所」や他のお店などにも同様の配慮をお願いしたい）。

一、事実関係については、可能なかぎりファクトチェックを行ったが、世の中は手違い、間違い、勘違い。行き届かない点があったらご指摘いただきたい。

一、本書は総ページ数が四百二十ページという長編である。著者としては上下巻の二分冊として刊行する心づもりだったが、コストアップを避けるために一冊にまとめることにした。いわば、「あのころ」の音楽シーンを集大成し、背景としての世界的なカウンターカルチャーを記録した［総集編］としてお届けしたい。

一、この本が日の目を見るまでには、多くの方々のひとかたならぬ友愛の情と尽力があった。本編に登場するあの店の常連客だった皆々さま、ミュージシャン、アーティストの諸君に心から感謝したい。

一、そして、本書の刊行を快諾してくださった**金澤智之**さん（現・中央公論新社）、「唯一無比の大著」と望外の評価をしてくださった、**平凡社**の**日下部行洋**さん、丁寧なファクトチェックを重ねてくださったフリー編集者の**及川道比古**さんには伏して御礼を申し上げる。

一、さらになにより、70年代の吉祥寺を共にした**羽良多平吉**（はらた へいきち）さん――ぐゎらん堂のアイコンとなったマッチボックス「月に赤猫」（Icon Zone / Special Thanks Pages 参照）のデザイナー――が、多忙にもかかわらず、本書の書容設計（しょようせっけい＝装幀とブックデザイン）を担当してくれた。今回、彼には、最先端の編集美学を多く学ばせていただいた。深く謝意を表し、Special Thanks を捧げる。

◉ システム

iMac Retina 5K macOS Sonoma
MacBook Pro OSMonterey
Mac OS X 10.6.8

◉ アプリケーション

Adobe InDesign 2024
Adobe Illustrator CC Legacy + Beta
Adobe Photoshop 2025 + Beta

◉ 書容仕様

［用紙］

.... カヴァー・帯
ヴァンヌーボ V-FS スノーホワイト　四六判 Y 目 130kg

.... 表紙・見返し
ヴァンヌーボ V-FS スノーホワイト　四六判 Y 目 105kg

.... 本文
オペラクリアマックス　四六判 Y 目 66kg

［製本］

.... 上製・丸背・あじろ綴じ

［芯ボール］

................NS ボール 9 号

［花布］

.... 伊藤信男商店 No.82

［しおり］

.... 伊藤信男商店 No.26

◉ フォント

A P-OTF 秀英明朝 Pr6N
FOT- 筑紫明朝 Pr5
FOT- 筑紫 A オールド明朝 Pr6N
FOT- 筑紫アンティーク L 明朝 Std
FOT- 筑紫アンティーク S ゴシック Std
FOT- 筑紫オールドゴシック
FOT- ロダン墨東 Pro
GL- 築地四号
KR えど
KR かもめ
KR きざはし
KR ばてれん
KR たかさご
KR たおやめ
KR やぶさめ
うつくし明朝体
ゴシック MB101
小塚ゴシック Pro
自由の翼フォント
タイムマシンわ号
とっぽいゴシック
丸明 Shinano
UD モトヤ UP 新聞明朝
游ゴシック体 Std
游築見出し明朝体 OTF
游築見出し明朝体 Alt OTF

Acumin Variable Concept
Adobe Garamond Pro
Alte Haas Grotesk
Beattle
Blacker Papua
Bodoni 72
Countdowner
Crap*Magnet Jr.
CropFont
Day Roman
DENIAL
Fontaine de Diamant
Helvetica
Indenture English Penman
Lindau
Minion Variable Concept
Mutlu Ornamental
star
vinc

HeiQuicci HARATA: AS IS_Reflection, 2024.

0.

私の気分はチリレンゲ

——いまどきの「居場所なき若者たち」へ

この本は単に音楽業界の裏話をまとめたものではない。１９６０年代～70年代、あの時代に花開いた「カウンターカルチャー＝対抗文化」が生んだ「パラレルワールド（世間の価値観や美意識とはちょっと異なる人びとが暮らす別世界）」の物語である。

主人公は若きミュージシャンやアーチスト（現代美術家、デザイナー、漫画家）、それに、高校生をはじめとする無数の若者たち。彼ら彼女らが織りなす面白譚《おもしろばなし》を収録した実話集だ。その時代を実際に生きてきた六十代～七十代の方には「そうだそうだ！」と、自分のあのころと重ね合わせて大笑いしていただきたい。挿話のひとつひとつが昔日の血を騒がせる「回春剤」となるだろう。でも、高齢者だけを元気にしてどうする!?（彼らは、いま、思いのほか元気だし）

私は、むしろ、いまどきの若者たち――あの時代を知らずに生まれてきた若い諸君を強く意識してこの本を用意した。なかでも、いまの時代に違和感を感じている人、この社会に自分の「居場所＝テリトリー」（cf. "Territory Blues" by Rei[*1]）を見失っている人、とりわけ、一日も早く家出したいと思っている少年少女、それに、他人とはちがうなにか面白いことをやってみたい若者にとって、この本は想像力《イマジネーション》を刺激するガイドブックになるかもしれない。

この本には、有名無名は関係なく、さまざまな登場人物たちの生き方が繰りひろげられるが、彼ら彼女らが着たTシャツの胸にはこんなロゴがプリントされていたと思う。もっと自分らしく、もっと自分を肯定し、もっと勝手に生きても人は楽しく生きられるんだよ――と。

だとしたら、さて、カウンターカルチャーの「パラレルワールド」――この世に併存《へいぞん》するもうひとつの時空とはどんな世界だったのか？

「武蔵野火薬庫／ぐゎらん堂」

ご存知だろうか？　あの店のことを。いま思えば、1970年代、私は希有《けう》な体験をした。東京・吉祥寺で、こんな名前を名乗るヘンな店を経営していたのだ。それは「音楽を聴かせる店」――今日《こんにち》でいうところのライブハウスだった。開店したのは1970年10月、パートナー（伴侶）のゆみこ・ながい・むらせ[*2]が二十三歳、私が二十六歳のときだった。

あの店で過ごした十年余の日々は、経営的な面からいえば決して輝かしいものではなかった。なにしろ、店を開いたとき、私たちの貯金はゼロだったが、リタイアした十年後もゼロだった。けれど、あの店は預金通帳の数字では言いあらわせない豊かさをながいと私に残してくれた。いまでもひんぱんに連絡を取り合うたくさんの友人たちの存在である。

私たちは何百回かのライブやイベントを企画し、開催し、おびただしい数の人びとと出会うことになった。そのなかの多くがある同じ思いを共にする人びとだった。それを別のコトバでいうとしたら「くやしさ」というやつだろうか。人と人は、時によって、「愛」を絆とするより「くやしさ」を共有したほうが結びつきが強くなることがある。

ながいと私はこの日本という国に生まれ、日本で育ち、なによりも和食が大好きな日本人なのだが、1960年代後半～70年代、私たちは中華料理で使われる「チリレンゲ」になったような気分で暮らしていたのだ。チリレンゲとは、蓮華《れんげ》（ハス）の花びらのようなかたちをした陶器の匙《さじ》子

＊**1**__Reiは、1993年、兵庫県生まれの若きブルーズウーマンだ。オリジナル曲 “Territory Blues” では、「テリトリー」を「ここが私たちの居場所。倒せるもんなら、やってみな！」とシャウトする。

＊**2**__フリーランス・ライター。
公私にわたる50年来のパートナーで村瀬との共作、共著も多い。

だ。もし、日本の多くの人びとが洋食のスプーンだとしたら、自分たちはそれ。微妙に反《そ》りが合わず、まとめていっしょに重ねられず、社会という引き出しにうまくおさまらないのに気づいていたのである。私は私、もともと私よ。悪いけど、勝手にゴメンね！——ふたりとも、そんな生き方をしていたからだと思う。

私たちは若かった。あの時代、ふたりとも大いに共鳴した合い言葉がある。

Don't Trust Anyone Over 30!
三十歳以上の人間を信じるな！

ありていにいえば、多くの若者たち——私たちを含め——が、大人たちが用意した引き出しからはみ出していたのだと思う。出る杭は打たれ、はみ出しものは叩かれる？ 事実、開店当初、ぐゎらん堂は近隣の住民諸氏や警察署からいやがらせを受けた。しばらくして、ビルのオーナーから立ち退きを迫られて裁判になったりした。くやしいったらありゃしない。

だが、そんな思いを抱いていたのは私たちだけではなかったようだ。同じようなくやしさを胸に秘めた若者たちが、あ

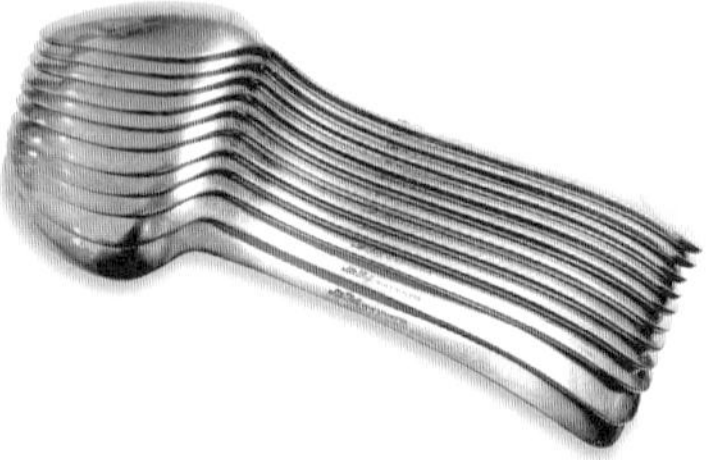

✣反りが合わない……

チリレンゲ
スプーン

の店にわんさとやってきたのである。いま、彼らのことをさまざまに思い出す。それは美しい思い出だけではない。エゴとエゴがぶつかり合う意見の対立があった。血みどろの殴り合いがあった。幾多の失恋があり、裏切りがあり、修羅場があった。思い出したくないことのほうが鮮やかによみがえるのはなぜだろう？　でも、喜怒の思い、哀楽の情を超え、あの店で花開いた交遊の輪がいまも息づいているのは、これもまたなぜなのか？

あの時代、あのデキゴト――あれはいったいなんだったのか？　私はあのころの吉祥寺と若者たちの在《あ》り様《よう》を「総括」しようと決めた。あの店を知っている世代が生きているうちに。

70年代初頭、吉祥寺は電飾きらめくアーケードの街ではなかった。ほどよくにぎわい、ほどほどにうらぶれた田舎町だった。その街の空気とあの店の存在は、多くのミュージシャンにとってなにか特別のものがあったようで、2000年代に入っても、往時を慈《いつく》しむニューアルバムがリリースされている。たとえば、中川イサトの『あの日の風[*3]』。その一曲目「吉祥寺1972」はギターの軽快なフィンガー・ピッキングではじまる。

♪　中道通りを少しばかり行くと
あのバンビって洋食屋が
その後《あと》ゆくのは決まってたよ
そう　あの武蔵野火薬庫

＊3　2006年発売のCD盤『あの日の風／中川イサト with 武蔵野レビュー』（Seals Records）。

ひたすら突っ走ってた時代
あの吉祥寺1972……

（詞・曲＝中川イサト「吉祥寺1972」2006年）

1972年、少年たちの髪は肩まで伸びた長髪だった。Tシャツの少女たちにはノーブラの娘もいた。彼ら彼女らはまだ世間知らずで、甲斐性なしで、わがままだったが、取り柄があるとしたら「自由の民」だったことだろう。遊びをせんとや生まれけむ、戯《たわぶ》れせんとや生《む》まれけん。好意的な言い方をすれば、真情あふるる「遊民」たちだった。

彼らが体現していたのは大いなる時代精神だった。そして、素晴らしいじゃないか、その活気に満ちた精神《スピリット》は日本列島固有のものではなかったのである。

それは国境をまたぎ、大陸を越え、世界の若者たちのあいだで同時多発した価値観と美意識だった。これこそが、当時、大多数の大人たちが信奉した「メインカルチャー（多数派文化＝旧い世界観、女性観、男性観、道徳観、生活様式などなど）」に異を唱えた「カウンターカルチャー＝対抗文化」である。

この「異文化」が第二次世界大戦後の世界史を激しく揺さぶることになる。

60年代〜70年代、それは、四角四面《スクエア》な旧文化に抗するヒップな文化——まるいお尻《ヒップ》のように危うくもやわらかな思想、それになにより、生き方として裾野をひろげていく。

カウンターカルチャー*4とはなにか？

それは、戦後に生まれたベビーブーマーたちが、戦前生まれの親たちが安住する社会をまるごと否定するラディカル（根源的）な異議申し立てだった。彼らは「断絶の世代」とも呼ばれた反抗的

＊**4**＿洋の東西を問わず、いつの時代にも、多数派社会とその文化（メインカルチャー／ハイカルチャー）とは世界観を異にする「カウンターカルチャー＝対抗文化」が発生する。
「カウンターカルチャー」と似た概念に「サブカル（サブカルチャー）」がある。

たとえば「Wikipedia」には〈サブカル＝主流文化に対し、一部の集団を担い手とする文化を指す用語で、副次文化ないし下位文化とも訳される〉、〈カウンターカルチャー＝サブカルチャー（下位文化）の一部であり〉とあるが、私の見解はその説とは少しばかり異なる。

サブカルもカウンターカルチャーも、決してメインカルチャーの補完物ではない。

両者の間にヒエラルキー（序列、上下関係）を持ち込むことがメインカルチャーの伝統的な手口だと思う。

サブカルやカウンターカルチャーは、メインカルチャーの「下」にあるのではなく「横」に並立する（あるいは、背後霊のように背中に憑依する）。

その異種のカルチャーが胎盤となって「パラレルワールド」が生まれるわけだ。

とりわけ、本書では、多数派社会と対峙して渡り合い、その「対極」に発生したカウンターカルチャーに焦点を当てたい。


な世代である。エルヴィス・プレスリーのロック&ロールには飽き足らず、ジョン・レノンやボブ・ディランに目を開かされた「ビートルズ世代」「ディラン世代」だったが、同時に、きわだって「政治的な世代」だった。米国では、アフリカ系アメリカ人の人権を回復する公民権運動に合流し、自国が引き起こしたベトナム戦争に直接行動で対抗する。

ヨーロッパでは、学生たちが労働者のゼネストに呼応した。1968年の「五月革命」——パリの市街にバリケードを築き、ド＝ゴール政権に立ち向かう。「きみたちは——」当時、ジャン＝ポール・サルトルも驚いた。「われわれの社会をつくったすべてのものを否認する」と。

この「総括」では、そのあたりのデキゴトにも触れるつもりだが、当時の実情をリアルタイムで見聞できなかったいまどきの若者諸君の場合、彼らがラディカル（過激）だからといってビビったり、眉をひそめる必要はない。ひたすら面白がっていただければそれでよい（実際、とても面白い）。それが、あのころの若者たちの世界水準だったのだから。

この本の副題《サブタイトル》を「1970年代のカウンターカルチャー……」としたのはそんな理由からなのだが、「論」や「説」だけに堕するのは避けたいと思う。まるいお尻に理屈は似合わない。

あのころ、あの店に集《つど》った遊民たち——有名無名のミュージシャン、アーチストから高校生たちまで——の日常はじつに個性的で茶番劇風《スラップスティック》だった。だから、論より実話。若い諸君のために、愉快なエンタメ本に仕立てようと思う。彼らの日常生活の向こう側に、70年代の音楽シーンやアートシーン、そして「カウンターカルチャー」の実相が見えてくるはずである。

とはいえ、率直にいえば、いまどきの若者諸君には私の理解を超える点が多々ある。それは、私がじゅうぶん過ぎるほど大人になったせいだろう。そういう意味では、あの合い言葉はいまも生きているのだ。

三十歳以上の人間を信じるな！
だから、私を信じるな！

そう、私がこれから書く話を信じるかどうかは諸君の自由だ。同時に、私が、若い諸君にある種の期待を抱くのはこれもまた自由である。

私は大いに期待する。しばしスマホの手を休め、自分の親たち（ひょっとしたら祖父母たち？）の若かりし日々に興味をもってほしいと思うのだ。70年代の若者たちのアナログな冒険譚をおもしろがっていただきたいのである。その冒険をいまもつづけている大人たちが少なくないことを知ってほしい。

それにしても、あの時代からすでに半世紀。なのに、私の気分はいまもチリレンゲだ。社会の空気がいよいよ澱《よど》んでいるからだと思う。元気を出せよ！　と私は私に言いたい。元気が出る本を書けよ、と。

この本は、国家、社会、組織の思惑を忖度《そんたく》するより、自分が自分に正直であることが素敵だった時代の話である。良きにつけ悪しきにつけ、ホンネで生きた五十年前の若者たちの年代記《クロニクル》だ。

胸のすく話、聞かせようじゃないか。

少数派の物語だけど、聞いてくれるかな？

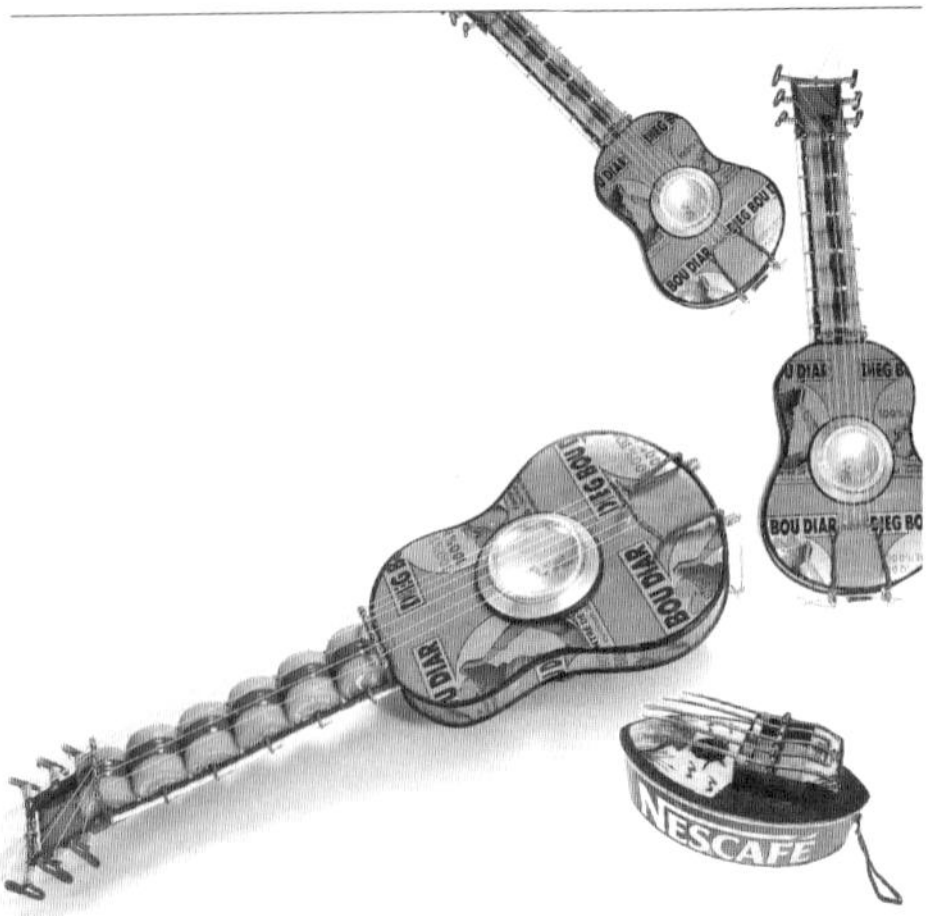

✣ ぐゎらん堂の若者たちは
“猫まんま” で腹を満たした（1970年代）。
アフリカのストリート・チルドレンは
“Cancara Art ／空き缶細工” で
糊口をしのぐ（1990年代～ 2020年代）。

1.

さびしい町じゃ、だれでもさびしい

──「ヘンな店」のつくり方、教えます

01

「さびしい町」で貸店舗を探した

１９７０年４月某日

吉祥寺の空は花曇りだった。街の床屋は不況を嘆いている。あの時代、若者たちが髪を切りに来なくなったからだ。伸ばし放題の長髪、手に負えなくなったら自分で切るか友達に頼む。

私は、アパートの裏庭で、ながいに髪を切ってもらっていた。彼女が手にした裁縫用の羅紗《らしゃ》バサミが容赦《ようしゃ》ない音を立て、私が座った椅子の足元に黒々とした髪の束が散る。私たちは武蔵野市吉祥寺東町の１Ｋ《ワンケー》のアパートで暮らしていた。木造平屋、畳敷きの六畳ひと間、トイレ共用、風呂なし。私は二十五歳、ながいは二十三歳、彼女は妊娠八ヵ月だった。おなかの中にいたのは、後に「飛礫（タブテ）」と命名されることになる男の子である。

ぐゎらん堂を開店する半年前、私はフリーターだった。マンションの建設現場や物流倉庫の雑役、トラックの運転助手——日雇い労働のバイトをしながら本を書いていた。『誰か沖縄を知らないか』（三一新書、１９７０年刊）というルポルタージュだった。

八ヵ月ほど前——１９６９年の夏、ながいと私は「本土復帰」前の沖縄にいた。時代はベトナム戦争の泥沼期、沖縄本島の基地の街＝コザ（現・沖縄市）の郊外に家《ハウス》を借り、ドキュメント映画を撮影していた。取材の対象は米軍基地に駐屯するアフロ・アメリカンの兵士（黒人兵士）とコザの歓楽街に身を置く「売春婦」たち。あの街の記憶はいまも私の肌に鮮烈に刻まれている。

1969年7月某日〜9月某日

私たちが琉球海運の「ひめゆり丸」で那覇《なは》港に着いたとき、真っ先に検査《チェック》されたのは日本政府が発行した旅券（身分証明書）の有無である。本土〜沖縄間の渡航にはパスポート、滞在には「USCAR《ユースカー》＝琉球列島米国民政府」が発給するビザ（入域許可証）が必要だった。島の通貨はUSダラー、港の銀行でわずかばかりの千円札を一ドル紙幣と二十五セント硬貨に両替する。クルマは右側通行、風にはためく星条旗。沖縄はOKINAWA――「アメリカ世《ユー》（米国統治時代）」の真っただ中にあった。

コザはOKINAWAの縮図だった。嘉手納《かでな》基地では、連日、B52戦略爆撃機が轟音をあげて離着陸を繰り返していた。その街のいたるところに、日本本土では目にしない「DIRTY WAR（醜悪なベトナム戦争）」の闇があった。出撃した米兵たちの多くが遺体用の寝袋《ボディ・バッグ》に詰められて基地に帰還する。街の市場では、胸と腹を銃弾で裂かれ、大小の穴が空いた迷彩服がハンガーに吊るされて売られていた。その隣に、黒ずんだシミが生々しく残るボンバージャケット。

夜の街は荒れていた。明日をも知れぬ米兵たちを相手にした「三ドル売買春」が繁盛していた。十五分＝三ドル、三十分＝五ドル、オールナイト＝十ドル（「黒人街＝ホンマチ・ストリート」の相場＊1）。苦界《くがい》に身売りした女性たちが街の景気を支えていた。彼女たちのなりわいを、沖縄語《ウチナーグチ》では「モトシンカカランヌー＝元手のかからない商売」という。

沖縄は血塗られたアメリカだった。コザは屈辱にまみれたサイゴンだった。時代が煮詰まってい

＊1＿「センター・ストリート」「ゲート2・ストリート」などの白人街は「15分＝5＄、30分＝10＄、オールナイト＝20〜50＄以上」と、人種間で格差があった。

た。「カウンターカルチャー」は、いつだって、沸き立つナベの中で目を醒ます。往時の現場に立ち会えなかった世代のために、世界の対抗文化史の一端をかんたんにおさらいしておこう。いずれ、このベトナム戦争とOKINAWAが、あの「音楽を聴かせる店」と浅からぬ縁を持っていたことがわかるだろう。

1960年代後半、アメリカではベトナム反戦運動のうねりが政府の足元を揺るがしはじめていた。65年4月、白人学生を中心とした反戦組織＝SDS《エスディーエス》（Students for a Democratic Society）が「米軍はベトナムから即時撤退せよ！」と呼びかけると、若者たちがワシントンの街路を埋め尽くした。以後、カリフォルニア州バークレーをはじめ、全米各地で大規模なデモと集会が展開され、街の目抜き通りで徴兵カードが焼き捨てられた。そして、この状況の背景には、絶え間なく、大音量のロックが聴こえていたのだ。サイケデリック・ロックに熱狂するヒッピーたちは、デモ隊鎮圧に出動した兵士のライフルの銃口に、ヒナギクの花を挿してまわった。彼らは「フラワーチルドレン」と呼ばれたが、多くの白人の若者たちが自国の戦争にうんざりしていたのだ。

一方、黒人たちは戦争と白人の両方にうんざりしていた。それまで、彼らは根深い人種差別に反抗し、命を賭して闘いながらも白人社会の手のひらの上にあった。多くの黒人たちが白人並みに成り上がりたいという願望から脱け出せないでいた。しかし、彼らはついに気づいたのだ。

BLACK IS BEAUTIFUL！＝黒い肌こそ美しい！

アフリカ系アメリカ人は、外見的にも内面的にも、自分のアフロなルーツの中に独自の「美」と「文化」を発見したのである。白人社会から否定されつづけてきた「黒い肌であること」は、むしろ大いに誇るべきことじゃないか。それは「自分は自分だ！」という自己肯定だった。白人社会の白雪姫（Snow White）の美学から、美しき黒豹（Black Beauty）の自意識へ。

自覚的なブラックピープルは、白人社会の価値観と美意識を根こそぎひっくり返そうとしたのである。ながいと私がOKINAWAで知り合った嘉手納基地の米兵たち――ブラックパンサー（黒豹党）を支持する兵士はそんな連中だった。黒人ブルースを子守唄がわりに聴いて育ったブラザーズ&シスターズ（男女の黒人兵たち）である。マリファナの日向《ひなた》臭い煙がそちこちで漂《ただよ》うなか、その後の米国白人社会を揺さぶることになるカウンターカルチャーが花開こうとしていた。

私たちが沖縄でカメラを回していたちょうど同じころ――69年8月、ニューヨーク州郊外では歴史に残るフォーク&ロックの一大イベント「ウッドストック・フェスティバル／愛と平和のヒューマン・ビーイン」が開催されていた。会場となった広大な牧草地には四十万人を超える若い男女が集結した。出演したのは、一年二ヵ月後に吉祥寺で開店するあの「店」のアルバム・コレクションに欠かせないことになる当代のビッグ・スターたちだった。

ジョーン・バエズ／ジャニス・ジョプリン／CCR（クリーデンス・クリアウォーター・リバイバル）／ザ・フー／グレイトフル・デッド／ジェファーソン・エアプレイン／BS&T（ブラッド・スウェット・アンド・ティアーズ）／サンタナ／ジョー・コッカー／ザ・バンド。そして、ジミ・ヘンドリックス……いま思えば、夢のような顔ぶれだ！

半裸の若者たちは、四日間にわたり、「音楽の女神《ミューズ》」の申し子たちのパフォーマンスに酔いしれる。誰彼《だれかれ》の別なく入り乱れ、踊った。そこには、ステージの上にも会場にも、白人と黒人を隔てる障壁《バリア》はなかった。フォーク＆ロックという若者たちの「対抗音楽《カウンターミュージック》」が壁を取っ払ってしまったのだ。それは自然のなりゆきであり、歴史の必然だった。

1970年8月某日

降って湧いたような話だった。吉祥寺に「店」を開くことになるとはユメにも思っていなかった。バイトしながら書き上げた本『誰か沖縄を知らないか』が出版され、私は、さあ、これから執筆生活に入ろうという矢先だった。

店を開くことになったのは即物的な理由からだった。親元に生活費を送るためである。この年の2月、高校の教師だった私の父が脳溢血で倒れた（五十四歳だった）。さいわい命はとりとめたものの重度の障害が残った。一家四人——病床の父と専業主婦の母、高校在学中の末弟、高齢の大叔母《おおおば》——はたちまち収入源を絶たれることになった。なんとか援助していこうと思ったが、駆け出しライターの原稿料の中から四人分の生活費を送るのはムリな話だ。父は手元の土地を処分して療養資金を捻出したが、その一部を元手に「仕送り用の店」を開こうということになったのである。

じつをいえば、店の業種はなんでもよかった。八百屋？　雑貨屋？　ラーメン屋？　しかし、どうせ店をつくるなら自分たちが楽しめる場にしようと考えた。ながいも私も、学生のころ、新宿のジャズ喫茶「DIG」「VILLAGE VANGUARD」「JAZZ VILLAGE」で夜を明かした世代だ。若者たちに音楽を聴いてもらうカフェなんかどうだろう？

だが、私たちにとって、飲食店の経営は未知の領域だった。「音楽を聴かせる店」……といっても、なにをどうすればよいのか？　だれかに教えを乞うべきなのか？　ながいは二ヵ月前に出産したばかりだったが、養生《ようじょう》する暇はなかった。

インターネットがない時代、私たちは手分けして、業務用の厨房機器や食器の問屋を電話帳で探し、食材の仕入れ先、内装業者、音響機器の専門店を人づてにたどった。ながいと私は、右も左もわからぬまま、武蔵野市界隈の不動産屋を回り、貸店舗を求めて奔走《ほんそう》する。

1970年8月19日（水）

開業スタッフのひとりだった私の弟――「マサミ」もいっしょに街の不動産屋のドアを叩いた。彼は私とちがって音楽の才があった。後に、高田渡、シバ（三橋乙揶《みつはしおとや》）、山本コウタローらと結成した「武蔵野タンポポ団」のベーシストとして活躍する村瀬雅美である。

そもそも、あの店は彼が経営する予定だった。「音楽を聴かせる店」の店主としては適任だったと思う。経営が軌道に乗ったら私は文筆業に復帰すればよい。しかし、70年代半ば、彼は吉祥寺の音楽シーンからリタイアし、あの店は私とながいがマスターとママをつづけることになる。

この日、街はアスファルトが融けそうな暑さだった。このとき、吉祥寺に「音楽シーン」といえるものはまだない。シンガーソングライターのメッカではなかったし、若者たちが集まる街でもなかった。当時の吉祥寺を想い出すたびに、私の頭のなかで流れ出すロック&ロールの名曲がある。小坂一也とワゴンマスターズが日本語でカバーした「ハートブレーク・ホテル」（詞・曲=メイ・アクストン／トーマス・ダーデン／エルヴィス・プレスリー）である。

♪　さびしい町じゃ　だれでもさびしい
　　うらぶれたさびしい　ハートブレーク・ホテル
　　ホテルの人も黒い背広で　涙うかべてる
　　　　（訳詞=レイモンド服部／編曲=高橋健二「ハートブレーク・ホテル」1965年）

　そのころ、吉祥寺は「さびしい町」だった。駅前の大通りはアーケードと化粧タイルで飾り立てられた商店街ではなく、殺風景なバス通りだった。アスファルトの舗装は穴だらけ、路肩の縁が欠けていた。道往く人びとは、路面にできた水溜まりをまたぎ、バスやタクシーを避《よ》けながら歩いていた。デパートはまだ一店もない。後に近鉄デパートが建つ北口駅前には雑木林が繁り、武蔵野の名残りをとどめていた。その一画にお化け屋敷のような農家があったのを思い出す。庭先に放り出された鍬《くわ》と鋤《すき》が夏草に埋もれ、いまにも朽ち果てようとしていた。
　「物件」は意外な場所に潜んでいた。その不動産屋のオフィスに入ると、空気がヤニ臭かった。神棚で榊《さかき》の枝が枯れている。条件を切り出すと店主がいった。

「街外れになりますが、行ってみますか？」

案内されたのが、武蔵野市吉祥寺本町二丁目――新築まもない「タチバナビル」だった。鉄筋コンクリート造り、各階ワンフロアのみの三階建て、狭い敷地に建つペンシル・ビルである。

一階にはビルのオーナーが経営するそば屋が入り、二階と三階が貸しスペース。エレベーターはない。私たちは急勾配の階段を昇り、それぞれのフロアをつぶさに検分した。どちらも内装前の裸の部屋。四方の壁、床と天井も粗々《あらあら》しいコンクリートの肌がむき出しになっていた。ながいがセメントの刺激臭に顔をしかめる。だが、そのスペースは予定していた客席数《キャパ》の条件を満たしていた。二階フロアの賃料は予算オーバーだったが、三階ならなんとかなりそうだった。

たとえば、客席を四十席として……と、店の造りを想像してみた。厨房スペースはこのあたりか？　レコードルームはどこになる？　スピーカーボックスとの位置関係は？　なにやら、ピンとくるものがあった。この物件、意外と当たりかも？

難点のひとつは空間が明るすぎることだった。東西南北の壁に窓が大きく開口している。「それはですね」と不動産屋がいう。「内装次第でどうにでもなりますよ」

だとしても……ながいと私は階段を見下ろした。最大のモンダイはこの胸突き八丁の急階段である。三階まで昇って来てくれる客がいるんだろうか？　賃貸の条件は次のようなものだった。

延床面積＝三十九・七平方メートル（十二坪）
家賃月額＝四万二千円（保証金＝百四十万円）

不動産屋のチラシには、立地条件が「駅徒歩・西へ五分」とあった。いまでこそ、吉祥寺駅から五分圏内なら千客万来の繁華街である。しかし、あのころの「さびしい町」は西（三鷹方向）へ五分も歩けば商店街が途絶え、夜になると闇に沈む住宅街がひろがっていた。

♪ さびしい町じゃ　だれでもさびしい

ま、いいか……。街の明かりが果てる場末に、私たちは店を開くことにした。

02

さて、店の名前をどうしよう……？

1970年9月9日(水)

ながいと私のアパートでミーティング（開店準備会議）を開く。弟のマサミ、彼のガールフレンドの「ユーコッペ」――ツイッギー（60年代を代表する英国のスーパーモデル）のようにキュートな女性――他、マサミの友人の数人が開業スタッフとして同席してくれた。懸案が山ほどあった。宣伝用の印刷物は納品に時間がかかるといわれたし、看板の制作、保健所や消防署、税務署への開業手続きがある。いずれにせよ、店名が決まらないと前に進めない。

✣1994年、私たちは
そのカフェへ行ったのだが……

✣この日から24年後――1994年の夏、ながいと私は初めてパリを訪れたときに「ドゥ・マゴ」へ行ったのだが、彼らには会えなかった。サルトルは1980年、ボーヴォワールは1986年、すでに他界していた。
✣サン・ジェルマン・デ・プレからモンパルナスまで足を延ばし、ボーヴォワールとサルトルの墓所に花を手向ける。ふたりはひとつの墓に眠っている。たくさんの鉢植えの花や花束が供えられていた。

さて、どんな名前にする？

音楽を聴かせる店である。若者たちが気軽に集まれるカフェのイメージだ。しかし、そのネーミングとなるとこれがむずかしい。ながいがなにやらメモ用紙に走り書きした。

「ドゥ・マゴ（Les Deux Magots）」「カフェ・ド・フロール（Café de Flore）」――。

どちらも、パリのサンジェルマン・デ・プレにある老舗カフェの名前だった。著名な作家や芸術家たちの溜まり場で、1960年代〜70年代、シモーヌ・ド・ボーヴォワールとジャン＝ポール・サルトルに所縁《ゆかり》の深い伝説的な店である。

「もし、いつかパリに行けたら」とながいがいう。「真っ先に行ってみたい場所がここなの。運がよければふたりに会えるかも！」

「マニアックすぎるよ」とだれかがいった。「インテリ路線は捨てなくちゃ！　若いミーハー客がわっと群れるような店名はないのか？」

「じゃ、キャヴァーン・クラブ（The Cavern Club）とか？」と別のだれか。初期ビートルズのライブ拠点、だれもが知ってるリヴァプールのナイトクラブだが……ヨソさまの二番煎じに甘んじてどうする？　喧々囂々《けんけんごうごう》、いざとなると、店名ひとつがなかなか決まらない。

「ガランドー……」と、ながいがいった。

「なんだ、それ?」と私。

「いまの私の胸の中よ!」むっとした表情でながいが応じた。「空っ風が吹いてる」

その場にいた全員が彼女の顔を見た。みんな、なにか感ずるものがあったようだ。だれもが、多かれ少なかれ、時代の暗転に打ちのめされていたのだと思う。

1960年代の若者たちがカラダを張った「ROLLING '60」は終焉していた。全国各地のストライキ中の大学に警官隊が導入され、学生たちはめった打ちにされて検挙された。

前年――69年の「10・21国際反戦デー」には、全国で千五百人以上の学生と市民が逮捕される。私もそのうちの一人で、アレは新宿駅西口の大ガード下だった。機動隊員と一騎打ちに及んだのだがボコボコにされて惨敗、大塚署のブタ箱に放り込まれた。情けないやら、くやしいやら。

この日――70年代最初の年の9月――その部屋に座っていた全員が、つい一年ほど前までは60年代の若者たちだった。負けつづけるわけにはいかないよな。でも、なにをどうすりゃいいの? 時代は空しかった。

「だから……」とながいがいった。「胸の中はからっぽ! ガラーンとしたガランドー」

「だとしたら……?」

そう、ここで、例の店名が浮上したのだ。表記は「カタカナ」ではなく「ひらがな」。「が」を「ぐゎ」としたのは、字面にちょっと古めかしい個性を持たせたかったからだ。「ドー」は漢字で「堂」。1960年代、新宿のカウンターカルチャーを牽引した「風月堂」のイメージが頭の片隅にあったように思う。サブネームを「武蔵野火薬庫」と決める。爆発力を秘める店にしたかったからだ。あの店のかたちが少しずつ見えはじめた。

1970年9月13日（日）

店名が決まった。開店時期は早いほどよいだろう。「さびしい町」に木枯らしが吹いてからでは盛り上がりに欠ける。なにはさておき、新しい店の存在を知ってもらう必要があった。私たちは三種類の宣伝媒体——「ポスター」「チラシ」「広告マッチ」を用意することにした。

開店案内のポスター（ラシャ紙全紙大＝約八十×百十センチ）

時代はアナログだった。SNS（ソーシャル・ネットワーキング・サービス）やアドビ・フォトショップはまだない。ポスターは手描き、水彩絵の具を使った「開店予告」を十枚。いわく……

「武蔵野火薬庫／ぐゎらん堂」、ついにオープン！
鬼が出るか？　蛇が出るか？　毎週水曜日、生バンド出演！

で、これをどこに貼り出す？　もとより、ぐゎらん堂の営業エリアは全国区ではない。とりあえず、中央線と井の頭線沿線に住む若者たちが来てくれることを願ったが、そのために、まずは地元のご町内から話題づくりをはじめようと考えた。

だとしたら、武蔵野界隈で暮らす若い男女が必ず足を運ぶ場所はどこだ？　それは、そう、「横丁の風呂屋」である。70年代初頭、あがた森魚《もりお》や南こうせつが銭湯に通う若いカップルの恋情を切なく唄った[*2]が、当時、若者たちが暮らす安アパートに内風呂《うちぶろ》は望むべくもなかった。

私は吉祥寺近辺の三軒の風呂屋と交渉し、男湯と女湯、両方の脱衣場にこのポスターを貼らせてもらうことにした。自分たちが通っていた「弁天湯」もそのうちの一軒だった。

街頭で配るチラシ（B6判のフライヤー＝十二・八×十八・二センチ）

チラシは地元の印刷所に千枚発注した。しかし、版下《はんした》（製版用原稿）はこちらで用意しなければならない。あいにく、デザイナーに知り合いがいなかった。印刷所にデザインを依頼すれば予算がかさむ。ま、自分でやってみるか……と、私の場合、絵ゴコロがまったくなかったのだが、和筆、Gペン、墨汁、ケント紙を買い揃えて仕事机に向かった。

さて、どんなデザインにするか？　と思案したのだが、まったくアイデアが浮かばない。なにはともあれ、拝借できそうなお手本はないものか？　目に留まったのが、灰皿の脇に置いてあったタバコの箱である。私が大好きだった「ゴールデンバット」。この銘柄にこだわりを持っていたのは、値段が安かったから――という理由だけではない。その名も妖しい「黄金蝙蝠《おうごんこうもり》＝GOLDEN BAT」！　そのクラシックなパッケージ・デザインにひとかたならぬ愛着を感じていたからだ。私はバットの箱を手に取ってじっくりと観察した。ふむ、なんとかなりそうだ。

まずは、その特徴的な飾り枠を鉛筆で模写した。商品名の「GOLDEN BAT」を店名の「ぐゎらん堂」に置き換え、細部の絵柄と紋様をそれらしく剽窃《ひょうせつ》する。下書きをもとに、おぼつかない手つきで墨入《すみい》れして……（チラシの完成品はP046参照）。

「開店記念品」用の広告マッチ

最大の難関はマッチ箱だった。あのころ、「店の顔」となる小道具はマッチだった。特に愛煙家の溜まり場となる喫茶店やバー、居酒屋は競うようにマッチボックスのデザインに力を入れた時代である。世の中は紫煙朦々《しえんもうもう》、宇崎竜童《うざきりゅうどう》が率いるダウン・タウン・ブギウギ・バンドの「スモーキン・ブギ」がブレークした時期だ。

私はマッチ箱に強いこだわりを持っている。当時から、古き佳き時代のクラシック・マッチの蒐集に熱を入れていた。吉祥寺には、すでにジャズ、ロックなど音楽を聴かせる有名店がいくつかあったが、いずれもマッチ箱に趣向を凝らし、そのラベルに店の個性と主張を反映させていた。先行競合店には負けたくない。どんなマッチをつくればいいんだ？

マッチ箱の歴史からいえば、標準寸法《スタンダード》は「並型《なみがた》」といわれる「縦三・六×横五・六×厚さ一・六センチ」――マッチ棒が約四十五本入る実用的なサイズである。昔ながらのこの箱を手にすると、片手に具合よく収まり、側面の「摩《す》り板（発火用の紙ヤスリ）」の幅が厚さの分（一・六センチ）ある

＊2＿あがた森魚「君はハートのクィーンだよ」（1972年）、南こうせつとかぐや姫「神田川」（1973年）。

ので、マッチ棒を擦《こす》るときの使い勝手が良いことに気がつく。縦×横×厚さとも、これがマッチ箱のゴールデン・プロポーション（黄金比）なのだろう。

一方、70年代、広告用のマッチは「平型《ひらがた》」が主流になっていた。縦×横のサイズは同じだが箱の「厚さ」を半減させ、マッチ棒の数も半分しか入らぬ薄っぺらな変形版である。

私としては、店を宣伝するマッチ――まして、開店を告げる記念品を「平型」にするのは気が進まなかった。ありきたりのものでは、有力店のマッチ箱の波間に埋もれてしまう。それに、この手の貧相な媒体《メディア》を使って宣伝すれば、店の個性を伝える前に店主のケチ臭さをアピールすることになりそうだ。ま、コストが多少かかっても……と考えた。「店の顔」をつくるなら黄金比の箱にすべきだ、と。

問題はラベルのデザインだった。版下を自分でつくらなくてはならない。鉛筆を削り、仕事机に向かったのだが、どうにもアイデアが浮かんでこない。ともあれ、先人の労作を参考にしようとクラシック・マッチのコレクションを卓上に並べてみた。だが、これが裏目に出た。古典的マッチのデザイン界は百花繚乱《ひやっかりょうらん》、奇想の才が乱れ咲くワンダーランドである。圧倒されるやら、目移りするやら、頭が混乱して完全なお手上げ状態になってしまった。背後から声がした。

「時間、かけすぎじゃない？」ながいがお茶を淹《い》れてきてくれたのだ。

「そうはいっても」私はマッチボックス・マニアとしてのこだわりをコト細かに説いた。「店を知ってもらうには、絶対に欠かせない小道具だからな」

「そりゃそうだけど……」彼女はしばらく考えてからこういった。「小道具という考えにとらわれ

✣「並型マッチボックス」
一古典的ラベルのデザイン例

✣当時から蒐集していたクラシック・マッチである。錦絵の色濃い影響を見せながらも、ダダ（Dadaism）の無頼な表現を思わせる奇想天外な意匠が多い。サイズはいずれも並型。
✣**1段目**（左から）：象印／帽子印／退場するウサギ（干支の見立て。卯年が終わり、次の辰年が出番を待っている）。
2段目：飛獅子（とびじし）印／笛印／二天狗。**3段目**：旭日と菊／時計印／旭日に鶴。
4段目：タイマッチ／福の神／象印のマッチボックス。

すぎてない？　大道具だと思ったら？」

「どういう意味だ？」

「デザインに自信がないのなら、大きさで勝負するの」と彼女。

「同じ酒ビンでも、四合ビンより一升ビンのほうが存在感があるでしょ？」

いよいよわからない。マッチ箱の存在感ってなんだ？

「マッチ箱にもキングサイズがあるってことよ」

「あの『デカ箱』か！」

「デカ箱」とは大箱入りの徳用マッチのことである。若い諸君、ご存知だろうか？「縦九・〇×横十一・〇×厚さ五センチ」——マッチ棒を八百本も収めたケタ外れのビッグサイズ。それは、ひと昔前まで、竈《かまど》の焚き付けやガスコンロの着火に使われていた台所の必需品だった。

この「デカ箱」と「並型」「平型」のスケール感を比較してみて驚いた。

「デカ箱の体積」＝「並型」の十五倍／「平型」の二十七倍
「デカ箱が収めるマッチ棒の数」＝「並型」の十八倍／「平型」の三十六倍

ワオ！　デカ箱マッチの偉大なる存在感。こいつはたしかに迫力がある。ただし、コストもまた迫力がありそうだが。

「この際、見栄を張る気ある？」と、ながいがいった。

「ある……」

「だったら、決まりね。吉祥寺の『名物』になるかもしれない」

デザインで勝負するのをあきらめると気が楽になった。私は近所の雑貨屋でデカ箱マッチを購入し、ラベルのサイズを厳密に採寸してその日のうちに版下を仕上げた。

しかし、ケタ外れは世の中のシステムには馴染《なじ》まないようだった。広告マッチの製作会社に電話するとこういわれた。「広告用にデカ箱？　当社では扱っておりません」「平型、並型ならお安くできますが」。手当たり次第に電話してみたが、答えは同じ「うちでは、ちょっと……」――。

「こうしたら、いかがですか？」と同情してくれる会社もあった。事情通らしい男性の声だった。

「印刷会社にラベルを発注し、別途、徳用マッチ本体はマッチ会社に注文するんですよ」

「別注!?　じゃ、ラベルとマッチ箱は別々に納品される？」

「デカ箱を扱うマッチ問屋、私がご紹介しますけど」

「その場合、マッチ箱のラベルはだれが貼るわけ？」

「いや、そりゃ、まあ――」彼がいった。「お客様がご自分で」

なんてココロ温まる話なんだ。そうすることにした。

1970年9月30日（水）〜10月15日（木）

最終的に、開店日を10月29日と決める。残すところ、あと一ヵ月を切った。そのころ、ながいと私は六畳ひと間の東町のアパートを引き払い、店から徒歩五分の吉祥寺北町に2Kのアパートを見つけていた。そこをオフィス代わりに使い、開店の準備に追われた。

内装工事の現場チェック、業務用の家具什器《じゅうき》、厨房機器の追加注文、音響機材の変更指示、提供メニューの試作、食材の手配——目の回るような忙しさがつづく。

印刷会社から、宣伝用のチラシといっしょにデカ箱マッチの「ぐゎらん堂ラベル」が納品された。すでにマッチ問屋から二千箱の徳用大型マッチ（「桃印」というメーカーのラベルが貼られた既製品）が届き、アパートの一角に段ボール箱が山のように積み上げられていた。

マッチのラベルはデカ箱一個分の寸法に裁断されていた。しかし、それは箱の側面に折り下げる「曲《ま》げ代《しろ》」も含めて平面的に印刷されたものだった。これを立体（直方体の箱）に貼るには、四隅の角に一枚ずつ切り込みを入れ、ていねいに折り曲げて糊付《のりづ》けしなければならない。

この日から、連日、家内制手工業の日々がはじまった。ながいとふたりで糊を溶き、大刷毛《おおばけ》、小刷毛、工作バサミ——まず、ラベルの隅の四ヵ所にハサミを入れ、曲げ代同士が隙間なく収まるように直角三角形のかたちに切り落とす。これを二千枚。次に「桃印」のラベルの上にまんべんなく糊を塗り、その上から「ぐゎらん堂ラベル」をぺたりぺたりと貼り付ける。ラベルに寄ったシワを仕上げ用の大刷毛で熨《の》してやる……と、これが二千個分。生後四ヵ月の乳児が眠る枕元で夜なべ

✣ Gwarandoh Big Matchbox, 1970

の手内職がつづいた。

火気歓迎！　有害無益！
70年代の若者たち、この「火薬庫」に点火せよ！

これが「ぐゎらん堂版デカ箱マッチ」のラベルと完成品である。

✣納品された「ぐゎらん堂版デカ箱マッチ」のラベルとその完成品。稚拙なレタリングで、店名といくつかのキャッチコピーを添える。「有害無益」「火気歓迎」。これがあの店の「営業コンセプト」でもあった。
✣予算の都合で赤と墨色の2色刷りにした。全体の地色は「火薬庫」らしく紅蓮（ぐれん）の炎の赤、メインの絵柄はムンクの『叫び』を拝借する。「黒い炎」に包まれておどろおどろしく燃え上がる人面――これは、そのころ愛読していたマンガ「墓場鬼太郎」「猫目小僧」「どろろ」「銭ゲバ」などの凶々しい雰囲気が大いに参考になった。

03

地上三階——
昼なお暗き「天空の地下室」

1970年10月20日(月)

開店九日前、内装工事がほぼ完了する。ぐゎらん堂の店構えは、当時のながいと私の心象を色濃く反映したものとなった。

店舗に借りたビルの三階——床面積十二坪のフロアは、壁の四面に大きなガラス窓がある露《あらわ》な空間だった。私たちは、それをひとつ残らず封鎖して分厚い防音壁を張り巡らせた。その壁を暗い褐色のペンキで塗りつぶし、闇に沈む穴蔵《あなぐら》のような内装に仕上げた。照明器具は、昭和初期に家庭の茶の間に普及した乳白色のガラス製シェード、その下に仄《ほの》かに灯《とも》る四十ワットのタングステン電球を吊り下げる。

フロアの椅子は予算がなかったので板張りのベンチを注文した。背もたれがない縁台のような腰掛けである。これも壁と同じ暗褐色に塗る。最も予算をかけたのは玄関口《エントランス》のドアだった。厚さ二寸五分（約七・五センチ）、木製の重い防音扉を特注して出入口を塞いだ。そのドアの目の高さに小さな横長の窓を設ける。これが店内に自然光が入る唯一の開口部だった。

内装を終えた店はやたらと閉鎖的な空間になった。たとえていうなら、地上から高度三階——天空に浮かぶ地下室？　世の中のうそ明るい光としらけた風を店内に入れたくなかったからだと思う。口出し無用、放っといてくれよ。世間を閉め出したかったのだろう。そのように、わざわざ世間を狭くしてしまうのがながいと私の悪いクセだ。

内装工事の目処《めど》がついたのでビルの入り口に立て看板《タテカン》を立てた。

「武蔵野火薬庫／ぐゎらん堂」開店迫る！　刮目《かつもく》して待て!!

間髪を入れず、武蔵野警察署から電話が入った。「火薬庫とはいかなる意味か?」「店でなにをするつもりか?」。たまたま電話をとったのがマサミだった。受話器を手に「そんなことをなァ、官憲が口出しするのはなァ……」とか、アジ演説の口調で怒鳴っていたのを想い出す。

ぐゎらん堂は警察からの問い合わせをことごとく突っぱねたが、彼らの心配もあながち的外れではなかったようだ。若者たちの造反《ぞうはん》の火種《ひだね》は「拠点」を変えてくすぶりはじめていたのだ。大学のキャンパスから街の場末の貸店舗へ——。

この時期、全国各地の裏街に、若い世代が主宰する「店」や「場」が誕生する。本屋、レコード店、八百屋、食べもの屋、鍼灸院《しんきゅういん》、印刷屋、フリーペーパー発行所、それに、音楽を聴かせる居酒屋やコーヒーハウス。それぞれ零細な規模だったが、多分に治外法権の空気をにおわせていた。それは疑似解放空間ではあったにせよ、だれからの指図《さしず》も受けない「自前の場」「自己決定権を持った表現の場」を模索していたのだと思う。日本にも、70年代の、新しいカウンターカルチャーが芽を吹こうとしていた。

ぐゎらん堂もそんな店のなかの一軒だった。開店後、あの店は、街の人びとから「ヘンな名前のヘンな店」といわれたが、警察にとってみればいかにも怪しげで、わけのわからぬ、反社会的集団のアジトのように見えたのかもしれない。警察の干渉に膝を屈しなかったせいか——当事者の私たちにとっては意外なことだったが――「オマワリとヤクザが近寄らない店」として若者たちのあいだで知られていく。

翌日――開店八日前、ながいとインテリア用品を探しに原宿へ出かける。店の色彩計画《カラースキーム》と調度品は見直しが必要だった。内装屋さんにいわれたのである。おたくの店には「座敷飾り」が足りないよ、と。座敷飾り――とは部屋の雰囲気を引き立てる造作や装飾品のことらしい。

「ほんとにコレでいいんですか？　こんなにさびしいフンイキで」と彼はいう。

「お客さんが来れば、にぎやかになりますよ」とながい。

「客、入るかね？」

「入らないと思うんですか？」

「いくらなんでも、暗すぎる！」と彼はいった。「これじゃ『ぐゎらん堂』じゃなくて『ノーコツ堂』だ」。納骨堂!?　他人の目にはそんなに陰気に映るのか？

内装のプロが眉をひそめたのも無理はない。壁と長椅子がダークブラウン（だれかが「火災現場の焦げ茶色」といっていた）。天井のクロスも暗いベージュ、床にも同色系のカーペットを選んでいた。さらに、この空間に天板《てんばん》と脚を漆黒《ブラック》に統一したテーブルが搬入されることになる。たしかに、真っ黒、真っ暗だ。いまさら窓を開けられない。照明器具を増やすのはいかにも芸がないし、だいいちそんな予算がない……この絶望的な「地下室」をどうやって明るくする？

原宿でそれを見つけたのはまったくの偶然だった。竹下通りを歩いていると、小さなブロマイドショップを見つけた。入り口に「ハリウッドスター格安！」のステッカー。ひやかし気分で店に入

✣店の「照明器具」となった
ジーン・ハーロウ

✣プラチナ・ブロンドのスターを背景に、ぐわらん堂でセッションする「武蔵野タンポポ団」＋ワン。左から田中研二、シバ、若林純夫。写真：キヨシ（秋山昌弘）、1971年初夏ごろ。
✣6人のスーパースターたちのパネルは次の通りだ。
☆ヘンリー・フォンダ：『怒りの葡萄』のトム・ジョード（1940年）。☆ハンフリー・ボガート：『脱出』のハリー・モーガン船長（1944年）。☆マリリン・モンロー：『The Red Velvet photos』のヌード写真（1949年）。☆クラーク・ゲーブル：『風と共に去りぬ』のレット・バトラー（1939年）。☆ マレーネ・ディートリヒ：『西班牙（スペイン）狂想曲』のコンチャ・ペレス（1935年）。 そして、☆ ジーン・ハーロウ：『秘密の6』のアン・コートランド（1931年）。

ると、ポスターの特売コーナーに人だかりができていた。興味を引かれ、陳列用ラックの見本をめくってみると、目に飛び込んできたのが金髪美女のバストショットである。ハリウッド黄金時代のジーン・ハーロウだった。細く引いた眉の下、巨《おお》きな瞳が宙を見つめていた。袖のない黒いドレス、大きく開いた胸元から白い肌が底光りしている。そして、あのゴージャスなプラチナ・ブロンドの巻き毛がきらきらとオーラを放ち……。

閃いた。これはポスターではなく照明器具なのだ。暗い店を明るくするには、電灯の数を増やせばよいわけではない。華やかにスポットライトを反射させ、銀幕に燦然《さんぜん》と輝く映画スターたちこそ最強の光源なのだ。これを壁に掛けてやろう。私はラックを漁《あさ》り、往時を代表するカリスマたち——六人のスーパースターを選んだ。サイズはいずれも「Aゼロ判」（約八十四×百二十センチ）、パネルに仕立てて届けてもらうことにした。

その照明器具は、1970年代、あの店を訪れた少年少女の胸に強い印象を刻むことになる。

04

♪開店披露は「市中音楽隊《ジンタ》」のリズムにのって

1970年10月29日(木)

快晴、汗ばむような小春日和。われらが「暗い店」はようやく開店にこぎつけた。早朝からながいと店に詰め、オープン初日の準備に追われる。お客さんは来てくれるだろうか?

開店時間の午前十時前、ながいと私は厨房とフロアをマサミと「ユーコッペ」に任せ、大量のチラシを入れた紙袋を提げてビルの階段を降りた。例の「ゴールデンバット」のパッケージを模したフライヤーである。青地のカラー紙に墨色のインクを使った一色刷り。表の面に店名、その下に「SOUNDS《サウンズ》 & OBJET《オブジエ》」と店のポリシーを大書《たいしよ》した。「SOUNDS」は大音量で鳴り響く音楽のつもり、「OBJET」とはアート作品全般の意味だが、それについてはあらためて触れよう。裏面には案内図を載せ、キャッチコピーを添えた。

JAZZかROCKかBLUESか
はたまた春歌か革命歌?? ハア、コリャコリャ……

なんのこっちゃ? 「狂気の迫力! 前衛ジャズバンド、ブルースバンド続々出演! お気軽にどーぞ」ともある。雑居ビルの前で、本日の主役たちが待機していた。街を練り歩くマーチングバンドの皆さんである。私たちは、チラシの配布を「チンドン屋さん」に依頼したのだ。

✣ ♪ チキチキドンドン、本日開店！

左✣あの店のオープンを触れ回るストリート・ミュージシャンの三人組。
下✣これがチラシ。「黄金蝙蝠＝GOLDEN BAT」のぐゎらん堂バージョンである。

私は広告業界の人間ではないが、パブリシティの方法については持論がある。地域限定の宣伝なら、チンドン業者の右に出るものはない。彼らはすごいと思う。白昼堂々、街なかで、人目もはばからずキッチュな衣装と派手な化粧で立ち振る舞う。人びとのココロを奮い立たせる。「東西、トーザイ！　さあ、寄ってらっしゃい、見てらっしゃい」と大音声《だいおんじょう》で呼ばわり、文字通り、鉦《かね》（チャンチキ）と太鼓の鳴り物入りでクライアントの店を触れ回ってくれるのだ。

それに、なんといっても彼らは楽隊《バンド》である。ストリート・ミュージシャンだ。音楽を聴かせる店のお披露目に、これ以上ふさわしいパフォーマーはいないだろう。この日のバンドは三人編成だった。管楽器（テナーサックス）、弦楽器（三味線）、そしてドラム＆パーカッション（大太鼓と鉦）。サックス担当は純白の水兵帽をかぶり、真っ赤なジャケットを着たおじさんである。三味線と太鼓は艶《あで》やかに和服の裾をさばくお姐《ねえ》さんたちだった。

♪ 空にさえずる鳥の声
峯より落つる滝の音
ズンチャッチャ、ズンチャッチャ……
（詞＝武島羽衣、曲＝田中穂積「美しき天然」1902年）

吉祥寺の空の下、うらぶれたジンタの三拍子が流れた。「サーカスの唄」「東京音頭」もにぎにぎしく演奏される。♪ チンチン、ドンドン、チキドンドン。ながいと私がぐゎらん堂を主宰した約十年間、五百回以上のライブやイベントを開催したが、あの店に出演した最初の生バンドはこのチンドン楽団のトリオだった。

この日、朝から日没まで、私たちは街を練り歩いてチラシを撒いた。時ならぬ鉦と太鼓に驚いて振り返る通行人は多かったが、若者たちの姿は少なかった。このころ、吉祥寺はまだ「若者の街」ではない。だが、このパフォーマンスに、ひとりの若いミュージシャンが敏感に反応していた。ブルースシンガーのシバである。ここから「物語」が動き出す。後年、彼が書く[*3]。

〈そんな秋の、ある夜のこと。いつものようにテーブルの片隅［吉祥寺にあった音楽酒場「タムタム」］でウィスキーをちびちび舐めていると、女性の常連客が慌ただしくドアを開けて入って来るなり、「ちんどん屋がこんなの配ってたよ」。そのチラシを見ると、そこには「ぐゎらん堂・武蔵野火薬庫」と書いてあった〉

意外なところで望外の手応え。当事者としてはうれしいかぎりだが、開店記念品のマッチボックスも反響を呼んでいた。火気歓迎！ 有害無益！ 八百本の発火軸《スティック》を詰め込んだアブナイ「OBJET」——あのデカ箱マッチの迫力に、お客さんたちは驚いたようだ。

「いいんですか、これ、もらっちゃって!?」と目を丸くするデニムのジャケットを着た若者。

＊3＿「ぐゎらん堂・シバが綴る吉祥寺の音楽聖地」、『AERA臨時増刊 AERA in FOLK』2006年4月5日号、朝日新聞社。

「どーぞ、どーぞ。以後、お見知りおきを！」ながいが笑顔で応じる。作家の亀和田武もこの記念品を受け取ったひとりだったと書く[*4]。

〈「ぐゎらん堂」が現在の東急デパートの先のビルにオープンしたのは、七〇年の秋だった。学校の通学路に面していたので、初日から通いはじめた。大きな徳用マッチに《武蔵野火薬庫　ぐゎらん堂》と書かれていたような気がする。オープン記念に、客には一個ずつ、この徳用マッチが渡された。

開店から一週間のうち、私は六日間通い、結局十個近い、物騒なラベルがついたデカ箱マッチがアパートの部屋に溜まった。温和な笑みを浮かべながら、徳用マッチを配っていたのが、後に晶文社などで著書を出す、オーナーの村瀬春樹氏だったのだろう〉

温和な笑みはもちろん営業用だった。しかし、飲食店稼業は愛想笑いだけで乗り切れるようなアマイものではなかった。ほどなく、笑顔が渋面《じゅうめん》に変わることを私はまだ知らない。

開店一日目、お客さんの数は予想を上回った。しかし、同じ街にあったロック喫茶やジャズ喫茶の常連客たちが多かったようで、私たちを余所者《よそもの》を見る眼差しで値踏みしていたのを憶えている。

店を賑わせ、売り上げに貢献してくれたのは旧友たちだった。大学時代のサークル「放送研究会」の友人たちが駆けつけ、盛大に盛り上げてくれた。

そのうちのひとりから映画『イージー・ライダー』のオリジナル・サウンドトラック盤を贈られ

た。『ワイルドでいこう！（“Born To Be Wild”）』を初めて耳にし、ステッペンウルフというロックバンドの存在を知る。「音楽を聴かせる店」を開いたものの、私とながいはこの時代の新しいロックやフォークについてはまったくの門外漢だった。

なのに、他店の常連さんたちは、容赦なくマニアックなレコードをリクエストする。あの店のレコード・コレクションはまだ貧弱だったし、要望に応えられなかったのは申し訳なかった。なかには親切な音楽ファンもいて、こちらの知識不足を補ってくれた。

「ドアーズを置くなら、ファースト・アルバムがいいですよ。代表曲の『ハートに火をつけて（“Light My Fire”）』が入っているから」

「ありがとう！　購入予定リストに入れておきます」

私の無知とはかかわりなく、この時代、世界の音楽シーンには多彩なサウンドがスウィングする果てしない海がひろがっていた。ブルース、ジャズ、カントリー・ミュージック、フォークソング、そしてロック＆ロールの大海原。私は、開店初日から、その波が自分の足元へひたひたと打ち寄せて来るのを感じた。

＊**4**＿「伝説の人『高田渡』と村八分『チャー坊』」、
『ランティエ』2005年10月号＝総特集「日本の『フォーク』と『ロック』の伝説」、角川春樹事務所。

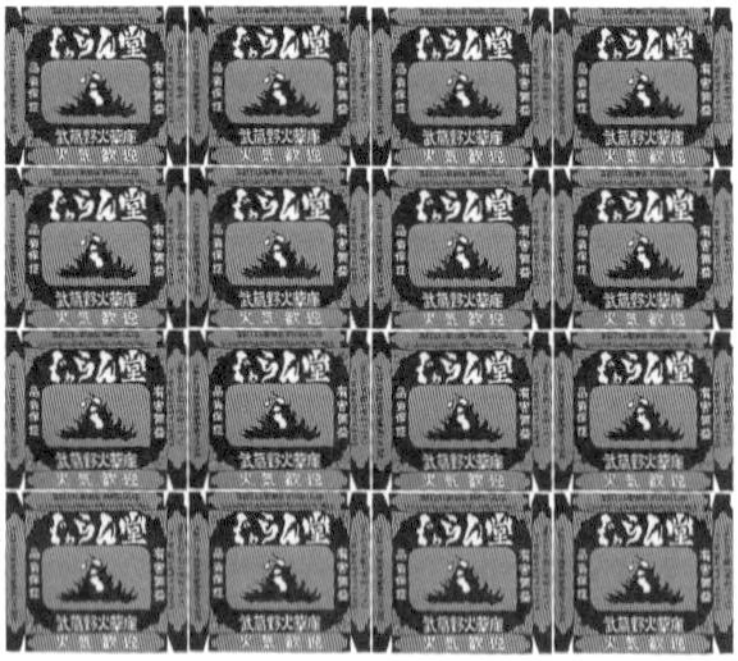

✣ クラシック・マッチのラベル(1930年代～ 1940年代)と
あの店の“デカ箱マッチ”のラベル(1970年代)。

2.

カウンターカルチャーは同時多発する

——フォークブームは一枚の試聴盤からはじまった

05

せめて飛んで来い、閑古《かんこ》鳥《どり》!

1970年12月18日（金）

70年代最初の年もあと十日あまり。開店から一ヵ月と三週間経ったが、店内にはまだペンキのにおいが漂っている。ながいと私は最初の試練に直面していた。思うようにお客さんが入らないのである。大丈夫だろうか、この店?

営業開始の午前十時から閉店の深夜二時まで、客の姿はちらりほらり。揃いのベルボトムを履いたカップルがドアを開けたので、「いらっしゃい!」と笑顔を向けると、奥の客席で三人連れの客が伝票をつかんで立ち上がる。若い男女は自分たちだけになる客席に驚き、顔を見合わせて座るのをためらい……と、泣きたくなるほどヒマな日がつづいた。

とりわけ、平日の雨の夜は文字通りのガランドーで、猫の子一匹いない客席に向かってグチのひとつもこぼしたくなる。こんなはずじゃなかったのに……せめて来てくれ閑古鳥。新品のマルチ・ステレオのスピーカーから、ビリー・ホリデーの「言い訳しないでね（"Don't Explain"）」がしめやかに流れていた。

時間を持て余した私は、当代の音楽事情を学べる本を何冊か店に持ち込んで読みふけった。この際、ロックやフォークミュージックの近・現代史を知っておこうと思ったのだ。私は同時代の音楽シーンにはまったくのアウトサイダーだった。開店前、プレスリーやビートルズのアルバムは何枚か持っていたし、ジョーン・バエズ、ブラザース・フォアのドーナツ盤を買った覚えがある。だが、高田渡や中川五郎の歌を聴いたことがなかった。

これでは「音楽を聴かせる店」のマスターは務まらない。そもそも、フォークソングやニューロック、モダンジャズと呼ばれる音楽の源流とはなんだったのか？　どんなアルバムを店に揃えればよいのか？　生演奏《ライブ》にはどんなミュージシャンを招けばいいのだろう？　70年代初頭、私の音楽体験は――情けないことに――「音」からではなく「活字」からはじまった。

この疑問に応えてくれた一冊がリロイ・ジョーンズ（後にアミリ・バラカと改名）の『ブルースの魂[＊1]（原題「BLUES PEOPLE」）』だった。ジョーンズはいう。

〈「大きくなったら、何になる」と聞かれて「奴隷」と答えねばならない階級にとっては、その人間らしい感情生活が極度に貧困で空虚なものにならざるをえない〉

17世紀～19世紀、アフリカ大陸で拉致され、労働力商品として北米大陸に陸揚げされた黒人奴隷たち――彼らの〈感情生活〉は極度に貧しかったとしても、胸に留《とど》めておけるような生やさしいものではなかった。それが「詩」と「音」を得たとき、彼らの内なる〈空虚な感情〉はぐるりと反転し、はち切れそうな衝動となって外へ外へとほとばしり出た。それがブルースだった。

ブルースの歴史は、旅する黒人ミュージシャンの歴史でもあった。

1863年、リンカーンの奴隷解放宣言が黒人たちに与えた自由は「飢え死にする自由」だった。奴隷農場《プランテーション》を去った黒人たちの多くが、糊口《ここう》をしのぐ職を探す絶望的な旅へ出た。数百マイルも夜汽車に揺られ、あるいは徒歩で、南部の州から北部の都市へ移動した。たとえば、テキサスの綿畑か

＊1　リロイ・ジョーンズ著、上林澄雄訳
『ブルースの魂――白いアメリカの黒い音楽』音楽之友社（1965年）。

らデトロイトのフォード工場へ。そこでは一日五ドルの日給にありつけた（元奴隷たちにとっては夢のような金額だった）。エレベーターボーイになった者がいた。キャバレー、ナイトクラブの下働きやぽん引きになった男たちもいる。女性たちの多くが白人家庭のメイドや酒場の女給となり、「売春婦」に身をやつした娘たちもいた。

そのなかに、臨時仕事を求めてさすらうカントリー・ブルースの歌手たちがいたのである。彼らの思いは、旅の道すがら、街角や酒場で唄われた。

♪　ニューヨークへ来てみれば
犬猫同然のこの仕打ち
泥水飲んで　野宿してさ
丸木小屋で眠った昔がなつかしい[*2]

♪　あの夜汽車の別れから　どれほど時が経ったのか？
How long, baby how long?
おれは停車場にただひとり　おまえが行くのを見送った
How long, how how long, baby how long?
あれから長い時が経ち　なにもかもが嫌になった
So long, so long, baby so long?

どれほど待っても　会えないからさ＊3

彼らこそ、アフロ・アメリカン固有のこのBLUESY《ブルージー》な音楽を北部、中西部の大都市に暮らす同胞に伝え、普及させた立役者だった。その歌声に目を輝かせていた黒人街の少年たちは、都会的な新しい音楽ツール――拡声装置《マイクロフォン》や電気ギターを手にして自分のバンドを立ち上げる。カントリー・ブルースからシティ・ブルースへ。やがて、ボ・ディドリー、マディ・ウォーターズ、ハウリン・ウルフらが、ビートが効いたシカゴブルースのエレキ・サウンドを確立する。

黒人居住区の裏街で、ブルースは華麗に展開していった。ジャズ、ラグタイム、ブギウギへ。リズム＆ブルースからロック＆ロールへ。カントリー・ブルースが産み落とした子どもたちは、白人社会をも巻き込んで世界の音楽市場を席巻していく……。

私は活字の世界で「ブルースの巨人たち」と出会うことになる。手帳をひろげ、私は店に用意すべき初期ブルースの先達《せんだち》をリストアップした。彼らの代表曲を調べ、その曲が収録されているアルバムを探すことにした。

私は輸入盤や中古アルバムを扱うレコード店を訪ね歩いた。「ユニオン」（お茶の水）、「月光社」（新宿駅西口）、「文化堂」（中野ブロードウェイの裏道）。なけなしの予算をはたき、ブルースの名盤を買い集めた。そのアルバムは歴史的名曲の宝庫であり、カウンターカルチャーの宝島だった。LP盤に針を落とす。スピーカーから曲が流れる。それはラジオ、テレビ、ジャズ喫茶やロック喫茶では耳にしたことのない、切なく、タフで、セクシーなサウンドだった。

＊2＿、＊3＿『ブルースの魂』に引用された歌詞
――「How long, How long blues」（リロイ・カー、1928年）ほかを参考に村瀬が創作した。

ブルースの歴史はとんでもなく面白かった。はらはらと店の床になにかが落ちる音がした。私の目からウロコが落ちる音だった。「購入予定リスト」は日を追って長くなっていく。読書する時間があり余るほどあったからだ。それほど店がヒマだった。

それにしても、なぜ、お客さんが来ないのか？　街の人びとのあいだで「武蔵野火薬庫／ぐゎらん堂」の存在が覚えめでたくないのには気づいていた。思い出すのは、あのビルの階段の昇り口だ。私たちはそこに店の名を大書した真っ赤なテントを張り出し、七色の電飾ランプを巡らせて派手に点滅させていた。「さびしい町」のそのまたさびしい街外れにデビューした小さな店である。めいっぱい背伸びして、店の存在を目立たせる必要があったのだ。

テントのてっぺんには赤い閃光を放つライトを旋回させていた。パトカーの屋根でくるくる回る赤色灯と同じやつだ。アテンション・プリーズ！　ここはちょっとばかりヤバイ「火薬庫」なんだよ――というサインのつもりだったのだが、あれは開店まもないころ、一通の投書が新聞の地方面をにぎわせた。こんな内容だったと思う。

〈先日の深夜、吉祥寺の裏通りでやくざにからまれた。走って逃げると赤い回転灯が目に入った。派出所だと思って階段を駆け上がったら、そこは居酒屋で、得体の知れない長髪族の溜まり場だった。こんなまぎらわしい看板はすぐにも禁止しろ、云々〉

後に、ありがたいことに、あの店は各種のメディアに取材されて話題になるのだが、記念すべき最初の報道《パブリシティ》がこの投書——街の住民が新聞に寄せたタレコミ記事だったのである。あはは。

と、笑っている場合じゃなかった。客の来ない店ほどむなしいものはない。このあと、ぐゎらん堂の景気がどうなったと思う？

世の中まんざら捨てたものじゃない。音楽の女神——ミューズが吉祥寺本町二丁目の上空で微笑むのである。店に、あの「ブルース小僧」がやってきたのだ。

06 ブルース小僧
——シバがやってきた！

1970年11月某日

〈ちんどん屋がこんなの配ってたよ〉と、シバがぐゎらん堂の開店チラシを目にした何日か後のことである。この夜も、シバは吉祥寺の音楽酒場「タムタム」にいた。彼が回想する[*4]。

〈数日後、タムタムではその「ぐゎらん堂」の事が話題を集めた。どうやらその店にはブラインド・レモン・ジェファーソンという古いブルーズマンのレコードがあるらしい。ディランのデビューアルバムにその人の曲が入っていて、私はぜひ聞いてみたいと常々思っていたのだ。

ある夕暮れ、私は意を決してあのビルの三階まで細い急な階段を上がり詰めた。「武蔵野火薬庫・ぐゎらん堂」である〉。店のドアを開けると……と、シバは開店直後のあの店の雰囲気をこう描写

＊4＿「ぐゎらん堂・シバが綴る吉祥寺の音楽聖地」、『AERA臨時増刊 AERA in FOLK』。

する。〈そこは火薬庫のイメージとは裏腹に、まだ新しい清潔な雰囲気が漂っていた。絨毯もフカフカしていたし、働いている人も何か家族的で素人っぽかった。私はブラインド・レモンのレコードをリクエストして、席に腰をかけた〉

ブルースの神様のお引き合わせだった。ブラインド・レモン・ジェファーソン[*5]という伝説的な黒人ミュージシャンの存在は、店がヒマなのをいいことに、私が読みふけっていたあの本が教えてくれたのだ。私は、早々に、この盲目のブルース・シンガーが1920年代にリリースしたアルバムの復刻盤を購入していた。リロイ・ジョーンズの『ブルースの魂』が、ぐゎらん堂とシバを引き合わせてくれたのである。

時に、シバ、二十一歳。それにしては老けて見えた。人生を達観したようなまなざし、控えめな物腰、笑うたびに目尻にシワが寄る――にもかかわらず、彼のはにかんだ笑顔の奥から子どものような青さと初々しさが見え隠れしていた。私が彼を「小僧」と呼ぶのはそんな理由からだが、多くの少女たちがそこに魅かれ、胸をキュンとさせていたのを私は目撃する。

シバという男をひとことでいえば、ロマンチックな漂泊者《デラシネ》だ。彼は現実の生活だけでなく、表現の世界でも気ままに漂い、アートの垣根《ジャンル》をひょいと跨《また》いで根をおろしてしまう。「三橋乙揶《みつはしおとや》」の名で知られる漫画家であり油彩画家だ。陶芸作家としても個展を開く多才の徒である。

だが、なんといっても、シバは天才的なブルース・ミュージシャンだ。ギターとブルースハープ（ハモニカ）の名手であり、70年代を代表するシンガーソングライターである。

＊**5**__Blind Lemon Jefferson（1893～1929年）。
テキサス州生まれ、カントリー・ブルース黎明期の第一人者。旅する盲目の黒人ミュージシャンだった。

この男は蓄電池か!? 彼の生演奏を初めて聴いたとき、私はそう感じた。いつも、シバのカラダはBLUESYな高圧電流で満タンなのである。彼の手がギターを取り上げ、指先が鉄の弦に触れるとパチパチと火花が散るのが見える。最初の音が耳に達するや、私の背骨にゾクッと青い電気が走るのだ。痺《しび》れるような恍惚感《エクスタシー》……といったら、わかってもらえるだろうか?
69～70年、彼は安アパートを転々とする日々を過ごしていた。その一室で遠い夜汽車の汽笛を聞くと、漂泊者の魂はあてどなくさすらうようだった。

♪ 呼んでるよ　呼んでるよ
夜汽車がさ　呼んでるよ
どこへ行くのかね
夜汽車に乗ってさ

どこへでも　どこへでも
行くだろさ　どこへでも
誰と行こうかね
夜汽車に乗ってさ

（詞・曲＝シバ「夜汽車に乗って」1972年）

伝統的なカントリー・ブルースの和音進行《コード》とリフレインする素朴な歌詞――この歌が日本語のブ

ルースを代表する名曲となって、多くの歌手がいまもカバーする。

♪　行きたかないね　どこへもさ
　どこへもさ　行きたかないね
　でも　ここにゃ居られない
　で　夜汽車に乗って……

ブルースとはなにか？　リズム&ブルース界のスーパースターであり、ロック&ロールの始祖鳥のひとり――チャック・ベリーはこういった[*6]。

Blues, This is a music that has a feeling……
ブルースってのは、皮膚感覚が生んだ音楽さ。
黒い肌が味わう苦難の感覚、それに耐える感情のことさ。
わかるだろ？
ビンボーに窮し、財布が空っぽのときの気持ちなんだよ。

そうなのだ。シバの財布もまた空っぽだった。ほどなく、このブルース小僧とぐゎらん堂の関係には予想外の展開が待っていた。

07

ミュージシャンの華麗なるビンボー譚

1970年某月某日

いつの時代もそうなのだろうが、70年代、若いミュージシャンたちはビンボーだった。彼らは仕事をするが、その仕事が社会に提供する生産物は歌や楽曲である。実用の役には立たないし、腹の足しにもならない。そういう意味では、彼らのような表現者の仕事は「実業」ではなくて「虚業」。カネがないのも無理はない。ありていにいえば、彼らは、仕事をするふりをしながら遊んでいるプロフェッショナルな遊民なのだ。

ただし、表現者はもの狂おしい様相《なり》で仕事する。遊びだからこそ手を抜かないのである。最後まで手を抜かなかったやつがその道の一流へとのし上がっていく。シバもまた、絵に描いたような遊侠の徒だった。あるインタビュー記事で、彼はこう語っている*7。

シバ　とにかく、お金がないじゃないですか。ないっていうか、働かないからないんですけど（笑）。当時は「働くよりも、お金無くても好きなことをしてたほうがいいや」みたいに思っていたから。

Q　そういう思想。

シバ　思想でも何でもなくて、ただの怠け者だったんですけど（笑）。

彼は、しかし、食い詰めてはいたが飢え死にしなかった。街にはまだ古き佳き時代のゆとりと義侠心が残されていた。たとえば、当時の吉祥寺には「好味屋《こうみや》」というパン屋があった。店に入ると、

*6　「チャック・ベリー／ライヴ・イン・ベルギー 1965」でのトークを村瀬が意訳。CS放送音楽専門チャンネル「MUSIC AIR」より。
*7　シバ・インタビュー「武蔵野たんぽぽ団の伝説」、デコ有限会社編『たのしい中央線3』太田出版（2006年11月）。

ショーケースの片隅に値札が貼られていないビニール袋の山がさりげなく置かれている。袋の中には食パンの耳や切れ端が大量に詰められていた。膨らみそこなったフランスパン（木の棍棒のように固かった）がまるごと入っている袋もあった。これが持ち帰り自由。「さあ、どうぞ」とタダでくれるのである。ワケありでビンボーな人びとのための無料品市場《フリーマーケット》、この手の店がシバの食生活を支える拠点のひとつだった。

シバはまた、腹が減ると「ロコ」という酒場に足を運んだ。そこはモダンジャズを聴かせるバーで、平和通り商店街のビルの地下にあった。階段を下りるとドアの脇に大きなウッドベース、黒光りするアップライトピアノ、丈の高いスツールが並ぶカウンター。この店にはシバと親しい少女が働いていて、まだ客が入らない時間帯をねらって行くと食事にありつけた。店のママの目を盗んで、彼女がまかない飯をつくってくれたのである。シバ（と空きっ腹を抱えた彼の仲間たち）はこの店を「託児所」と呼んでいたそうだ。今風にいえば子ども食堂ということか。

1971年12月某日

このころ、後に「詩人すぎる歌手」と呼ばれることになる友部《ともべ》正人《まさと》は阿佐ヶ谷のアパートで暮らしていた。二十一歳。最初のアルバム『大阪へやって来た』が発売される前年で、日銭を稼ぐために、茅場町《かやばちょう》（中央区日本橋）にある地図の製作会社で働いていた。

ある日、トモ（ぐゎらん堂ではそう呼ばれていた）は、ふらふらと部屋を出ると吉祥寺へ向かって歩

＊8　、＊9　友部正人×峯田和伸「阿佐ヶ谷散歩対談——銀杏BOYZと『中央線』2」、デコ有限会社編『たのしい中央線2』太田出版（2006年4月）。

きはじめる。彼が「ふらふら」していたのは、情けないほどの空きっ腹、何日間も食事にありつけなかったからだった。ある対談で、トモは「その日の事情」をこう吐露する[＊8]。

――Q　なんでも「餓死寸前になったことがある」って聞いたんですけど。

友部　そうそう。その茅場町のアルバイトの頃。年末は仕事がなくて、お金がなくなっちゃったんですよ。阿佐ヶ谷には友達いないし、吉祥寺まで行かないとダメだってことで。

国鉄中央線・阿佐ヶ谷駅――その高架ホームに停車する快速電車を見上げながら、彼は歩きはじめた。電車に乗りたかったのだが、切符を買う小銭もなかった。仕方なく、線路に沿ってひとりで歩きはじめる。阿佐ヶ谷から吉祥寺まで。

――Q　行ったら仲間がいるし。

友部　そう、行けば友達がいるからなんとかなる。…（中略）…でも、「餓死して死ぬなら幸せかも」って思った。痛くないし。

――Q　信じられないです（苦笑）。

友部　いや、「お腹が空く」っていうのはある程度を過ぎると何にも感じなくなるんですよね。「別に良いか」みたいな感じがしちゃうんだよね。でも、4日目くらいに耐えられなくて歩いてたんですけど[＊9]。

とにかく、ぐゎらん堂へ行きさえすればなんとかなる。ツケで「猫まんま（店の名物だった丼《どんぶり》メニュー）」が食べられるし……。

阿佐ヶ谷、荻窪、西荻窪、そして吉祥寺、空っぽの胃袋を抱えて歩く中央線沿いのアスファルト道路。その道は武蔵野の果てへとつづく一本道だった。地図を開けばわかるのだが、中央線の線路は中野から立川まで、まるで定規をあてて引いたような直線がまっすぐ西へ延びている。

折りしも、沈む夕陽が西の空を茜色《あかねいろ》に染める。かたわらの線路を行き交う中央線の赤い快速電車。背後から風を巻いて自分を抜き去っていくのは、あれは松本行きの「特急あずさ」ではないか。テールランプが見る間に遠くなり、夕闇に消え……。

このとき——そう、フォーク・ファンならすでにお気づきだろう——あの歌が誕生しようとしていた。その線路沿いの一直線の道こそ、彼のあの「一本道」だったのだ。

♪　ふと　後を　ふり返ると
　そこには夕焼けがありました
　本当に　何年ぶりのこと
　そこには夕焼けがありました
（詞・曲＝友部正人「一本道」1972年）

美しくもせつない一日の終わり。とぼとぼ歩きながら、頭の片隅には湯気が立つ炊きたてのご飯、

＊10　「谷川俊太郎が語るフォーク 詩の世界」、『AERA臨時増刊 AERA in FOLK』。
＊11　友部正人×峯田和伸「阿佐ヶ谷散歩対談
——銀杏BOYZと『中央線』2」、デコ有限会社編『たのしい中央線2』。

お醤油をかけたカツオ節、味付け海苔とタクワンが添えられて。
だが、その一方で、トモの想いは松本行きの特急列車を追いかける。遠く、遥かに、「あの娘《こ》」が住んでいる信州の町へ飛んでいく。空から、歌が落ちてくる。

♪　何もなかった事にしましょうと
　今日も日が暮れました
　あぁ　中央線よ　空を飛んで
　あの娘の　胸に突き刺され

70年代の音楽シーンを代表する名曲——「一本道」。谷川俊太郎をして「友部の曲でいえば、『一本道』の一節にしびれた」と言わしめた[*10]あの曲である。
左脳で歴史的名曲の作詞作曲、右脳に湯気が立つ猫まんま。友部正人は即身仏《そくしんぶつ》寸前、恍惚たる飢餓に背中を押され、吉祥寺本町二丁目を目指してひたすら歩いた。

——Q　そういう［餓死寸前の］状態で創作意欲は湧くんですか?
友部　……これが湧くんですよ。［一同爆笑］
——Q　ハングリー精神。
友部　いや、本当のハングリー。精神じゃない[*11]。

1970年代初頭、シンガーソングライターの稼ぎは地を這い、中央線が空を飛ぶ。なんてシュールな光景なんだろう。この超現実的な時代の空気が、後に、70年代フォークの数々の名曲、名盤を生むことになる。

1971年某月某日

ある日のこと、私が店へ行くと、マサミが用ありげにレコード室から顔をのぞかせ、ひとりのミュージシャンの話を切り出した。

「すごく才能があるやつなんだけど、経済的にピンチなんだよ」

「そいつ、仕事してないの?」なんの話かわからないまま聞いてみた。

「ときどき、日雇いとか引っ越しの手伝いをして食いつないでいるらしい」

「で、ぐゎらん堂に出演したいって?」

「いや、従業員として店で働いてもらったらどうかと思って……」

数日後、私はマサミから、笑うと目尻にシワが寄る男を紹介された。シバだった。そのとき、彼はほんとうにピンチだったようである。現金が底をつき、金目の本を売り払っても焼け石に水。しかし、思うように仕事は見つからない……シバが書く[*12]。

〈「どうしたの？　元気ないね！」。万策つきて、ぐゎらん堂の椅子に腰をおろしていた私に、従業員だった「マサミちゃん」が話しかけてくれた。「仕事がなかなか見つからなくてさ」「それじゃ、うちで働くかい？」。まさに天使の囁《ささや》きだった。話はとんとんと進み、私は晴れてぐゎらん堂の従業員となったのだった。お店に借金をして、新しいアパートも借りた。嗚呼、毎月決まって収入があることのなんという幸せ！〉

　結果的に、マサミの人選は大成功だった。シバは内に秘めるものがありながら、むやみに尖《とんが》っていない男である。接客係としては人当たりが良かったし、キッチン担当として料理のセンスが抜群だった。店で出す献立を自分でいろいろと工夫するのである。

　たとえば、彼がつくる「猫まんま」はとても評判がよかった。猫まんまとは（本来は残り飯を利用した猫のエサのことだが）炊きたてのご飯の上にカツオ節と梅干しをのせ、生醤油《きじょうゆ》をひと回し――単にそれだけのドンブリ飯である。定価百八十円。店としては、まあ、シャレというか、こんなのがあると面白いかな？　というノリでメニューに加えたのだがこれが大ヒット。ぐゎらん堂の名物メニューとなった。ビンボーな若者たちはいつも腹を減らしていたのだと思う。

　シバは店のレシピを黙殺し、コストも手間も無視する。湯気が立つご飯の上でひらひら踊る削り節、その上に梅干しをひと粒……とここまでは同じなのだが、彼はショウガを擂《す》りおろし、ドンブリ全体にぱらぱらと散らすのである。タクワンと味付け海苔を添えて「ハイ、お待たせ！」。自分が食うならこうするぞ――という気概を見せたのだろう（事実、格段に美味しくなった）。

＊**12**＿「ぐゎらん堂・シバが綴る吉祥寺の音楽聖地」、『AERA臨時増刊 AERA in FOLK』。

そのように、シバは良き従業員だった。店としては大いにありがたかった。だが、しかし、彼の真骨頂はなんといっても天性の音楽センスだ。

シバとはよくレコードの買い出しに行った。彼を誘ったのは——なにしろ、私は音楽シーンの門外漢——店に置くべきアルバムの助言を期待していたからだ。

驚かされたのは、彼がレコードを選ぶ独特の基準である。いわゆる名盤や話題のベストセラー盤には目もくれず、店頭のラックから引き抜いて私に見せるのはマイナーレーベルのアルバムばかり。「YAZOO《ヤズー》」「CHESS《チエス》」「ARHOOLIE《アーフーリー》」「SUN RECORDS《サン　レコード》」、それに「FOLKWAYS RECORDS《フォークウエイズ　レコード》」……ってなんだ?　そこには私が名前を聞いたこともないミュージシャンの曲が収録されていた。

ところが、試聴してみると、彼が指し示した世界はブルースの神々が奔放に遊ぶ庭だった。[*13]

♪　What is the blues ?
ブルースってのは
感じやすい魂のことさ
そいつはあんたの気分を
悪くすることもある
ブルースってのは
厄介な病気みたいなものさ
一度聴いたら病みつきになる

♪

おいらの話を聞いてくれ
人生の真実ってのは苦《にが》いもんだよ
あんたにゃ耳が痛い話かもしれないが
おいらはココロが痛むのさ

ブルース・スピリットの真髄である。この、切なくも、したたかで、闊達自《かったつじ》在《ざい》な精神に、私は70年代の若者たちの心をつかむ音楽の未来があるのを感じた。シバはぐゎらん堂の羅針盤であり、水先案内人《パイロット》の役割を果たしてくれたのである。店のエンジンにスイッチが入り、信じられない勢いでなにかが回りはじめた。

上✣ぐゎらん堂の厨房を担当するシバである。彼の料理センスが磨かれたのは、ビンボーが極まった赤貧時代だったにちがいない。カネがなく、食材も尽き、タンポポのおひたしを食べていたのは有名な話だ。写真：若林純夫。

下✣2008年5月、映画『タカダワタル的ゼロ』（監督：白石晃士／製作：桝井省志、アルタミラミュージック）の公開を記念して開催された劇場ライブ「ぐゎらん堂水曜コンサート again!!」に出演したシバ（吉祥寺バウスシアターにて）。ブルース界の大御所の風格をにじませている。写真：Tabute Murase。

✣上「水割り、上がり！」
——従業員時代のシバ
✣下 テキサスのブルースおやじ!?
——その後のシバ

＊**13**＿黒い神々が歌う歌には共通したメッセージがあるようだ。それが「feeling（感じやすい魂）」。カントリー・ブルースの古典を著者が聴き取り、創作した。

私たちにとって幸運だったのは、シバは従業員である以上に「招き猫」だったことだ。彼の人懐っこいキャラクターが客を呼ぶのである。このころから、ぐゎらん堂の景気の潮目が変わりつつあった。昼間にはロック好きの高校生、大学生の集団がたむろするようになった。

彼らは時代の最先端を走るニューロック——レッド・ツェッペリン、クリーム、ジミ・ヘンドリックス、ジャニス・ジョプリン、それに、クイーン、ピンク・フロイドらの楽曲のまにまに、オールドタイミーなブルースやフォークミュージックの名曲と出会っていくのである。

ブルースでいえば、ミシシッピ・ジョン・ハート、レッドベリー、ロバート・ジョンソン、ベッシー・スミス、ライトニン・ホプキンス、マディ・ウォーターズ。そして、ウディ・ガスリー（ボブ・ディランが崇《あが》める伝説的なフォーク歌手）のプロテスト・ソング、カーター・ファミリー（カントリー・バンドの源流）の精妙なハーモニー、ジャンゴ・ラインハルト（ギター）とステファン・グラッペリ（バイオリン）が綾《あや》なすジプシー・スウィング・ジャズの叙情……。

若者たちの既成《できあい》の音楽観はシャッフルされ、耳の底が攪拌《かくはん》されたにちがいない。60年代〜70年代を代表するカリスマ的ロックバンド――そのサウンドの源流がなんだったのか？　それを自ずと理解していったようだ。

夜の時間帯には近郷近在の「その日暮らしの若者」――いまでいうフリーターたちでにぎわった。正体不明の長髪族、ミュージシャンやアーチストの卵たち。やがて頭角をあらわすことになるフォークシンガーたちも相次いでやってきた。シバは当時のことをよく記憶している。

〈僕が井の頭公園でギターを弾いてたときに、若林［若林純夫《わかばやしすみお》＝後に「武蔵野タンポポ団」のメンバー］も同じように歌ってて知り合って。彼は高田渡の歌を唄ったり、ウディ・ガスリーの曲とかを日本語でやってたり、なかなか面白かったんですよ[*14]〉

〈高田渡はこの頃すでに上京していて、よく店にやってきた。若林純夫もちょくちょく顔を出し、店はどんどんにぎやかになっていった[*15]〉

「招き猫」の人脈が新たな別の人脈とつながり、関西のミュージシャンたちがぞくぞくと吉祥寺へ移住してくる。ぐゎらん堂のエンジンがフル回転をはじめた。

08
大貧民——高田渡、武蔵野に遊ぶ！

1971年4月1日（木）

その日の昼下がり、ぐゎらん堂の防音扉をノックする音が聞こえた。通常、案内を乞うてから店に入ろうという客はいない。不審に思ってドアを開けると若い男女が立っていた。

「シバ、いますか？」と男がいう。そのとき、ドアを開けたのは中坊《なかのぼう》ひろし[*16]である。重そうなギターケースを手に提げ、京都から上京した高田渡だった。中坊が回想する[*17]。

〈［高田渡という男は］シバなどから凄い奴という評判は聞いてましたが、僕が渡に会ったのは、このときが初めて。小柄だけど精悍な顔つきが印象的だった。若い女性を同伴していて、彼女が両手に大きな紙袋を持っていたことをよく覚えています。その女性が京都で結婚した最初の奥さんの富美子［ふみこ］さんだった〉

当時、マニアックなフォーク・ファンにとって、高田渡は〈凄《すご》い奴〉でありシンガーソングライター界の新しいスターだった。彼はすでに前年（70年）までに、カップ

＊14＿シバ・インタビュー「武蔵野タンポポ団の伝説・予告編」、デコ有限会社編『たのしい中央線2』。
＊15＿「ぐゎらん堂・シバが綴る吉祥寺の音楽聖地」、『AERA臨時増刊 AERA in FOLK』。
＊16＿「ちゅんぼう（中坊）」とか「チューソツ」と呼ばれていたぐゎらん堂芸能部長＝飯尾浩志。ぐゎらん堂の歴史と70年代フォークの「生き字引」。
＊17＿本間健彦著『高田渡と父・豊の「生活の柄」』社会評論社（2009年）。

リング・アルバム『高田渡／五つの赤い風船』、単独アルバム『汽車が田舎を通るそのとき』ほか、EP盤『自衛隊に入ろう』など四枚のシングルレコードをリリースしていた。そして、この年（71年）、ニューアルバム『ごあいさつ』（キングレコード）を発売する。

〈僕はLPレコード発売と同時に〉と、本人がある雑誌に記す[18]。〈奥さんをひきつれ上京したのであります。その時の奥さんの持ち物紙袋2つでありました。何もない我が家に早川義夫氏からいろいろな物を贈っていただいた。電気釜やらコーヒー茶碗のセットやらタオルやらその他いろいろ。何とか部屋らしくなりはしたが、肝心のお金の方がアパート入居の際にすべて使ってしまったので、入居翌月目から家賃の心配をするという事態であった〉

この日——71年4月1日、あの男が吉祥寺へやってきたのだ。高田渡、二十二歳。ひとりの女性と連れ立って。

富美子さんは——ぐゎらん堂では「ふみこさん」あるいは「ふみさん」と呼ばれることになるが——高田渡の生活を1970年代後半まで公私両面にわたって支えつづけた伴侶であり、文字通りの「相棒《パートナー》」だった。当代人気のマルチ・ミュージシャン＝高田漣《たかだれん》[19]の母である。

渡がふみこさんと出会ったのは、京都の小さな寺で開催されていたイベント会場だった。若き日の中川五郎、中川イサト、遠藤賢司、松田《まつだ》ａｒｉ《アリ》幸一《こういち》、瀬尾一三《せおいちぞう》、それに金延幸子《かねのぶさちこ》……いま思えば、名だたる顔ぶれがそろったコンサートである。渡が書く[20]。

〈僕はこのイベントに参加していたスタッフの女性に恋心を抱くようになり、彼女に対する口には出せない想いを詩に書きためて一冊の詩集をつくった。『個人的理由』と題したその詩集を、自費出版として三百部刷り、一冊を彼女に手渡した〉

なんともキザで、いかにも渡らしい手の込んだプロポーズだった。詩集『個人的理由』には、自分の人生の鬱屈《うつくつ》した感情をにじませた作品が多いが、珍しく、希望に満ち、押さえきれない恋心をスウィングさせたこんな詩が収められている[*21]。

三条に行かなくちゃ
三条堺町のイノダへネ！
あの娘に逢いに
なあーに、コーヒーを飲みに
好きなコーヒーを少しばかり

（『個人的理由』より「珈琲《コーヒー》・不演唱《ブルース》」）

だが、ほどなく、渡は二年間過ごした古都の生活に見切りをつける。河岸《かし》を変えたのだ、京都から吉祥寺へ。そして〈僕が入り浸っていたのが「ぐゎらん堂」である。思えばそこでどれだけの時間を過ごし、どれだけの酒を飲み、またどれだけの人に会ったことか[*22]〉

＊**18**＿『新譜ジャーナル　別冊・高田渡』1973年6月、自由国民社。
＊**19**＿高田渡のひとり息子。2017年、オリジナル・アルバム『ナイトライダーズ・ブルース』が第59回日本レコード大賞「優秀アルバム賞」を受賞。
＊**20**＿、＊**22**＿高田渡著『バーボン・ストリート・ブルース』山と溪谷社（2001年）。
＊**21**＿高田渡詩集『個人的理由』ブロンズ社（1972年）。

✣ワタル一家、吉祥寺の仲間たちと大いに遊ぶ

上✣ぐゎらん堂恒例「秋のソフトボール大会」。店の常連客からミュージシャン、アーチストまで、常に数十人の規模で開催された。
高田渡選手、バッターボックスに立つも、ファールチップで2ストライク……。東京大学三鷹寮グラウンドにて。写真：大塚未知雄（1974年11月）。

下✣春は桜。高尾山へハイキングするのが恒例だった。この時（1974年4月）の参加者は、高校生の男女からアメリカ人留学生の常連客まで総勢20人。
彼女がふみこさん。背負子（ベビーキャリア）に担がれている乳児は生後8ヵ月の高田漣である。

渡とふみこさんはあの店のお客さんたちとよく遊んだ。春ともなれば、井の頭公園の桜を愛《め》で、あるいは、高尾山の山頂で花見の宴を開いた。秋になると、ぐゎらん堂恒例の「ソフトボール大会」で汗を流す。冬には、シバ、友部正人、女子高生だった「メグ（矢島恵《やじまめぐみ》）」らを誘って信州でスキーを楽しんだ。

高田渡は筆まめな男だった。ツアー先から、まるで「留守宅」に宛てたような絵葉書が届く。〈東京を出て、今日で15日目、旭川でユキコちゃんに会いました。ぐゎらん堂に出入りしていた女の子です〉とこれは北海道から。〈20日頃には帰れそうです。では、又〉（75年10月）。

〈元気でやっている。今、ハリウッドに泊っている〉と、ロサンジェルスから。渡は四枚目のアルバム『FISHIN' ON SUNDAY』を録音するために渡米する。同行者はベーシストとして参加した細野晴臣、盟友の中川イサトほか。〈とてもこちらは暖ったかい。日中はTシャツ一枚でハダシでいる。録音は上々である。皆によろしく！〉（75年11月）。

渡にとって、吉祥寺はかけがえのないホームタウンになっていく。

1972年某月某日（水）

この夜、高田渡はぐゎらん堂で唄っていた。定例のライブ「水曜コンサート」。客席は満員、立ち見の客が入り口まわりを埋め尽くしてドアが閉まらない。

「ボクだって、宝くじが当たったら」と、ギターを爪弾きながら、渡がマイクに向かってボヤキはじめる。「こんな歌は唄わなくなると思いますが……」。へへっと笑って唄い出したのは、明治生まれの詩人のビンボー譚――「生活の柄《がら》」（原詩＝山之《やまの》口貘《くちばく》、1924年）だった。

♪ 歩き疲れては　夜空と陸との
隙間にもぐり込んで
草に埋もれては寝たのです

高田渡は音楽界の「考古学者」だったと思う。故《ふる》きを温《たず》ね、時代を掘り起こし、過ぎし日の詩や楽曲に光を当て、新たな独自の音楽として世に問うミュージシャンである。

たとえば、明治～大正期に活躍した演歌師＝添田《そえだ》唖蝉坊《あぜんぼう》の一連の作品を発掘したのが渡である。

唖蝉坊とは、表現の自由が保障されていない明治憲法下の社会で、時の権力者を過激に笑い倒した「ストリート・ミュージシャン（街頭演歌師）」だった。

「あきらめぶし」

♪ 地主金持は我儘者《わがままもの》で。役人なんぞは威張る者。
こんな浮世へ生れて来たが。我身《わがみ》の不運とあきらめる。

♪ お前此《こ》の世へなにしに来たか。税や利息を払《はら》ふ為《た》め。
こんな浮世へ生れて来たが。我身の不運とあきらめる。

♪ 汗を絞られ油を取られ。血を吸ひ取られた其の上に。
投《ほう》り出されてふみつけられて。これも不運とあきらめる[*23]。

なんとまあ、21世紀のニッポン国民が抱えるやりきれない心情を先取りしたのか……と身につまされてしまうのだが、じつにわかりやすい「ため口体」の名調子なのである。明治期の社会主義者＝堺利彦《さかいとしひこ》は啞蟬坊の影響力をこう評した[*24]。

〈［啞蟬坊が］新たに一つの歌を作り、出《い》でゝ街頭に立つて之《これ》を歌へば、忽《たちま》ちにして東京市中の新流行が生ずる。二月《ふたつき》たち三月《みつき》たつと、小僧も丁稚《でつち》も、学生も娘達も芸妓《げいぎ》も娼妓《しょうぎ》も、到る処《ところ》に之を口吟《くちずさ》んでゐる。更に半年たち一年たつと、其の流行は地方に及び……〉。

啞蟬坊が街頭で唄う辛辣な風刺歌は〈投り出されてふみつけられた〉人びとのあいだでシェアされ、全国津々浦々に拡散したのだ。それは「新流行歌」と呼ばれた。

♪ あきらめなされよあきらめなされ。

＊**23**＿添田唖蟬坊「新流行歌集」、『明治文学全集83　明治社会主義文学集（一）』筑摩書房（1965年）。
＊**24**＿堺利彦「新流行歌集・序」、同前。

あきらめなさるが無事である。
私《わたし》や自由の動物だから。あきらめられぬとあきらめる。

この旧仮名づかいの歌を、高田渡はアメリカの民俗音楽《ルーツミュージック》（カントリー・ミュージックやブルース）のメロディーにのせて飄々《ひょうひょう》と唄うのである。哀れ、ビンボー人の肌を這い回って暮らす「しらみの旅」は、チャック・ベリー風の軽快なリズム&ブルースのビートで唄われた。

渡が明治30年代の地層から発掘した「街頭演歌集」――私はそれをあの店で初めて耳にし、日本には百年以上も前から、タフなカウンターカルチャーとプロテスト・ソングの歴史があったことを学んだ。渡が唄う唖蟬坊は――百年の時を経たにもかかわらず――もぎたての果実のように新鮮だった。若者たちの耳には、それまで聴いたことがない「フォークの新曲」として響く。

70年代初頭、テレビやラジオから流れてくる耳触りのよい歌は、商業主義を父とし、事なかれ主義を母とした多数派文化《メインカルチャー》が産んだ楽曲が少なくなかった。だが、高田渡が唄ったのは――歌詞が自作か他作かとは関係なく――多数派の心情に媚《こ》びるのではなく、あくまでも自分の内面を曝《さら》して恥じない「個人的理由」から生まれた歌だった。タテマエではなくホンネ。

これが、多くの若者たちの胸壁に共鳴りを起こした。♪時代は変わっていくんだよ（"The Times They Are a-Changin'" by Bob Dylan）――なにかがごっそりと入れ替わろうとする時代だった。若者は時代の変わり目という異変を肌で感じ取り、それを面白がったのだろう。

高田渡が胸の内に抱えていた三大テーマは「放浪」「貧乏」「反骨」ではなかったかと思う。

彼は、天と地のあいだの茫漠《ぼうばく》たる隙間——野ざらし、雨ざらし、露天の宿《ねぐら》をさすらった山之口貘に魅かれた。貧窮《ひんきゅう》の極みにありながら、なお「あっけらかんとした明るさ」[*25]を底光りさせるこの沖縄生まれの詩人に傾倒し、その作品を掘り起こす。詩壇の辺境に埋もれたいくつもの佳篇を楽曲としてよみがえらせたのだ。そのうちのひとつが「生活の柄」だった。

♪　歩き疲れては　夜空と陸との
　隙間にもぐり込んで
　草に埋もれては寝たのです
　所かまわず寝たのです
　歩き疲れては　草に埋もれて寝たのです
　歩き疲れ　寝たのですが　眠れないのです

　秋は　秋からは
　浮浪者のままでは眠れない

（詞＝山之口貘／曲＝高田渡「生活の柄」1971年）

この山之口貘と「水魚の交わり」をつづけたのが金子光晴だった。金子は、昭和10年代のニッポン——超《ウルトラ》・多数派文化《ナショナリズム》（大政翼賛文化）が支配したファシズム体制下の社会——をホンネで生きた詩人である。彼は超・国家主義社会の真っただ中にあって、執拗な抑圧を受けながら、尻尾を垂れ

＊25、＊27　高田渡著『バーボン・ストリート・ブルース』。
＊26　金子光晴「もう一篇の詩」（『人間の悲劇』所収）、『金子光晴全集第3巻』中央公論社（1976年）。

たり、肩をすくめたりしてやり過ごそうとしなかった詩人だ。
圧倒的な国家主義に立ち向かったとき、金子が手にした刃物《やいば》はなんだったのか？　それは、エロチックにしてスラップスティックな個人主義だった。金子の「ホンネ」は、ことさらに即物的で、サンボリズム（象徴主義的）で、べらんめえ調の詩となって世を刺激する[＊26]。

恋人よ。
たうとう僕は
あなたのうんこになりました。

うきながら、しづみながら
あなたをみあげてよびかけても
恋人よ。あなたは、もはや
うんことなった僕に気づくよしなく
ぎい、ばたんと出ていってしまった。

（「もう一篇の詩」より抜粋）

1970年代、金子光晴の自宅は吉祥寺にあった。成蹊大学にほど近い木造平屋に、作家であり伴侶である森三千代《もりみちよ》と暮らしていた。高田渡が書く[＊27]。〈ぐゎらん堂で出会ったたくさんの個性的な人たちのなかで、最も印象に残っているのが詩人の金子光晴さんだ〉。金子の詩を唄いたい……

そう考えていた渡は、71年のある日、詩人の家を訪れる。

「じつは、この詩〔72年発売のアルバム『系図』に収録した「69（シックスナイン）」〕を歌わせていただきたいんですけど」と請う渡に、金子はこう応じた。〈どうぞどうぞ。出てしまえばウンコションベンですから、どうにでも利用してください。出てくるまでが大変なんですけどね〉[*28]。

高田渡は若き日の金子光晴に負けないくらいビンボーだった。山之口貘のように帰るべき家もなく、枕にできる温かい膝がない――わけではなかったが、それでもやっぱりビンボーだった。渡とふみこさんが住んでいたのは「ヘアードライヤーとアイロンを同時に使うと、ヒューズがプッツンって切れちゃうんだよ」（本人談）という部屋である。実利を追わず、功名を争わず、遊びをせんとや唄いけむ。このフォーク界のレジェンドが暮らしていたのは、電力契約容量が十五アンペアしかない老朽アパートだった。

ぐゎらん堂で飲み食いしてン万、ン十万のツケを残し、それを踏み倒したアーチストは少なくない。だが、高田渡はいつも現金を払って帰って行った。

彼は誇り高き「大貧民」だった。人一倍、負けず嫌いの見栄っ張りだった。思うに、彼がその矜《きょう》持《じ》を保てたのは、ふみこさんという優雅な守護神とその膝枕があったからだろう。

＊**28**＿高田渡著『バーボン・ストリート・ブルース』。
＊**29**＿教会で配られた御絵（ごえ＝葬儀用カード）には
「聖人パウロ（St.Paul）」の立像と聖書からの戒めの言葉が引用されていた。
「たとえ、遅くなっても、待っておれ。それは必ず来る、遅れることはない」。

09

レジェンド＝ワタル、その不思議な引力

2005年4月18日（月）

時代はいきなり2000年代へ飛ぶ。

この日、高田渡の葬儀が吉祥寺で行われた（享年56歳）。会場は、晩年の渡が毎日のように通っていた焼き鳥屋「いせや本店」にほど近い「カトリック吉祥寺教会」。彼は亡くなる直前に司祭から洗礼を受け、「パウロ・高田渡[*29]」というクリスチャンネームを授かっていた。

パウロは類いまれな「引力」を身につけた男だった。彼は生前に多くの人を魅了したが、死してもなお不思議な引力を発揮しているのには驚かされる。その告別式の朝、特にだれかが呼びかけたわけでもないのに、多くのミュージシャンをはじめ、四百名余の人びとが全国から参集した。息子の高田漣は自分の父を「しょうもない人だけど、愛される人」と評しているが、渡の飄然《ひょうぜん》とした人となり、その生きざま、そしてなにより彼の歌が人を引きつけたのだと思う。

教会は重苦しい静寂に覆われていた。人びとは硬いベンチに身を正し、だれもがうなだれている。迷っていたのだと思う。愛すべき歌を唄い、深酒に明け暮れたこの男の唐突な死をどう受け止めたらよいものか？　救ってくれたのは、後藤文雄神父の機智あふれる説教だった。

〈故人は、亡くなる十二日前に洗礼を受けております〉と、神父は最晩年の高田渡の逸話を切り出した。〈死の直前に洗礼を受けて天に召されようとする人を、カトリックの世界では「天国泥棒」

と呼んでおりますが（笑）〉。

　世俗に染まった渡の生活ぶりにも、神父は深い洞察と理解を示した。

〈焼き鳥屋「いせや」のあの長いカウンターは、高田渡にとって祈禱台《きとうだい》ではなかったか。彼という人物をひとことでいえば、人から愛され、人に迷惑をかけ、しかも人から恨まれない男。それにしても驚いたのは、本人が満足していたかどうかはいまとなってはわかりませんが、電力の契約が十五アンペアしかないアパートで暮らしていたことでした〉。


　渡は大聖堂の内陣に据えられた柩《ひつぎ》の中で眠っていた。蘭の花を盛ったバスケットが飾られている。その脇に、ふみこさんと高田漣の姿があった。ふみこさんは穏やかな笑みを浮かべ、漣は沈痛な面持ちでうつむいている。葬儀委員長をつとめた筑紫哲也をはじめ、多くの参列者がアーチストとしての高田渡の業績を称《たた》え、彼の生き方に賛辞を惜しまなかった。

「でも……」と、漣が、突然、顔を上げて異議を唱えた。「ワタルの良い面だけじゃなく、どうしょうもないオヤジだったことを忘れないでください！」

　聖堂は時ならぬ爆笑に包まれた。渡は多くの人びとに好かれる一方で、家庭生活をかえりみない男だった。漣にとっては、自分の母親――ふみこさんをシングルマザーにした父親である。彼がいう「しょうもない人」の一面なのだろうが、高田渡本人は自著の中でこう記している[*30]。

〈離婚したのは、僕のわがままだったと思う。仕事で全国各地を回り、帰ってくれば帰ってきたで連日のように仲間と飲みに行っていた。それに対して、奥さんが文句を言ったわけではない。ただ僕のほうがうしろめたさを感じていたのだろう。その負い目に耐えられなくなって、結局は僕が「うるせいやい」と言って出ていったような形だった〉

花々に埋もれた渡に、参列者が最後の別れを告げ、友人たちが柩を担《かつ》ごうとしたそのとき――教会の計らいだったのか――大聖堂の天井から、人びとの頭上に、華やかなディキシーランド・ジャズが降りそそいだ。♪ 夕暮れに 仰ぎ見る 輝く青空……パウロが唄う「私の青空」だった。吉祥寺の「教会通り」がニューオーリンズになった。ルイジアナ州バーボン・ストリートを練り歩くジャズ葬の葬送曲《レクイエム》。遺体は黒塗りの車に乗せられて火葬場へ運ばれた。虎は死して皮をとどめ、渡は死して歌をのこした。

高田渡の突然の訃報に、ながいと私は大きなショックを受けた。ひとつの時代がいきなり断ち切られてしまった、取り返しのつかぬことが起きてしまった――そんな思いがした。擦り切れたジーンズをはいた少年少女が、ノーブラの胸みたいにやさしく尖っていた1970年代。アレがこれで終わってしまった。そう思ったのだが、しかし……。

ひとつの時代の終わりは、もうひとつの時代の始まりだった。ワタルの時代から、パウロの時代へ。パウロの「引力」はハンパではなかった。

2005年5月26日(木)

＊30＿高田渡著『バーボン・ストリート・ブルース』。

高田渡の葬儀が行われた翌月、JR駅頭のキオスクには、歌唄う男の顔が印刷された週刊誌が平積みされていた。『週刊文春』（2005年5月26日号）が、その表紙を高田渡の若き日の肖像とレコード・ジャケットのイラストレーションで飾り、彼の死を悼んだ。

表紙絵を担当する和田誠がその巻末に記す。〈高田渡さんが亡くなりました。ぼくが彼と知り合ったのは割合最近なのですが若い頃のLPを持っていました…（中略）…酒好きで、ユニークで、心優しい歌手の死を悼みます〉。「文春砲」が放った弔砲だった。

2008年5月24日(土)・5月31日(土)

渡の没後三年――2008年、彼の歌手人生を描いたニューシネマが封切りされた――『タカダワタル的ゼロ』[*31]。映画は、冒頭、70年代の追想シーンからはじまり、「フォークの世界遺産『吉祥寺いせや』に、タカダワタルが戻って来た……」と、観客を引き込んでいく。

スクリーンによみがえった渡の姿からは、いやおうなく伝わってくるものがあった。圧巻は、2001年の大晦日、下北沢「ザ・スズナリ」で収録された長尺の映像だ。渡は泉谷《いずみや》しげる、佐久《さ く》間順平《まじゅんぺい》らと絡みながら、代表曲「仕事さがし」「コーヒーブルース」から「生活の柄」「私の青空」まで十三曲を披露する。いまや「伝説」となったフォーク歌手の貴重な歌声、そして、余人をもって代えがたい軽妙なトーク――それを集大成したミュージカル・シネマである。

＊31＿白石晃士監督によるドキュメント映画。企画・柄本明／高田友恵。製作・桝井省志／アルタミラミュージック。配給・アルタミラピクチャーズ（2008年）。

この『タカダワタル的ゼロ』というタイトルには意表を突かれた。高田渡という音楽家の生涯をひとことであらわす惹句《じゃっく》（キャッチフレーズ）としては絶妙の言い回しである。「ゼロ」は「零《ゼロ》」だ。尾羽打ち枯らし、落ちぶれ果てた「零落《れいらく》」の「零」である。ところが、このゼロにあの「大貧民」の名を冠《かぶ》せると、なぜか、罰当たりなことに、ほんのりと救われるような情景が立ち上がってくるのだ——『タカダワタル的ゼロ』。

たとえば、こんなふうに言い換えればよいのだろうか？

ゼロはプラスでもマイナスでもない。±0（プラマイ・ゼロ）。
ゼロはないことを意味しない。存在《ある》と非在《ない》とのシーソーゲーム。
ゼロはあらゆるモノサシの原点であり、モノゴトの出発点だ。
人は裸一貫で生まれ、やがて灰となり、土に還る。
人はゼロから出発し、ふたたびゼロに帰す。
ゼロは、「鉛色《なまりいろ》の希望」に背を向けた。
ゼロは、「バラ色の絶望」を唄い、遊ぶ。
それは、どんなゼロ？『タカダワタル的ゼロ』……。

この年の5月、映画『ゼロ』の公開を記念して、作品上映後にライブを開催しようという計画がもちあがった。深夜の映画館に生のサウンドを響かせてパウロを偲ぼうというトリビュート・コ

上・中✣5月24日と31日の両日、映画上映後に高田渡の追悼コンサートが開かれた。
「吉祥寺バウスシアター」の入り口で開場を待つ人びと。客席はフォーク全盛期のオールド・ファンから若者まで多くのワタル・ファンで埋まった。
下✣MC（司会進行）はながいと村瀬、それに「ぐゎらん堂芸能部長」だった中坊ひろしがつとめる。

✣『ゼロ』上映後、ミッドナイト・ライブ“ぐゎらん堂again !!”を開催

ンサートである。演出を担当したのは、ワタルと苦楽を共にしてきたマルチ・アーチストの佐藤GWAN博だった。題して「ぐゎらん堂水曜コンサート again !!」。

パウロ主演のシネマ公開、同時開催の追悼コンサート。高田渡の死を惜しむ集まりは、かたちを変えて継承されていく——というか、じつをいえば、この深夜の劇場ライブ以前から、すでにパウロを偲ぶ集まりが何度も繰り返されていた。「高田渡生誕会《せいたんかい》」と銘打った大掛かりなフォーク・イベントである。

生誕会とは「もし、今年、高田渡が生きていたら何歳になる?」と、渡が迎えたはずの誕生日を祝い、彼の歌を唄い継ごうという主旨ではじまったものだった。最初は渡が急逝したその年の秋だったが、以後、毎年、あたかも「例大祭」のようにそれはつづけられていた。

✣往年のセッション仲間、そしてパウロの「弟子」たちが競演する

上✣24日の出演者／左から、この企画の演出者＝佐藤GWAN博、シバ、中川五郎。
下✣31日の出演者／左から、キヨシ小林、今井忍、松田ari幸一。

“水曜コンサート again!!”——「本日は、世間は土曜日だそうですが、なぜかこの劇場は“水曜日”です」、ライブはMCのそんな口上からはじまった。ぐゎらん堂が開店した1970年当時、「ライブ」というコトバはまだ日本に存在せず、私たちは毎週水曜日に開催した生演奏の場を“水曜コンサート”と呼んでいた。この6人の出演者はそのときの常連アーチストである。中川五郎と松田ari幸一は、ワタルの京都時代からの盟友。キヨシ小林と今井忍は、70年代、ワタルを慕ってぐゎらん堂に通っていた高校生だった。写真：いずれも、Tabute Murase。

2009年4月4日（土）

街に満開の桜が咲きそろったこの日、ながいと私はＪＲ三鷹駅に降り立った。「高田渡生誕会60」——会場の武蔵野市民文化会館の入り口には長蛇の列ができていた。

パウロ、還暦！　通算四回目となるこの大祭の実行委員には、佐藤ＧＷＡＮ博をはじめ、中川五郎、福岡風太《ふくおかふうた》、佐久間順平、今井忍ら十一人が名を連ねた。出演者もまた高田渡と縁の深いベテランから、渡を慕う次世代の若手たちが顔をそろえる。千人超を収容できる大ホールは満席だった。ステージには「いせや」の赤提灯が揺れ、なぎら健壱《けんいち》が酒光りする頬をテカらせながらＭＣをつとめる。高田漣がステージに立って亡き父を偲び、サプライズ・ゲストとして、南こうせつが「神田川」を熱唱して会場を沸かせた。

ではあるのだが、どこまでつづく追悼の儀？　さすがに、この回のプログラムでは佐藤ＧＷＡＮ博のこんな告知が目を引いた。〈「これまでつづけてきたこの会は」今日の「高田渡生誕会60」をもって終了いたします。渡も還暦を迎えたことですしね〉。ところが……。

「またやるの⁉」私は驚いた。翌年——２０１０年、冬の深夜だった。中坊ひろしから電話があったのだ。「ガンさん（佐藤ＧＷＡＮ博）が、どうしてもやりたいって！」

中坊によれば、佐藤いわく——今回は「生誕会」ではなく、パウロの「六回忌（没後五年目の供養）」。会場は告別式が行われたあの「カトリック吉祥寺教会」にしたいから、ながいと私に後藤神父に提出する企画書を書いてくれ、と。

2010年4月16日（金）

この日は高田渡の命日、4月も半ば過ぎなのに朝から氷雨が降っていた。底冷えする教会の大聖堂にマイクがセットされ、ライブハウス「のろ」（吉祥寺）の加藤幸和が持参したパウロの写真パネルが飾られる。佐藤GWAN博はこの集いを「渡会《わたるかい》61」と命名、SNSに告知していた。

「渡会61」は、歌い手が中心のコンサートではありません。これまではお客様でいた人たちに高田渡の歌を歌ってもらい、渡さんについて語ってもらう、そんな会です。参加者全員で、ぜひ楽しい会にしましょう。
日時＝4月16日／午後3時〜夜8時30分
会場＝カトリック吉祥寺教会・大聖堂（「いせや本店」から徒歩二分）
注意点＝聖堂内での飲食禁止（特にお酒！）、喫煙厳禁！

午後、雨が雪に変わる。身をすくめる寒さのなか、70年代の若者たち――白髪まじりの中年、熟年男女――が大聖堂に参集した。生前の高田渡を語るトークセッション、教会の後藤文雄神父、渡の実兄＝高田烈《たかだいさお》（金属工芸作家）、ふみこさんもマイクの前に立つ。彼女はインディペンデント（独立独歩)、気丈な女性である。私が「ワタルを撮影した写真がたくさんあるけど、送りましょうか?」と聞くとにこっと笑い、「要らないわよ、いまさら」。そういいながら、パウロと苦楽を分かち合った歳月を披露してくれた。

「しょうもない人」とのそれぞれの出会いと別れ——ある者は用意したメモを手に涙ぐみ、ある者は苦笑いを隠そうともせず、あるいは大笑いしながらパウロの奇行とその逸話を報告する(P126参照)。

この日、ミュージシャンたちは裏方に徹した。なかでも、渡の生前没後を問わず、まるで「執事」のようにパウロに仕えた佐久間順平がパートナーの「えみさん(佐久間恵美子)」と甲斐甲斐しく立ち働いていた。

開会から散会まで、五時間半の長丁場だった。飲食禁止、喫煙厳禁。夕闇が迫り、外は雪……気がつくと、後方のベンチにいた連中が集団で姿を消していた。だが、しばらくするとまた同じ席にもどっている。あの焼き鳥屋まで徒歩二分のカトリック教会だった。齢《よわい》を重ねても遊侠の徒たち、みんな、顔が赤かった。近くに寄るとコップ酒の吐息、ダウンジャケットから立ち昇るタン、ハツ、ネギマ、串焼きのタレの甘い香り。大聖堂は「いせや」の匂いに包まれていった。

それにしても……と私は思う。なんなんだろう、高田渡のこの集客力は!? 神父がいう〈人に迷

✣ベテランと若手、
高田渡のメモリアル・ナンバーを歌い継ぐ!

上段左✣トークの合間に歌と演奏のセッションが行われた。左から佐藤GWAN博、佐久間順平、MCをつとめる村瀬。
上段右✣世話役の渡辺哲哉(70年代初頭、高校生だった)。
中段左✣佐久間順平と伴侶のえみさん、佐藤GWAN博。
中段右✣高田渡を慕う新世代のシンガーソングライター。花柄のかりゆしウエア姿は、カンカラ三線(サンシン)を手に「啞蟬坊」を唄う岡大介。
下段左✣バンジョーの名手=村上律が会場を盛り上げた。
下段右✣「渡会61」のパンフレット。 写真:Tabute Murase。

惑をかけ、しかも人から恨まれない男〉とは、こういうことだったのか？

その後も、高田渡への追悼企画がつづく。写真展開催、書籍の出版、ニューアルバムのリリース。

そして、各地のカフェや公会堂で繰り返されるトリビュート・ライブ——。

ワタル逝き、ヒト集う。

天の彼方から、「聖人パウロ」はいよいよ強大な引力を発揮しているらしい。

10 三《み》浦《うら》光《こう》紀《き》
——新しい歌は新しいレーベルで！

1971年5月某日

時代はふたたび1970年代へもどる。

71年の初夏、高田渡はまだ地上の人だった。京都から三鷹へ転居した直後で、茶目っ気いっぱい、活力にあふれていた。ふみこさんと連れ立って、深夜までぐゎらん堂に入り浸っている。息子の漣はまだ生まれていない。

♪　時代は変わっていくんだよ。その変化に、いち早く反応していたのが音楽シーンだったようだ。日本中のあちこちで盛んに泡立つものがあったのだが、私はそれに気づいていない。

この年の5月、大阪で「第一回春一番コンサート」[*32]が開催された。難波《なんば》の喫茶店「ディラン」を拠点にしたミュージシャンたちを中心に、福岡風太、阿部登らが手弁当でプロデュースした一大イベントだった。会場となった天王寺野外音楽堂は、ブルース、フォーク、ロックを愛する若者た

＊**32**＿この「春一（はるいち）」と呼ばれるコンサートもまた、
10代後半〜20代の男女が立ち上げた「場＝店」が大きな力を発揮した。
1969年、石村洋子と大塚まさじが大阪・難波で開店した喫茶店「ディラン」。
そこには多くのミュージシャンと仲間たちが集った。大塚をはじめ、永井よう、西岡恭三、
伊藤銀次、友部正人、中川イサト、村上律、中川五郎、加川良、高田渡、そして福岡風太、阿部登。
この「ディラン」が事務所代わりとなって、71年の「春一番」が開催される。
以後、商業主義を排したこの大規模コンサートは、多くのフォーク&ロックファンにとって、
その年の春を告げる「歳時記」のような一大イベントとなっていく。
＊**33**＿高田渡著『バーボン・ストリート・ブルース』。

ちの熱気で沸き立ったと聞く。

三ヵ月後の8月、岐阜県・中津川の湖畔で、二昼夜にわたって「第三回全日本フォークジャンボリー」が開催される。中坊ひろしはバックパックにアーミー毛布をくくりつけ、店を休んで現地へ向かった。百五十人の出演者と二万人余の参加者を集めたその野外コンサートは、酒の勢いにまかせた聴衆がメインステージを占拠し、異様に盛り上がったという。よしだたくろうがアンプの電源が落ちたサブステージで、「人間なんて」をエンドレスでシャウトしたのもこのジャンボリーである。♪ニンゲンナンテ、ラ、ラ〜ラ　ララ、ララ……。どこかでぎりりと軋《きし》む音がして、時代という回り舞台が次のシーンを迎えていたらしい。

1972年5月某日

この日、ぐゎらん堂で、その人物を私に引き合わせてくれたのはふみこさんだった。

「ほら、ワタルが出したアルバムの――」とふみこさんが朗らかにいった。「『ごあいさつ』でお世話になったディレクターさんよ」

男が会釈する。私と同世代か？　なにやら、無法者《アウトロー》のフェロモンを匂い立たせている。肩までかかった長い髪、Tシャツの上から麻のジャケットを羽織っていた。濃い眉の下の目は笑みを絶やさなかったが、なみなみならぬ熱量を湛《たた》えている。高田渡が彼の印象をこう描写する[＊33]。

〈一九七〇（昭和四十五）年の夏、第二回中津川フォーク・ジャンボリーに出演していたときのこと。楽屋にいた僕に、ひとりの若いダンディな男がつかつかと詰め寄ってきて、名刺を差し出しながらこう言った。／「あなたのレコードを吹き込みたいのですが……、えーとどうしたらいいでしょうか……」／それがキングレコードのディレクター、三浦光紀氏であった〉

三浦光紀――この人物をひとことで表現するのはむずかしい。あえていうなら、音楽業界の「インディ・ジョーンズ」か。冒険を好むトレジャーハンター（埋蔵秘宝発掘人）だ。地下文化《アングラ・カルチャー》に眠る玉石混淆の鉱脈から、きらりと光る珠玉の歌曲を掘り出し、そのアーチストをスターダムへ押し上げる豪腕プロデューサーである。

しかも、このインディ・ジョーンズは、博物館の学芸員《キューレーター》の使命感を備えているようで、その信条は「商業的な価値より、文化的な価値を」というものだった[*34]。前年発売のアルバム『ごあいさつ』――添田唖蟬坊、山之口貘を唄った高田渡の楽曲をいち早くレコード化したのも、日本語で表現されるフォークソングの歴史的価値を見抜き、「文化遺産」として保存しなければならないと考えたからだろう。

三浦の豪腕伝説には事欠かない。よく知られているのが「録音機材、勝手に持ち出し事件」である。それは、高田渡と出会った中津川フォークジャンボリー（70年）でのデキゴトだった。

このときの出演者を紹介しておくと、たとえば、加川良《かがわりょう》、中川イサト、斉藤哲夫、遠藤賢司、の

＊34__三浦光紀は〈目指すレーベルは、理念的にはフォークウェイズ。
「商業的な価値よりも文化的な価値のあるものを」〉と語る。奥和宏著
『ベルウッドの軌跡／日本のフォーク、ロックの礎を築いた伝説のレーベルのドキュメント』
インプレスR&D（初版のPDF版＝2015年12月）。
「フォークウェイズ（FOLKWAYS RECORDS）」とは、世界的規模でフォークソング、ブルース、
子どもの歌などの音源を記録し、保存する活動を行ってきた民間団体。
現在、この膨大な歌と楽曲のコレクションは、米国・スミソニアン博物館を運営する
学術協会が引き継ぎ、「スミソニアン・フォークウェイズ」として
民族学的にも重要なライブラリーとなっている。

＊35__奥和宏著『ベルウッドの軌跡』。

こいのこ。バンドでいえば、小室等と六文銭、五つの赤い風船、そして、はっぴいえんど——後に日本の音楽シーンを劇的に変えてしまうミュージシャンたちである。キングレコードの新人ディレクターだった三浦光紀は、彼らの音源を——日本音楽史のドキュメントとして、同時に、画期的な作品集として——なんとしてでも収録しておきたかった。三浦は決める。このビッグイベントのライブ盤をつくらなくっちゃ、と。そのスタンスは、悪いけど、勝手にゴメンね！ 彼もまた、60年代の「怒れる若者たち」のひとりだった。

しかし、ほとんどの歌手がキングレコードの傘下にはなく、もともと、三浦にはレコードを制作する権利がなかったのだ。音楽ライターの奥和宏《おくかずひろ》が書く[＊35]。

〈あとで冷静になってふり返ってみれば…（中略）…それを録音しようと考えること自体が常軌を逸していたのだが、熱に浮かされたようになっていた三浦は、そんなことも気付かずに突っ走った〉。

だが、三浦光紀の熱意とはうらはらに、レコード制作上の権利関係は複雑に絡み合い、容易に決着がつきそうもなかった。そのうえ、悪天候でも強行される野外コンサートである。上司に相談すると「音響機材が風雨にさらされたら使い物にならなくなる」とニべもない。だが、三浦は肚《はら》をくくる。社内にある大規模イベント用の録音機材を物色した。ま、いいか、あとで始末書を書けば……と、会社に無断で録音装置一式をボロ車に積み込み、

豪雨のなか、中津川の山中へ向かったのだ。学生時代から三浦光紀の盟友であり、シティ・ポップス界のプロデューサー（当時は「小室等と六文銭」のマネージャーだった）牧村憲一《まきむらけんいち》が回想する。[*36]

〈肝心のキングレコードは、野外での録音機材の使用許諾は出しませんでした。にもかかわらず、数千万円？　の機材を無断で持ち出し決行してしまったのです。もちろん前代未聞の事件になりましたが、ともかく素晴らしい記録が残ったのです〉

72年初夏――ぐゎらん堂の裸電球の下、私はそんな一件を知る由もなかった。ふみこさんのかたわらで、三浦光紀が手にした紙袋の中を探っていた。

「ご迷惑でなかったら……」と、彼は私に一枚のLPレコードを差し出した。「このアルバムをお店に置いていただけますか？」

キングレコードの新譜か？　ジャケットにはのどかな田園風景、青空に一本の巨大なフォークが浮かんでいる。食器の「フォーク」とフォークソングの「フォーク」の語呂合わせのようだ。

「試聴盤なんです」と三浦が笑う。「新しいレコード・レーベルを立ち上げたので」

試聴盤？　新しいレーベル!?

「ありがとうございます」と、私はその意味するものを深く考えず、おざなりな対応をしたのではないかと記憶している。「後で聴かせていただきます」

翌朝、私は開店の準備を終え、その日にかける最初の曲を選ぼうとレコード室のドアを開けた。

＊36＿「ニッポン放送 NEWS ON LINE／牧村憲一「三浦光紀とBellwood」。

目に入ったのが三浦が持参したアルバムである。私はまっさらのLP盤を内袋から取り出し、A面に針を落としてみた。客のいないフロアに、いきなり、あの歌が流れ出した。

♪ ふと　後を　ふり返ると
そこには夕焼けがありました……

友部正人の「一本道」だった。私は試聴盤のジャケットをあらためて手に取った。青空に浮遊する銀色のフォーク。その裏面にアルバムのタイトルらしきものが地味に印刷されていた。

PROMOTION COPY／NOT FOR SALE
非売品・ベルウッドレコード／発売元・キングレコード

ベルウッドレコード？　これは後で知ったことだが、72年4月（三浦が来店した日から数えて半月ほど前）に、三浦光紀たちがキングレコードを退職して立ち上げた新会社だった。音楽業界のニューレーベルである。その「見本盤」のファースト・トラック（冒頭の一曲目）に「一本道」が選抜《ランク》されていたのだ。収録曲のリストを見ると、三曲目にあがた森魚の「赤色エレジー」とある。

じつは、この二曲こそ、ベルウッドレコードが会社設立と同時に「シングル盤、第一弾！」として発売した作品だった。いずれも、1970年代を代表する大ヒット曲（「赤色エレジー」は六十万枚の売り上げを記録する）になるのだが、この時点で、日本の音楽市場は「文化的な価値＝商業的な価値」という70年代的逆説に気づいていない。そう、三浦光紀以外は。

そもそも、この試聴盤はどこかヘンだった。宣伝の臭いをまったく感じさせないのだ。美辞麗句を連ねたコピーがない。その代わりに、長い文章が印刷されていた。題して――

〈ニュー・ミュージックの宝庫《ベルウッド》の出発にあたって〉

読んでびっくり！　新会社の「決意」が表明されていたのである。文末に、小さな活字でインディ・ジョーンズの名前――三浦光紀。

それは格調高い「マニフェスト」だった。いわく、１９７０年代の社会は、あらゆる分野で旧体制が崩れ、若者たちの新しい文化が生まれる変革期に入っている。そのうねりは音楽業界においても著しく……そう前置きして、彼は宣言する。

〈若者達は古い体質の音楽産業資本から与えられた音楽ではなく、自分達の手で作り、育てられた音楽を、求める傾向にあります。しかるに、今日ほとんどのレコード会社は未だに旧態依然としたレコード制作に頼り、大手のプロダクションや音楽出版社の顔色をうかがうあまり、これら若者の動きを知っていても、実際、彼らの本当に求める音楽を制作しにくくなっている〉

おいおい、企業に勤める人間がこんなことを書いていいのかい!? でも、三浦は書いた。彼の周囲には、よほど骨身に沁みる〈旧態依然〉があったのだろう。上意下達、権威主義《パワハラ》? 風通しの悪い芸能界、音楽業界、それに放送業界。ミュージシャンたちは「唄いたい歌」より「売れる歌」の曲づくりを余儀なくされていたということか。伝えたい思いより、放送規制《コード》の遵守。自己表現より好感度? 例の「商業主義を父とし、事なかれ主義を母」とした結果だろう。

三浦光紀が世に送り出したかったのは、旧来の音楽ジャンルからはみ出し、さらにそのジャンルをまるごと包み込んでしまうような音楽ではなかったかと思う。それは昔ながらの流行歌ではなかった。輸入盤のヒット曲をカバーしたポップスでもなく、海外のロックやフォークの翻案《コピー》ではない楽曲。にもかかわらず、それらすべてでもあるような日本語の新しい音楽——彼は説く。

〈私たちは、今若者の間に起りつつある「新しい音楽」(ニュー・ミュージック)を、重要視するものです〉。そして〈若者の率直で簡潔で飾り気のない音楽をコマーシャルな色づけをせず、彼らの自由奔放なパーソナリティーをそのまま生かすことによって「新しい音楽」を、生み出して行くことを目的として発足したのが《Bellwood》です〉

カウンターパワーをむんむんと感じさせる文章だった。新しい歌は新しいレーベルで! 折りしも、三浦がいう〈若者達〉のすぐ背後に、日本の音楽シーンを一変させるフォークミュージックの大きな波——「フォークブーム」が迫っていた。音楽市場という現場で、その流れを目に見えるかたちで、決定的に方向づけたのがこの「試聴盤」である。

YOU ARE NOT ALONE——面白いことをやりたいのは、おまえだけじゃないぜ！　三浦の宣言を、私はそう受け止めた。事実、同じ思いの実践は全国各地にひろがっていた。ヒザの抜けたジーンズを履く男たちや胸からブラを外した女たちが「自前の場」を立ち上げはじめていたのだ。「多数派文化《メインカルチャー》」に服《まつろ》わぬ者たちである（P042参照）。

「音楽を聴かせる店」に限って見ても、1972年、その兆しはあきらかだった。ぐゎらん堂が開店する（70年10月）以前から——もしくは、ほぼ同時期に——若き長髪世代が、自分の住む街で「自分自身が面白がれる場」「やりたいことだけをやる店」を始動させていた。

1968年＝東京・高円寺の「ムーヴィン」
1969年＝大阪・難波の「ディラン」／東京・渋谷の「BYG」
1970年＝東京・「両国フォークロアセンター」／「渋谷アピア」
1971年＝東京・烏山《からすやま》の「ロフト」／埼玉・浦和の「曼荼羅《まんだら》」
1972年＝京都・出町柳《でまちやなぎ》の「ほんやら洞」／東京・吉祥寺の「OZ《オズ》」……etc

いずれも、多数派のポピュリズム（市場迎合主義）と縁を切った自立拠点である。この「点」と「点」を、人脈という蔓草《つるくさ》が伝って「線」になり、熱烈なファンを獲得したそれは、やがて地を覆う「面」となって多様に花ひらく。宣言がいう〈旧態依然とした〉日本の音楽シーンを覆《くつがえ》していく。

それは、戦後ニッポンの対抗文化《カウンターカルチャー》が経験した成功例の先駆けといってよい。

親愛なる「同業者」たち――いま、元気なら七十代〜八十代を迎えているはずだ。彼らが立ち上げた「店」がそれぞれの地域で異彩を放ち、その後、いまも語り継がれる伝説的な「聖地」となっていくのはご存知のとおりである。

三浦光紀の「宣言」は、まるで全共闘学生のアジビラのようにこう締めくくられていた。

〈皆様の厳しい同志的批判を心からお待ちしております〉

三浦が書いた〈皆様の厳しい同志的批判〉の意味を考える。あのころは、ココロザシを同じくした〈皆様〉が少なからず存在したのだ。「春一番コンサート」の福岡風太をはじめ、黎明期の「ライブハウス」のマスターやママたち。彼らの実践は、損得勘定抜きの、こんな思いからではなかったかと想像する。

目にせし才能は、世に知らしむべし！

いつの時代も、旧体制を揺るがす「新しい波のうねり」は単独では発生しない。それは遠く離れた別々の海、そちこちの裏通り、あるいは大阪の野外音楽堂や岐阜の湖畔で、だれかが打ち合わせしたわけでもないのに、百花斉放《ひゃっかせいほう》、爆発的に開花するのだ。

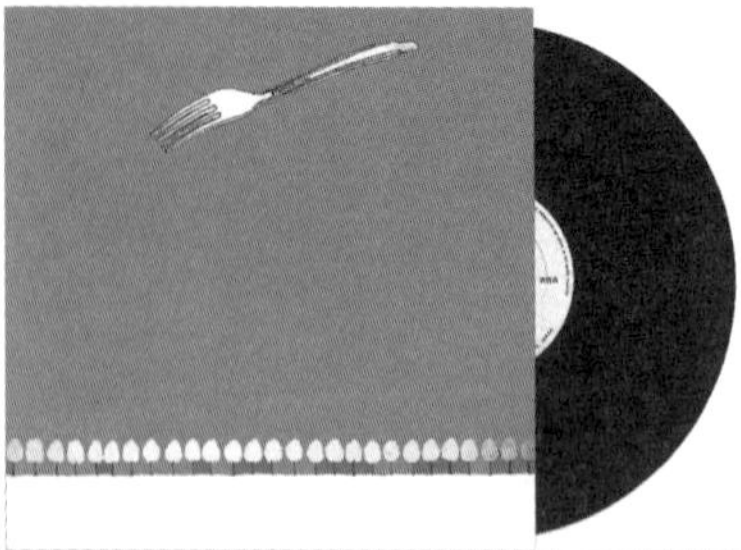

✣それは、この1枚からはじまった!

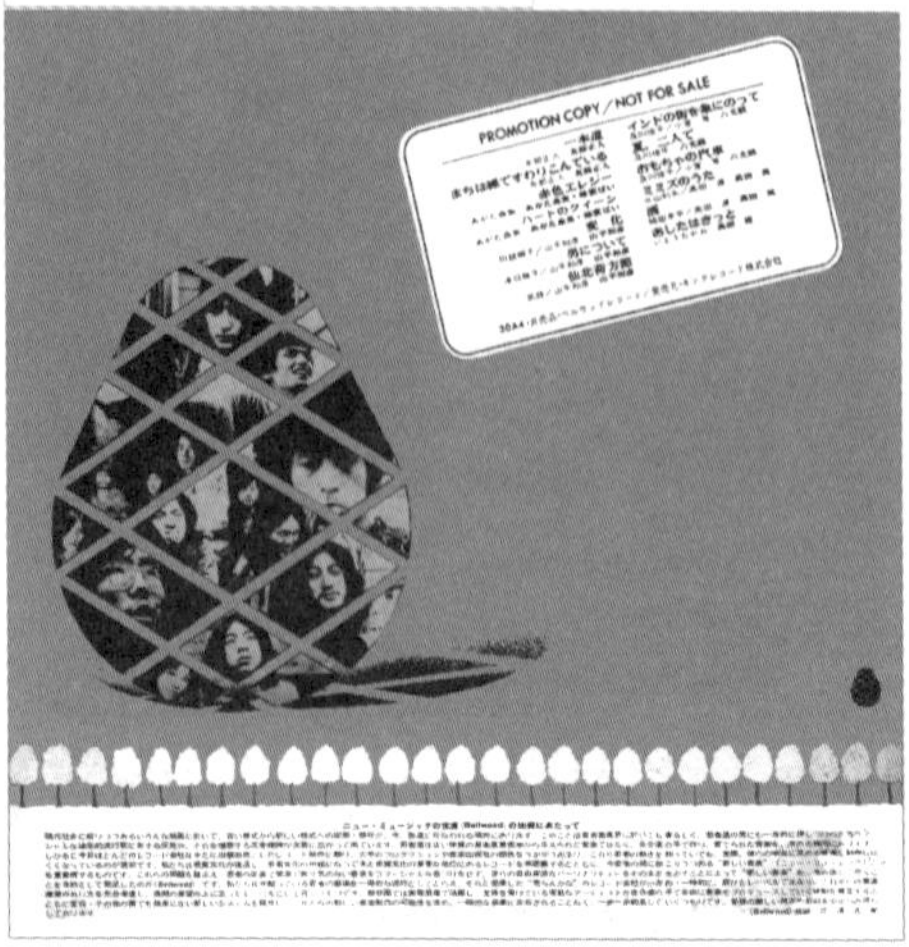

左上✣「NOT FOR SALE(非売品)」の試聴盤。青空に巨大な「フォーク」が浮遊しているだけ。コマーシャル・コピーは見当たらない。
左下✣「ベルウッド特別ダイジェスト盤」とあり、ベルウッド・レーベル設立と同時に発売されたシングル盤とアルバムの代表曲をピックアップしたものである。友部の「一本道」とあがたの「赤色エレジー」はシングルカットで発売され、アルバムは、山平和彦『放送禁止歌』、六文銭『キングサーモンのいる島』、高田渡『系図』の3枚がリリースされた。最下段に三浦光紀の「決意表明」がびっしりと印刷されている。

1960年代後半〜70年代初頭、多くのシンガーソングライターが安アパートの一室ではじめたこと。それを支持して「場」を用意した主宰者が考えたこと。そこにぞくぞくと集まって熱狂した若者たちが感じたこと。その同じ「うねり」を、しかし、ちょっとばかり違った場所――音楽業界の都心のビルのどこかのフロアで、胸の内に波立たせていた男がいたのである。

〈ニュー・ミュージックの宝庫《ベルウッド》の出発にあたって〉

唄う人、聴く人、場を供する人、その音盤《ディスク》をつくる人――ミュージック・リボリューションの同時多発である。素晴らしいじゃないか。それは、この日本列島で、成るべくして成った若者たちの革命のひとつだった。

11

大阪からやってきた
「愉快犯」——友部正人

1973年11月某日

平日の午後、ぐゎらん堂は常連客でにぎわっていた。吉祥寺近郊の高校生、中央線沿線の大学生たち。トランプのカードを手にババ抜きに興じる女子高生の一団がいる。学校からフケ（逃げ）てきた連中のようだ。店内には友部正人の新曲が流れていた。前月、CBSソニーから発売されたサードアルバム『また見つけたよ』——友部のしゃがれ声が大音量で耳に迫る。

♪ このぼくを精一杯
好きになっておくれ
そして、今度の夏が来たら
さっさと忘れておくれ

（詞・曲＝友部正人「反復」1973年）

友部は日本の音楽界を代表するフォーク歌手のひとりだが、現代詩の詩壇から一目も二目も置かれるシンガーソングライターである。当時から「詩人すぎる歌手」と呼ばれていた。

彼が宙に放つ詞《ことば》は板ガラスの破片のように尖《とが》っていて、意表をつく角度から降り注いでくる。気をつけないと、全身がキズだらけになる。

♪　このぼくを大切になんて
扱わないでほしい
君を大切な人だなんて
思わせないでほしい
そうさ君はステキな女の子だよ
でも、このまま
仲良く年を取ろうなんて思わないでおくれ

70年代初頭、あのころの友部の顔を思い浮かべるたびに、私が思い出すのは明治の歌人＝石川啄木が詠んだ一連の短歌だ。

いたく錆《さ》びしピストル出でぬ
砂山の
砂を指もて掘りてありしに*37

ピストル……!?　啄木の歌には、このアブナイ飛び道具がひんぱんに登場する*38のだが、私は彼のその手の歌を「パラノイド・ソング＝偏執症的短歌」と名づけている。

こそこその話がやがて高くなり
ピストル鳴りて
人生終る

森の奥より銃声聞ゆ
あはれあはれ
自《みづか》ら死ぬる音《おと》のよろしさ

頭蓋を貫く銃弾願望？　啄木は、なにやら嬉しげに、己《おのれ》の身にふりかかるトラブルを夢想するのだ。自分の死にざま――つまるところ、生きざま――に衆目を集め、世間にひろく知らしめたい。捨て身の自己陶酔《ナルシシズム》である。先のピストル短歌は「我を愛する歌」（『一握の砂』所収）のうちの三首だが、この標題そのままに、石川啄木は「自己愛の人＝ナルシスト」である。彼は若山牧水主宰の雑誌にこんな一文を寄せている*39。〈おれはいのちを愛するから歌を作る。おれ自身が何よりも可愛いから歌を作る〉［傍点＝原文のまま］。この滾《たぎ》ってあふれる自己愛が体内で行き場を失い、自虐的に迸《ほとばし》り出て三行の詩となる。

愛犬の耳斬《き》りてみぬ
あはれこれも

＊**37**＿、＊**38**＿石川啄木「我を愛する歌」（第一歌集『一握の砂』所収）、『日本の詩歌─5　石川啄木』中央公論社、1967年。
＊**39**＿同人誌『創作』所収の「一利己主義者と友人との対話」（1910年）。再録『日本の詩歌─5　石川啄木』。

物に倦《う》みたる心にかあらむ[*40]
怒《いか》る時
かならずひとつ鉢を割り
九《く》百《ひやく》九十九《くじふく》割りて死なまし[*41]

啄木はこの手の芝居がかった歌風をみずから「へなぶり調（どん臭い調子の戯《ざ》れ歌《うた》ほどの意）」と名づけているのだが、それにしても人騒がせなのである。

中国の故事にいわく——周の時代、杞《き》の国の人は、天が落ちてきたらどうしよう？　大地が割れたらどうしましょう？　と夜も眠れず、食事がノドを通らぬほど憂いたという。これが【杞ノ人、天ヲ憂フ＝杞《き》憂《ゆう》】の語源となった。啄木は杞の人のこの「大袈裟ぶり」をことのほか面白がるのだ。自分もとりあえず、モノ騒がしくもコトを荒立てる。ガッチャーン、グヮラグヮラ、ガッシャーン！（九百九十九個の鉢が割れる音）——鳴り物入りで、地に乱を起こしたい。

一流の表現者というのは、喩《たと》えていうなら、江戸川乱歩の世界に遊ぶ「怪人二十面相」だと思う。このトリックスターは、世間をアッといわせたい衝動をいつも胸に抱えている。自己顕示欲が人一倍強いのだ（そうじゃないと一流の悪漢、詩人、ミュージシャンはつとまらない）。友部正人も負けずにへなぶる。同じアルバム、B面の一曲目なのだが……

♪ 午前6時の大時計の下
ジャズドラマーがくの字にぶったおれている
ねえ、君　ここはどこですか
ここはぼくの肝臓です
朝が真っ赤に腫れあがってる
空が落ちてくる

（詞・曲＝友部正人「空が落ちてくる」1973年）

勝手に空想させてもらえば、友部の歌風もまた「自己愛の人」のそれであり、彼は啄木直系の「へなぶりすと」ではないかと思う。逆に考えると、もし、石川啄木が1970年代を生きる若者だったら、ギターを抱いたフォークシンガーになっていただろう。

そのように、友部正人には落ちてくる天《そら》を面白がり、人騒がせを楽しむようなところがある。彼は、時おり、うつむき加減に、にんまりした笑顔を見せることがあるが、あれは「愉快犯」の笑みではなかろうか。彼が友達を選ぶとしたら「明智小五郎」ではなく怪人二十面相だろう。あるいは奇行を習《なら》いとする「屋根裏の散歩者」か。英国人に生まれていたら、夜な夜な、麦畑にミステリーサークルをつくっていたのではないかと想像する。

友部正人がシンガーソングライターを志したのは、少年時代、ボブ・ディランの歌に出会って衝撃を受けたからだという。彼はある対談でこう語る[*42]。

＊40＿、＊41＿石川啄木「我を愛する歌」（第一歌集『一握の砂』所収）、同前。
＊42＿友部正人×峯田和伸「阿佐ヶ谷散歩対談──銀杏BOYZと『中央線』2」、デコ有限会社編『たのしい中央線2』。

Q　友部さんが一番最初に「唄いたい」と思ったきっかけは何だったんですか？

友部　［ボブ・ディランの］「ライク・ア・ローリングストーン」をラジオで初めて聴いた高校1年のとき。もちろん中学の頃からビートルズは普通に聴いてたけど。ビートルズはギターが難しいんですよ。歌集を買ってきても、コードが何だかわかんなくて…（中略）…それで一度挫折したんだけど、「ライク・ア・ローリングストーン」を聴いて面白いなぁって。その頃「［ディランのことを］ボブ・ダイラン」って言ってたけど（笑）。

名古屋の高校を卒業すると、彼は家を飛び出して表現者の道へと足を踏み出す。だが、この家出少年はちょっと変わっていた。友部は、旅から旅へとさまよい演ずるテント暮らしの芝居小屋に憧れていたのだ。そのころ――1960年代後半――演劇界のカウンターカルチャー「アングラ芝居」を公演するテント劇場や小劇場は花盛りだった。

友部　僕の地元の名古屋にもそういう小劇場があって、芝居をしたりゴダールの映画をやってたんです。それで「こういう環境は良いなぁ」と思って、高校を出たらまず劇団に居候したんですよ。ボブ・ディランの物語を読んだら「サーカス一座で唄った」なんて書いてあったから、歌を唄うには「テントで唄わなきゃダメだ」みたいに思ってね（笑）。*43

1969年、「演劇センター68／69（劇作家・演出家の佐藤信らが率いたアンダーグラウンド・シアター）」

＊**43**__友部正人×峯田和伸「阿佐ヶ谷散歩対談――銀杏BOYZと『中央線』2」、デコ有限会社編『たのしい中央線2』。
＊**44**__、＊**45**__友部正人著『生活が好きになった』晶文社（1986年）。

の一行が大阪城公園に黒テントを張っていた。友部はこの一座に身を投じて生活を共にする。〈ぼくが、ギターを弾きながら――〉と彼は書く[*44]。〈金沢の通りを行ったりきたりしたことがあることをご存知だろうか。ある劇団の公演について、その前宣伝のために歌ったのだが、あのチンドン屋のような少年は、今も金沢の通りを行ったりきたりしているような気がする。もし見かけたら、よろしく、と言ってくれないだろうか〉。

　そういえば、怪人二十面相（本名＝遠藤平吉）の略歴には、「グランド・サーカス団」なる一座で働く軽ワザ師だったとある。

1971年3月某日（もしくは、4月某日）

友部正人が「武蔵野火薬庫／ぐゎらん堂」のウワサを耳にしたのは、黒テントでの居候時代だった。71年の春、彼は高円寺のロック喫茶「ムーヴィン」主催のコンサートに招かれて大阪から上京する。その夜、一泊したのが共演者だったシバのアパートだった。〈その部屋でぼくは、アメリカのフォークソングの話や、ブルースの話をしながら眠ったのだ。それと、ズボンの縫い目に入ってなかなか取れない、南京虫の話〉と友部は回想する[*45]。〈それがぼくの、東京での第一日目であり、シバとのつき合いの最初の日だった〉。

　翌日、友部はシバに案内されてぐゎらん堂の階段を初めて昇る。このとき、私は彼と会っていない。友部が店にひんぱんに姿を見せるようになったのは、その後、東京・阿佐ヶ谷のアパートで暮らすようになってからだ。彼はいつも大きなギターケースを提げ、客席の片隅でひっそりとコーヒーをすっていた。歌唄う愉快犯、大阪から吉祥寺へ！

友部正人はぐゎらん堂で「トモ」と呼ばれていた。〈あれは、トモがまだアルバムを一枚も出してないときね〉と、彼のファンだった女子高生が回想する[*46]。〈あのころの彼はすごく無口でした。口を開いてなにかいうと「あ、トモがしゃべった！」って、みんな大騒ぎだった〉。

しかし、この寡黙な男はステージに立つと豹変した。やおらブルースハープを吹き鳴らし、奇声を発し、ギターの弦を乱暴に掻き回す。その不穏なサウンドにあたりの空気が掻き乱され、最初の歌詞が耳に届くや、聴く者の首筋に寒《さぶ》イボが立ち……。

彼の初期の代表曲「大阪へやって来た[*47]」は、荒々しくも饒舌なトーキングブルースだ。

♪　南へ下る道路には
避難民があふれ
僕は　10トントラックで
大阪へやって来た

♪　スポーツ新聞はいつも
阪神のことばかりかきたてている
おおげさな競馬の報道は
貧乏人をくいものにするし

＊**46**＿、＊**48**＿、＊**49**＿筆者が「常連さん回想録」と呼ぶファイル。SNSの「mixi」にぐゎらん堂のコミュニティがあり、往時のさまざまな情報を交換してきたが、その中でのやりとりを村瀬が編集、構成したもの。
＊**47**＿友部正人のファーストアルバム『大阪へやって来た』（URCレコード）のタイトルナンバー。

うたいたかったけどそんな場所もなくて
僕はいつも求人広告を持ち歩いたんだ
（詞・曲＝友部正人「大阪へやって来た」1972年、抜粋）

〈ぐゎらん堂のライブで初めてあの歌を聴いたとき、ほんとうにショックで……〉と「メグ」こと矢島恵が語る[*48]。友部正人に別世界へ拐《かどわ》かされるような感覚をおぼえたらしい。〈あ、私も大阪へ行かなくっちゃ！　って思ったの〉。

彼女は明星学園高校（三鷹市牟礼《むれ》）に通う高校生だった。どんなライブハウスでも、店の関係者、出演者や常連客たちの社交界が発生するが、メグはその輪のなかでもひときわオーラを放つ女性だった（漫画家＝鈴木《すずき》翁二《おうじ》は、代表作のひとつ「ギター壊し浮かれた」（1973年）のラストシーンに彼女を登場させている）。

メグは、けっきょく、大阪へは行かなかった。70年代末期、ニューヨークへ行った。以来、四十数年、彼女はクイーンズ区を拠点にしてアパレル業界で活躍する。友部正人も、90年代後半、伴侶でありマネージャーでもある「ゆみ（小野由美子）」とニューヨークへ移住する。ふたりはメグと再会し、異国の街で旧交を深めた[*49]。

〈トモたちのアパートを訪ねると「おー、いらっしゃい」とドアを開けてくれるのがゆみで、キッチンから顔を覗かせて「メグ、コーヒーがいい？」と聞くのがトモです。そして「ミルク入れ

✣ぐゎらん堂の「吉祥天女」＝メグ

✣メグは、1979年、新天地を求めて単身渡米。ニューヨークで服飾界のテクニカル・デザイナー（pattern maker）として身を立てる。写真：大塚未知雄（1973年頃）。

友部正人とゆみがアメリカで生活をはじめたのは1996年、アルバム『夢がかなう10月』をニューヨークのスタジオで録音したのがきっかけだった。ふたりはそのままこの街に部屋を見つけ、以後20年間、NY／TOKYO間を往復して活動した。

ぐゎらん堂時代からふたりと仲がよかったメグは、2006年、SNSのコミュニティに書き込む。〈今日は友部夫妻とずっと一緒でした。例の話を聞き込んできたよ〉。「話」とは、私が依頼した「『一本道』誕生のいきさつ」を本人の口から聞き出すこと。先の「ビンボー譚」の友部のエピソードは、彼女の取材によるものである。

る？」といいながら、テーブルで喋っているゆみと私においしいコーヒーを出してくれます〉

1972年某月某日

この年の1月、友部正人のファーストアルバム『大阪へやって来た』（URCレコード）が発売される。ぐゎらん堂は彼のファンでにぎわった。本人に一目会ってみたいという少年や、できることならお近づきになりたいわ――という少女たちが詰めかけたのである。トモが出演する水曜コンサートはいつも超満員だった。

あの店の収容定員は三十五〜四十人。しかし、ある時、チャージ数（ライブ料金の売り上げ）を集計してみると百五名を記録していた。ぐゎらん堂の生演奏は一夜一回かぎり――入れ替え制はとっていない。なぜ、百名を超す人数が入れたのか？　店内は通路までスシ詰め、廊下にあふれたお客さんまでチャージを払ってくれたのだろうか？　いまだによくわからない。

時代は「フォークブーム」を迎えようとしていた。高田渡、シバ、若林純夫らの「武蔵野タンポポ団」が人気バンドとなり、よしだたくろうの「結婚しようよ」、井上陽水「傘がない」、泉谷しげる「春夏秋冬」、三上寛《みかみかん》の「夢は夜ひらく」がリリースされたのがこの時期である。

だが、ある日、店にやってきた友部正人が秘密を打ち明けるように私にいった。

「今日、病院に行ってきたんだ」

「病気だったのか？」と私。

「医者がいってたよ、いまどき珍しい症状ですねって」

「どこが悪かったんだ？」と聞くと、ニヤリと笑って友部がいった。

「栄養失調だってさ」

エーヨーシッチョー!? 問わず語りの告白《カミングアウト》だった、あの「愉快犯」の笑みを浮かべながら。ほんと、人騒がせなやつなのだが、彼の症状は医者の見立てどおりだったようだ。手持ちのカネが尽き、相変わらず、思うように食事ができない日がつづいていたのである。

フォークソングはブームになっていた。だからといって、フォークシンガーが富豪になったわけではない。いつの時代も、ミュージシャンや芸術家は本業だけでは食っていけない時期がある。彼らはアルバイトをしながら「いつかは日の目を」と、その日その日をしのぐことになる。

シバがあの店の従業員だったことはすでに書いたが、じつは、このころ、友部正人もぐゎらん堂に「就職」したことがあった。彼はどんな従業員だったのか？ 鈴木翁二との対談で本人はこう語っている[*50]。

＊50＿友部正人×鈴木翁二「深夜対談」、『ガロ』1993年7月号＝「特集・70年代フォークとガロ」、青林堂。

✣フォトジェニックな美少年＝友部正人

上✣詩人にしてミュージシャン、ピンポー少年にして「愉快犯」。当時の友部正人の内面と70年代の空気感を見事にとらえたポートレートだ。CDアルバム『友部正人・ベストセレクション』(1991年)のカバーアートに使われた写真のアザーショット(別のもう1枚)である。
下✣怪しい町医者の待合室である。受付に立つ瘦せた男あり。「どこが悪かったの?」「栄養失調だってさ」。写真：いずれも秋山昌弘。

翁二　シバも友部もぐゎらん堂で働いていたというか手伝っていたよな。

正人　シバは従業員としてけっこう長く働いていたよ、僕は一日でクビになった、無愛想だったから（笑）。水の出し方と注文の聞き方が悪いとか言われて。クビを言い渡したのは私だった。

12

羽《は》良《ら》多《た》平吉《へいきち》
——時代に火を点けた「赤猫マッチ」

1971年4月某日

その夜、客の波がいったん引けたので、私は客席に腰をおろしてビールの栓を抜いた。店内には「セントルイス・ブルース」が流れていた。キャサリン・ハンディ・ルイスのアルバム『娘が歌う父のブルース[*51]』（1958年）——彼女は「ブルースの父」といわれるW・C・ハンディの娘で、この盤は私のお気に入りの一枚だった。

♪ 厭《いや》んなっちゃうな　今日も陽が沈む
泣きたくなっちゃうよ　今日も陽が沈む
だって、あの娘《こ》が街にいないから
セントルイスの姐《ねえ》ちゃん　ぎんぎらの服着てさ
お尻ふりふり　男と消えちゃった　Yeh

（著者による日本語の「セントルイス・ブルース」）

「ハルキさん……」
目を上げると、長髪、痩身、色白の青年が立っていた。羽良多平吉[*52]だった。平さん——ぐゎらん堂ではそう呼ばれていた——は「団塊の世代」、高校生のころにロック&ロールの洗礼を受けた「ビートルズ世代」でもある。そのとき、彼は私より三歳年下の二十三歳、東京芸大を卒業したば

＊**51**＿『W. C. HANDY BLUES Sung by his Daughter Katharine Handy Lewis』。
1958年、フォークウェイズ・レコードからリリースされたLPで、
W・C・ハンディの名曲が収録されている。
＊**52**＿1947年、吉祥寺生まれ。仕事のモットーは「ウレシイ編輯、タノシイ設計」。
アカデミックな書籍からポップな雑誌まで手がける書容設計家。

かりの気鋭のアーチストであり、グラフィック・デザイナーだった。濡れた傘をていねいに畳んでいる。外は雨らしい。

「新しいマッチボックスの件だけどさ」彼は向かいの席に座るなり、そういった。なにやらそれがすでに決定事項であるかのような口ぶりだった。

「新しいマッチ!?　ってなんだっけ?」私は立ち上がって、グラスをもうひとつ用意した。

「いまのマッチ……」彼は注がれたばかりのビールグラスを口元に運びながらいった。「もう品切れになるっていってたよね?」

そう、ぐゎらん堂開店から一年半、あの「火気歓迎!」のデカ箱マッチはあっという間になくなり、新たにつくった広告用マッチも在庫が尽きようとしていた。しかし、その「店の顔」は自慢できるようなものではなく、安直なブック型のマッチだった——白地のボール紙の表紙に「SOUNDS!!　ぐゎらん堂」——と、単にそれだけの芸の無さ。

「あれ、なんとかしたほうがいいよ」と平さんは真顔でいった。「マッチボックスとはいえないし、ぐゎらん堂らしくないと思う」

平さんのいうとおりなのだ。ブック型マッチとは、マッチボックス・フェチの美学からいえば邪道、いわば代用品なのである。軸木《じくぎ》（マッチの棒）は薄っぺらな紙製だし、それを収めるパッケージは折り畳み式のボール紙。そもそも、彼がいうように「箱《ボックス》」の体を成していない……のではあるが、格段に安上がりなのである。それは苦しまぎれの産物だった。開店記念品のデカ箱に予算をかけすぎ、開店以降の広告費用が底をついていたのだ。

✣ HeiQuicci HARATA（羽良多平吉）
✣ このころ店が用意していた広告用マッチ、貧相な2色刷り（墨色と赤）だった

右✣1979年秋、彼はイエロー・マジック・オーケストラの世界ツアーに同行した。「初めてヒコーキに乗って、みぞおちワクワク」（本人談）の心地でNew Yorkに降り立つ。ある夜、その街の交差点、なにやら日本語で叫ぶ声が聞こえる――「平さ〜ん！」。見ると、向かい側の舗道で若い女性が手を振っているではないか。ぐゎらん堂のマドンナ＝メグだった。ここはKichijojiか!? 異国の空の下、まるでハリウッド映画のような『めぐり逢い』（1957年、20世紀フォックス作品）。「あれは奇跡的なデキゴトでした」といまも彼は感慨に耽る。写真：大塚未知雄。
左✣「ブック型マッチ」。

「他の店に負けていると思う」と平さんがいう。私は同じ街にあるロック喫茶やジャズ喫茶のマッチ箱を思い浮かべた。いずれも、店の個性を主張した力作がそろっていた。だろ？　といった表情を浮かべて彼はつづけた。「もっとインパクトのあるマッチをつくろうよ」

「だけど、あのデカ箱はもうつくらないよ」と私。「カネと手間がかかりすぎる」

「ハルキさん」ニコリともせず彼はいった。「サイズと関係なく、ゴージャスな表現はいくらでもできるよ」

「なにかアイデアがあるわけ?」

「ちょっとね……」羽良多平吉はグラスのビールを飲み干して席を立つ。足早に店のドアを開け、雨の街へ消えていった。

ぐゎらん堂の常連客には奇人変人が多かったが、平さんはなかでも浮世離れした存在だった。俗世間から超越しているというか、はみ出しているというのか、自分ひとりだけの惑星で機嫌よく遊ぶ宇宙人のようだった。子どものころ、ひとり遊びが得意な少年だったのかもしれない。

ある夜、彼は珍しく女性を連れて来店した。平さんに腰を抱かれるようにエスコートされた彼女は人目を引く姿だった。バスト、ウエスト、ヒップの流線美《プロポーション》が完璧だった。全裸だった。しかも、頭と顔がない。胴体は布張り、両手両足もなかった。足の代わりに木製のスタンドが付いている。洋裁店で見かける立体裁断用のマネキン人形だった。

「どうしたの、それ?」私が聞くと、平さんが声を落としていった。

「カノジョ、電信柱の下に捨てられていたんだよ」彼はマネキンをレジの前に据えると、ハンカチでカノジョの肌の汚れを拭いはじめた。「ここに置いていい?」

「いや、そこはちょっと――」客が出入りできなくなる。

「じゃあ……」と、平さんは自分が座った長椅子《ベンチ》の脇に彼女を座らせた（正確にいえば立たせた）。店中のお客さんが口に運ぼうとしたグラスやカップの手を止め、目を見張っている。SFマンガの一コマのような絵面《えづら》だった。機嫌のよい宇宙人の隣に、顔のない全裸女性――。だが、これが、羽良多平吉が創出する魔術的《マジカル》な表現の世界でもある。彼とカノジョは、その夜、ふたりで帰って行った。

平さんは、そのように、巧《たく》まずして奇人ぶりを発揮してくれるのだが、凡人が及ばないこの奇天《きて》烈《れつ》さこそ一流のアーチストには欠かせない天分のひとつだと思う。

羽良多平吉という人物を――あふれる愛をこめつつ――ひとことでいえば「マッド・サイエンティスト（風狂な科学者）」ではないかと思う。彼には、エキセントリックな博士《ドク》が実験室で着る白衣が似合うにちがいない。通常、美術界に身を置く表現者は「文科系」の人間だと思われがちだが、彼は多分に「理科系」なところがある。羽良多平吉は科学的に美術するのだ。妖しい錬金術師のように科学的……といえばよいだろうか。

彼は色彩の濃淡や微妙な風合いを変幻自在にあやつる。あるいは、赤と水色、緑色と赤紫、黄色と青——対照色（補色）をサイケデリックに衝突させて人の眼球を驚かせる。この手法を、羽良多平吉は「虹色科学《にじいろかがく》」と名付けている。

彼がいう「虹色」とはどんな色なのか？

それはたとえば、絵空事の空色に、桃尻娘の桃色、それに黄色人種のマジック・イエローを鮮やかに調合したグラデーションを想像するとよいだろう。その眩《まぶ》しい色彩の隠し味に小さじ一杯の砒《ひ》素《そ》と、幻覚剤《エルエスディー》をもう一杯……それが羽良多平吉の「虹色のワンダーランド」である。

博士は、この時期、ロック&ロールの先駆者たちが白人音楽と黒人音楽の壁を取り払ったように、既存のアート——アカデミックアート、ポップアートを問わず——その約束事の障壁《バリア》を科学的に熔解させ、世界を「虹色」に発色させよう！　そんな冒険の途上にあったのだと思う（一連の作品をカラー写真でお見せできないのが残念だ）。

1971年5月某日

三週間ほど経ったある夜、平さんがぐゎらん堂へやってきた。

「ビール、もらえる?」席に座ると彼がいった。上機嫌である。注文の品をテーブルに運ぶと、平さんは持参したクラフト封筒を私に差し出した。

「お待たせ、できたよ」

「なに、それ?」開けてみると、厚手の画用紙に描かれたモノクロのペン画——新しいマッチボックスの下絵のようだった。

「これって——」私は聞いてみた。「平さんに、正式に依頼したっけ?」

博士は無言、美味しそうにビールを呷《あお》っている。

そのペン画は、マッチ箱のラベルの「オモテ面」「側面」「ウラ面」を平たく延ばしたかたちで描かれていた。縦長の長方形の枠の中に、それぞれの「面」が太い罫線で上・中・下段に三分割されている。私は、そこに、平吉ワールドが全三幕の芝居のように構成されているのに気がついた。最上段の枠で、奇ッ怪な猫の大きな顔がこちらをヒタと見据えている。これがマッチボックス劇場の「シーン1(箱のオモテ面)」ということか。

「それにしても、猫……!?」意表を突かれる思いだった。平さんは私の反応に驚いたようだ。「ハルキさん、猫が嫌いなの?」

「いや、キライというか、なんていうか……」私もながいも猫は大嫌いだった。ヒトに媚びるわ、フンは臭いわ、三歩あるけば恩を忘れるというやつらである(ちなみに、いまは、キジ猫、茶トラ猫、黒猫ら四匹と暮らしている)。

「でも、ぐゎらん堂はさ——」羽良多平吉はグラスのビールを飲み干してから断言した。「こうなんだよ」

＊53＿寺島良安著、訳注・島田勇雄、竹島淳夫、樋口元巳『和漢三才図会6』平凡社東洋文庫（1987年）。元本は1712年に成立。

そうなのか、平さんがそういうのならそうにちがいない。「武蔵野火薬庫／ぐゎらん堂」は猫だったのか。ともあれ、羽良多平吉の手になるマッチボックスの絵解きをしておこう。

シーン1（箱のオモテ面）

デカい顔のキジ猫（縞猫《しまねこ》）が一匹、黒い大地に伏せている。耳をピンと立て、尾をくねらせ、なぜか「カメラ目線」で笑っている。どうやら、彼（♂だと思う）がこの劇場の主役らしい。眼光炯々《がんこうけいけい》、ぱっちりと見開いた両の目の眸《ひとみ》は明るく、睫毛《まつげ》が長く……待てよ、この目、どこかで見たと思ったら、平さんの目にそっくりじゃないか。これって、猫の顔を借りた自画像？

左右の眉のあいだには、釈迦如来像の額《ひたい》に光る白毫《びゃくごう》のような星形がひとつ。そして、顔の脇に、この芝居の演目がさりげなく掲げられていた——「月に赤猫」。

「ハルキさん、知ってた？」と平さんが聞く。「『赤猫』って、江戸時代の隠語で『火付け』とか『放火魔』のことをいうらしいよ」

知らなかった……。これは後知恵で知ったのだが、江戸期に編まれた『和漢三才図会《わかんさんさいずえ》』（森羅万象百般の事物を網羅した百科事典）によれば「猫は妖《よう》［あやかし］をなす」とある。

〈伝えによれば、純黄赤毛のものが多くは妖をなす。ただ暗室で猫の背の毛を手で逆に撫でると光を放ち火を点じたようになるもの、あるいは油を舐めるものは、まさに恠《かい》［怪］をなす徴候を示すものである[*53]〉

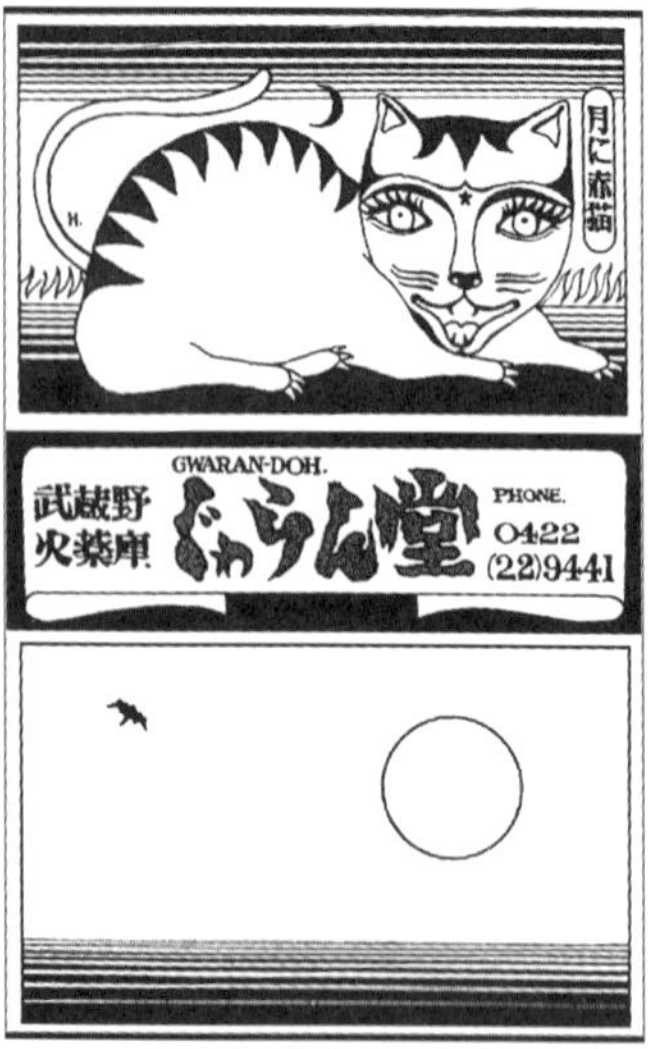

✣「月に赤猫」のラベル（版下のイメージ）

上✣シーン1＝大地に腹這う「赤猫」がカメラ目線で笑っている。背景の地平に火の手が。
中✣シーン2＝リボン型の看板の中に、手書きのレタリング「武蔵野火薬庫／GWARAN-DOH」。ロゴはスクリーントーンがかけられ、グレーの色調に。
下✣シーン3＝大きな満月に誘われて飛来した生き物が一匹。その意味は……？

いわく、古来、猫――とりわけ「赤毛の猫」――は、暗闇で毛を逆撫《さかな》ですればパチパチと青い火花を放ち（静電気の現象だ）、行灯《あんどん》の火皿の油を好んで舐めるという魔性のもの。火気を欲し、火難をなす妖怪である……と。この伝えが転じて「赤猫」とは放火犯のこと、「赤猫を這《は》わす」とは人家に火を点けるという意味になったようなのである。「放火魔の赤猫」×「発火装置のマッチ箱」×「武蔵野火薬庫」!? なんてアブナイ取り合わせなんだ。

平さんの絵をよく見れば、赤猫の背後にめらめらと火の手が上がっているではないか。地平線が燃えているのだ。彼方の街では早くも大乱勃発？ 燃え立つ大地の夜空には黒々とした三日月、このシーンは闇夜を暗示しているようだった。なにやら、予兆に満ちた第一幕である。

シーン2（箱の側面）

書籍でいえば「背表紙」に当たる面である。ここに店のロゴと電話番号がフリーハンドのレタリングで描かれていた。「ぐゎらん堂」が横文字でも表現され「GWARAN-DOH」とある。

平吉博士は羅甸《ラテン》語風の表記が好みのようで、彼が作品に記す横文字のサインは「HeiQuicci HARATA」となる（ついでにいっておけば、この赤猫マッチ制作以降、「ぐわらん堂」を欧米語で表記する場合はすべて「GWARANDOH」とすることにした）。

シーン3（箱のウラ面）

場面は一転して明るい月夜である。中天にぽっかりと浮かび、煌々《こうこう》と輝くまん丸のお月さま。「月に赤猫」の「月」とはこれを指しているようだ。その満月に向かって悠然と飛行する翼竜《よくりゅう》のような生き物のシルエットがある。一匹の大蝙蝠《オオコウモリ》だった。

このコウモリはなにを意味するのか？　そのことなら、私は知っていた。骨董屋の店主が教えてくれたのだ。蝙蝠は不吉な動物のように思いがちだが、唐物《からもの》（中国からの渡来品）の器物《うつわ》や調度品には蝙蝠を描いた図柄が多く、じつは縁起のよい紋様なのだ、と。

中国の故事によれば、蝙蝠は「転禍而為福（禍を転じて福と為す）」の象徴であり、蝙蝠が飛来するのは幸運の訪れを意味する吉祥《きつしよう》なのである。吉祥寺の「音楽を聴かせる店」にとって、これは最高に目出度い絵柄ではないか。

いや、驚いた。蛇の道は蛇に聞け。「火気歓迎！」とか、私がありあわせの語彙《ごい》を掻き集めて「言語」で言おうとしたことを、美術家《アーチスト》はこんなふうにも美しく、意味深く「絵」で表現するのだ。面白おかしく遊ぶのである。伏して脱帽するしかない。

平さんが構成した全三幕のマッチボックス劇場。彼は、70年代の時代状況に赤猫を這わせたいのではないか……私はそう感じた。赤猫マッチで「武蔵野火薬庫」に火を放ち、虹《レインボーカラー》色のカウンターカルチャーを爆発的に花ひらかせようという魂胆《こんたん》だったのではなかろうか。

「平さん！　これ、すごいよ」私はいった。

「……」博士は長い睫毛の目を伏せた。笑っていた。

羽良多平吉はただの奇人ではなかった。事実、後年、ただならぬ奇才を発揮する美術家として活躍するのである。だが、このとき、彼は自分が日本を代表するグラフィック・デザイナー、編集美術家（エディトリアル・アーチスト）、書容設計家（書籍装丁家）として数々の文化賞、デザイン賞を受賞する大御所になることをまだ知らない。マジック・イエローの総本家「Y・M・O（イエロー・マジック・オーケストラ）」の世界公演に同行し、あるいは、ピンク・レディー、井上陽水、石川セリ、喜納《きな》昌吉《しょうきち》、遠藤ミチロウ、あがた森魚らのジャケット・デザイナーとして名を馳せるのはもっと先の話である。

私とて、この「月に赤猫」のマッチボックスが「1970年代を代表するパッケージ・デザイン」と評されることになるとは知る由もなかった（「このマッチ箱、良いですねえ！」と、最初に絶賛してくれたのは青林堂社長の長井勝一さんだった）。

平さんはマッチ箱の寸法も綿密に設計していた。当時の広告用マッチの主流は、コストダウンのために箱の厚さを半減させた「平型」だった。しかし、「月に赤猫」はマッチボックスの美学を踏襲する。古き佳き時代のマッチ箱が具《そな》えていたゴールデン・プロポーション――縦×横×厚さの黄金比に敬意を払う「クラシック・タイプ」にデザインされていた（P124参照）。

「面白いマッチが……」平さんが嬉しそうにいった。「できそうだよね」

「さすが、平さん！」私は礼をいった。「予想を完璧に上回る傑作だよ」。箱の厚さとマッチ棒の本数が「平型」の二倍!? 発注コストも予想を完璧に上回りそうだった。

『赤猫』の赤はマゼンダ系になると思う」と平さんがいう。「もう一匹の猫は、シンプルに白と黒の二階調がいいかな?」

「もう一匹って、どういう意味?」

「モノクロ版もつくろうと思って」と、平さん平然。「『月に赤猫』と『月に白猫』ね」

「赤猫に白猫? 二種類つくるつもり!?」それも決定事項だったわけ? 手持ちの資金で足りるだろうか?

風狂な科学者の表現衝動は暴走するものらしい。博士の異常な創作愛。どうやら、彼は多数派《マジヨリテイ》文化《カルチヤー》とか「多数決という虚構《マジヨリテイ・フイクシヨン》」を信じない若者のひとりだったようだ。多数決より「一人決《いちにんけつ》」。素敵じゃないか！ 悪いけど、勝手にゴメンね！ の人なのである。

「じゃあ……」と、平さんはにっこり笑って帰っていった。

羽良多平吉の狙いは当たった。ほどなく「月に赤猫」「月に白猫」——一対のマッチボックスは70年代の若者たちのあいだで爆発的な人気を呼び、千客万来、満員御礼がつづく。客も店主も店員も、♪ ロック・アラウンド・ザ・クロック（時を忘れて、ロック&ロール）！ 頭蓋の中にモルヒネがあふれ、武蔵野火薬庫は夜が明けるまで踊り浮かれることになる。知ってるかい? どんな国の捜査当局も、脳内麻薬は取り締まれないんだよ。

「赤猫」が時代状況に火を点け、「大蝙蝠」が幸運を運んできてくれたのである。

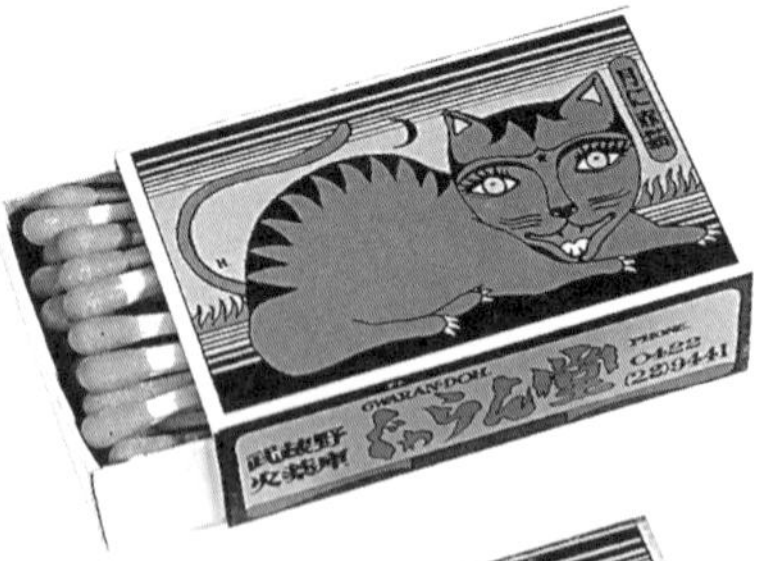

✣ぐゎらん堂のマッチ箱「月に赤猫」

上・下✣羽良多平吉作「月に赤猫」のマッチボックス（カラー版とモノクロ版）、クラシック・タイプの分厚い箱だった。
シーン1（オモテ面）＝赤猫の毛色は濃いマゼンダピンク、縞柄には群青色、猫の瞳と背景のホリゾントには橙（だいだい）色が使われている。真っ赤に燃える地平線の炎は鮮やかな「金赤（きんあか）」が指定された（Icon Zone / Special Thanks Pages のカラー写真参照）。
シーン2（側面）＝群青色の下地の上に、橙色とマゼンダピンクを組み合わせた太いリボン。その上に載った「ぐゎらん堂」のロゴは金赤——と、絶妙な補色対比が印刷インクの彩度を高め、人の目をあざむく。
シーン3（ウラ面）＝マゼンダピンクに染まった夜空に、ぽっかり浮かぶ満月。群青色の大蝙蝠が天を舞う（P120の版下参照）。

客層は日本人だけではなかった。パリ、ロンドン、ベルリン、ニューヨーク——欧米からやってきた外国籍の男女が吉祥寺周辺に住みつき、彼らもまた常連客となって店を賑わせた。東大に留学中のインテリもいれば、文無し、女たらしのアウトローもいた。連中とは呼吸《ノリ》が合い、休日をともに過ごし、ホームパーティーに招き、招かれ、春ともなれば花見に行った。

彼ら、彼女らは、いわば本場のロングヘアーとノーブラの体現者たちである。Tシャツとジーンズのウッドストック世代であり、ベトナム反戦世代、五月革命世代だった。多数派社会からのはみ出しっ子たち——母国語がちがっても深いつきあいができたのは「カウンターカルチャー」という国境を超えた共通言語があったからではないかと思う。あるいは、同じ質の「くやしさ」を共有していたのか。どこから流れてきたのか、バックパックを背負った異国のヒッピーたちも少なくなかった。葉ッパ中毒者《マリファナ・ジャンキー》だとバレて強制送還になったやつもいた。

ある晩、「I'm German（私、ドイツ人です）」と、金髪の長髪に口ヒゲのヒッピーが親しげに話しかけてきた。「アムス（Ams.＝アムステルダム、オランダの首都）で聞いて来たんだよ。日本へ行くなら、吉祥寺の『GWARANDOH』へ行けってね」

そういうと、彼はアーミージャケットのポケットから、バンダナに包んだものを取り出して私に見せた。「月に赤猫」のマッチボックスだった。平さんの猫は、私の知らぬ間に海を越えて「世界の赤猫」になっていた。

羽良多平吉からデザイン料の請求はなかった。甘えることにした。

✣ 最上段左端：佐藤GWAN博／（その下）佐久間順平／今井忍／村上律。

✣ 最上段右端：高田烈（高田渡の実兄）／（その左）カトリック吉祥寺教会の後藤文雄神父／（その下）ふみこさん／（その右）アルタミラピクチャーズの桝井省志。

✣ 最下段左端：80年代、ぐゎらん堂の最後の従業員のひとりだった岡崎カコ／（1人飛んで右上）吉祥寺「のろ」の加藤幸和／最下段右端：世話役の中坊ひろし。

✣ 本書に登場する「遊民たち」——村山千賀子、沢田節子、添田忠伸、野上範睦、渡辺恵子、伊藤理恵子、ヒロシ、しもじ、「しゃちょさん」こと高山富士子、柚木公奈たちが次々とマイクに向かった（2010年4月16日「渡会61」）。写真：いずれもTabute Murase。

3.

赤裸々、キララに「ひとり全共闘」

——ちょっとだけ「昔話」をしてもいいですか?

13 トイレの壁に見る「60年代」の残照

1972年〜1973年某月某日

羽良多平吉の「赤猫マッチ」はぐゎらん堂のアイコン（象徴的記号）だったが、あの店には70年代を象徴する「名物」がもうひとつあった。

トイレの落書きである。店にやってきた若い客たちの仕業だった。彼らの胸の内なる思いが、乱れ書きやら重ね書き、白い壁を埋め尽くすように殴り書きされていたのだ。

それは、1960年代の置き土産ともいうべき露《あらわ》なコトバだった[*1]。たとえば……

階級斗争を革命的に斗《たたか》え！
日本ML《エムエル》同盟万才
戦旗《せんき》を止揚《しよう》せよ！

これは「新左翼」諸党派の政治的スローガン、全共闘系学生（もしくは、元学生）たちの狼藉である。共通する特徴は「タテカン（立て看板）文字」――中華人民共和国的簡体字が多用され、字体の角々《カドカド》をことさらに怒張《どちょう》させた書体――で記されていたことだ。

開店直後（70〜71年）、トイレの壁は真っ白だった。その壁に筆おろしをしたのはギャグ漫画家＝高信太郎《こうしんたろう》である――「コーシン参上！」。武蔵野火薬庫の落書きも、最初は政治的メッセージというより他愛のない署名《サイン》や下ネタ的ジョークからはじまった。

この種の「文化遺産」はできるかぎり記録しておきたいのだが、判読不能、意味不明なものもある。いかんせん、悪童たちは、壁いっぱいに書き込みがひろがって余白がなくなると、先人が書いた文字の上に自分の主義主張を容赦なく上書きしてしまうのだ。私とながいが面白がって消さなかったものだから、落書《らくしょ》の上にまた落書、最後はなにがなにやらわからない状態になってしまった。しかも、筆記用具が細字の水性ペンから太字の油性マーカーへエスカレートしていく。ともあれ、私の記憶と手元にある写真を参考にそのいくつかを拾遺しておこう。

まずは、あの店に閑古鳥が啼いていたころ――ぐゎらん堂草創期の例である（□は判読できない文字）。

「1日1回元気にう□こ」＝典型的なスカトロ落書？　火薬庫のトイレはまだ長閑《のどか》だった。

「□□□□のバーカ！」＝ケンカ相手か恋敵に対する悪罵だろう。

「レールロード／Gタメゾウ／Drアパッチ」＝窓枠に沿った壁のぐるりにしつこく書いてあるのだが、当時人気だった米国のハードロック・バンド「グランド・ファンク・レイルロード」に憧れたアマチュアバンドとそのメンバーの名前だろうか？

「美保！」＝愛しのミホちゃん？　このほか、意中の女の子の名前らしきものがいくつか。

このころ、高校生のフォークバンド「世情半《よじょうはん》」のメンバーだった「のりむつクン（野《の》上《がみ》範《のり》睦《むつ》）」はこう回想する。〈水洗タンクのレバーに向けて「→［矢印］」があって、「ごちゅうい！

＊1　若い読者諸君にとって、この手の「左翼ギョーカイ用語」は理解不能な古文書に似ているかもしれない。解説しておこう。
〈階級斗争を革命的に斗え!〉＝労働者階級が政府・ブルジョアジーを打倒するための斗（闘）いは武装斗争を辞さず、妥協点を探る改良主義に堕することなく、非和解的に最後まで貫徹せよ!（いよいよ理解不能になったりして……）。〈日本ML同盟万才〉＝MLとはマルクス、レーニンの頭文字。「日本マルクス・レーニン主義者同盟」という新左翼の党派を万歳褒（ばんざいぼ）めした慣用句だ。〈戦旗を止揚せよ!〉＝「戦旗」とは「共産主義者同盟・戦旗派」を指すと思われる。その組織の内部矛盾をより高いレベルで克服せよ!（自派の行き詰まりを嘆いて吐露したものか）。

✣ 1970年代の悪口雑言！　落書きの「聖地」だったあの店のトイレ

✣ 他店のトイレにも同時多発!?

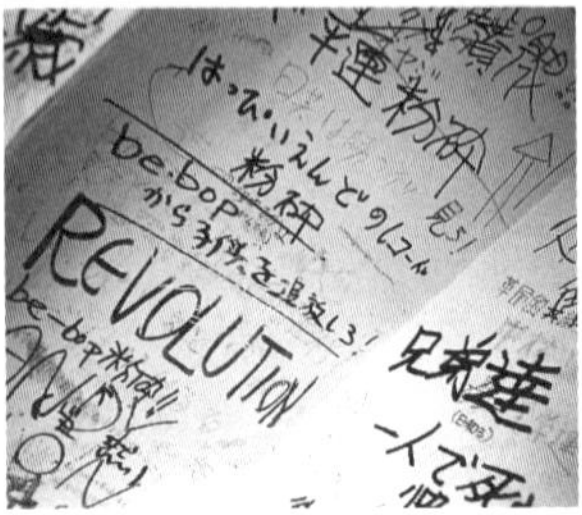

左上·上✣壁もドアもおぞましいほどの殴り書きで埋め尽くされたぐわらん堂のトイレ。
左下✣どこのトイレだろう？「ベ平連粉砕」「REVOLUTION」「be-bopから子供を追放しろ!」などとある。「私も中学生ながらベ平連のデモに参加していました」とぐわらん堂の従業員だった大塚くんが回想する。「『ベ平連粉砕』とか書いてあったら、私が消していたと思うので 他店のトイレかと思います」。だとすれば、吉祥寺にあった他の「音楽を聴かせる店」のトイレか。ひょっとして「be-bop=ビバップ」?（1973～74年頃か）。この写真3点：撮影者不明。

梅毒がうつります」と書かれていた。ウブな青少年はビビッたにちがいない（笑）〉。

と、こんな具合だった。だが、二年ほど経ち、客層が変化すると落書きも変わる。控え目な戯《ざ》れ言《ごと》から大言壮語へ。例の全共闘系落ち武者諸君の所業である。たとえば……

「反帝学評《はんていがくひょう》」「共産主義者同盟」
「叛旗《はんき》」「反戦高協《はんせんこうきょう》」*2
「明星《みょうじょう》自治会万才！」

いずれも自分が所属する党派《セクト》や組織の自己アピールである。「明星自治会」は三鷹市にある「明星学園高等学校」の学生自治会だ（ぐわらん堂の常連には明星学園の生徒が多かった）。あのころ、多くの高校生たちが「激動の60年代」にアンガージュ（参加）していたのを思い出す。

やがて、書き込みは可愛げのない内容が目立ちはじめる。新左翼運動がドロ沼の退廃期を迎えたのだ。党派は四分五裂を繰り返し、血で血を洗う「内ゲバ」がトイレの壁を血《ち》生臭《なまぐさ》くした。

「マルクス主義を□解するバカども死ね／□□を解体せよ」

「民青（日共）＝革マル→絶対解体」

「□□□な□□□は死んじまえ！」「革マルを殺れ／SCCI」


いまどき、落書きで埋め尽くされた飲食店のトイレはあまり見かけない。あの時代、なぜ、若者たちはかくもエネルギッシュに、執拗に、ぐゎらん堂のトイレ――いや、この時期、ほかの街の居酒屋やカフェのトイレも同様だったかもしれない――の壁に自己主張を繰り広げたのか？

1968年5月某日〜1969年1月某日

思い起こせば、60年代後半、海の向こうから飛んで来た「魔法のコトバ」があった。それもまた街の壁に書かれた落書きだったのだが、とびきり上質な現代詩を思わせる一行で、日本に住む若者たち（つまり、ながいや私のことだが）に取り憑《つ》き、抗《あらが》いがたいインスピレーション（天啓）をもたらした。そのコトバとは……

「想像力が権力を奪う！（L'imagination prend le pouvoir）」

1968年のパリ。学生と労働者がド・ゴール政権のうさん臭い戦後的旧体制《アンシャン・レジーム》に抗して決起した「五月革命（Mai 68）」――その時の合い言葉がこれだった。セーヌ川左岸の学生街＝カルチェ・ラ

＊2__「反戦高校生協議会」の略称、「革共同・中核派」系の高校生組織。ほかにも各種のセクト名が登場するが、興味のある方はネットで検索していただきたい。

タンの広場、建物の壁という壁にこのスローガンがあふれたという。ジョン・レノンの「イマジン（"Imagine" October 1971）」に先行する「イマジネーション・エンパワーメント論（潜在想像力の開花・解放論）」である。

♪　イマジン！　考えてもみろよ、国家なんて蜃気楼《フィクション》みたいなものじゃないか。仰ぎ見たって天国なんかありゃしない。頭の上にはただ空が広がっているだけさ。想像力で世界を解放せよ！

「敷石の下には砂浜がある（Dessous les pavés, C'est la plage）」

バリケードが積み上げられたカルチェ・ラタンの路上だった。警官隊が乱射する催涙弾、容赦なく振り下ろされる警棒、割れる額、滴《したた》る血。若者たちはカウンター・ヴァイオレンス（対抗暴力）を行使する。武器がなけりゃ、路上に転がる石を投げろ。石が尽きたら、敷石を砕いてぶん投げろ。石畳の下にはコート・ダジュールの砂浜がある。ヴァカンス気分で世界を変えろ！　輝く太陽、きらめく白砂。また見つけたよ。何を？　世界は変えられるという真実を。硬きものを打ち砕けば、その下にはやわらかな世界がひろがっているのだ（東京でも、国会前やアメリカ大使館前の舗道で試してみたら、ほんとうに敷石の下に砂の層がひろがっていた）。そして……

「壁は言葉を待っている（Les murs attendent les mots）」

68年5月、パリの街の壁はサルトル、ゴダール、赤毛のダニー（ダニエル・コーン＝ベンディット＝五月革命のリーダーの一人）——彼らの思想、表現、行動に触発されたアバンギャルドな図案の貼り紙と政治的メッセージで埋め尽くされた。♪ 世界は日の出を待っている。通りの壁はなにを待つ？ ヒップでポップな詩とポスター、フリーでキッチュな壁新聞。そして、ヒネリの効いた落書きを待っていたのである。壁を情報で埋め尽くせ！

落首、落書きは「Litterature《リテラチュール》 Mural《ミューラル》＝壁文学」と呼ばれるようになる[*3]。「人が来る前には森があった、人のあとに砂漠が残る」「国家とはわれわれ一人一人のことだ」。さらに――

「バリケードは通りを塞《ふさ》ぐが道を開く（La barricade ferme la rue, mais ouvre la voie)」

お見事！ 権力者の無理やりを阻《はば》まんとする街路のバリケードは、道理を貫くための壮大なオブジェだったのだ。それは通りを塞いでも、人びとが生きる道をひらく。

69年1月、東京・本郷七丁目、その時計塔は八千五百人の警視庁機動隊に包囲されていた。東大全共闘と応援部隊が立て籠る安田講堂――その壁にも夥しい数の落書きが残されていた[*4]。

「連帯を求めて孤立を恐れず／力及ばずして仆（倒）れることを辞さないが／力を尽くさずして挫《くじ》けることを拒否する」

「労働者諸君　学生はここまで　後は君達の出番だ！」

「マリコ　この最後の瞬間の気持に後悔など全くなし」

＊3＿引用・参考：西川長夫（立命館大学名誉教授・比較文化論）「1968年5月――消えない言葉」、『立命館言語文化研究　9巻4号』立命館大学国際言語文化研究所、1998年。

＊4＿一連の落首は、岡本雅美・村尾行一採録『大学ゲリラの唄――落書 東大闘争』三省堂新書（1969年）。

いままさに落城せんとする「安田砦《やすだとりで》」――その壁に遺された、意を決した書き置きだった。その砦に最後まで踏み止まっていた女子学生たちがいた。この日、現場指揮にあたった警視庁の警備課長によれば、火炎ビンの油の煤《すす》で顔が真っ黒、放水を浴びて全身ずぶ濡れ。十七人の女性たちが機動隊員に手錠をかけられ、整列させられた[*5]。

「女性の自立をめざして／日本女性解放同盟は死ぬまで闘うぞ!!」

女性たちが決死の覚悟を記した一方で、安田講堂の壁には「自分で使った食器は自分で洗え！／タバコの吸いがらは灰ざらへ！」と、微笑ましい注意事項も残されていて楽しませてくれるが、なんて男らしい話なんだ。これもまた、全共闘男子学生諸君の生活習慣とその幼児性を伝える史料《ドキュメント》として記録しておくべきだろう。そうなのだ。壁はコトバを待っていたのだ、思いの丈を書き残しなさい、と。

これに比べると、ぐゎらん堂のトイレの落書きは妄言空語《もうげんくうご》、ぜんぜん文学的でもなく、いかにも芸がないのが惜しまれる。しかし、ルーペを使ってトイレの写真を子細に観察していくと、この70年代の年代記《クロニクル》には欠かせない二つの書き込みを発見したのである。

1972年〜1974年某月某日

一つは――これも学園闘争の申し子なのだろうが――東大全共闘、早大全共闘、あるいは日大全共闘よりはるかにぶっ飛んだ一派が書き込んだ連帯の挨拶のようだった。

「マリファナ解放戦線／ハレンチ学園全共闘」*6

このマンガチックな集団が立て籠ったのは、「大学立法」（大学の運営に関する臨時措置法＝大学自治に対する治安維持法といわれた）が及ばないハレンチにして架空の学園である。彼らが目指したのは「赤色革命」ではなく「緑色革命」だった。

灰色の脳細胞を緑色の大麻草《ハッパ》の煙で浄化し、抑圧された精神を解放し、より高い次元の自己に到達せよ！　自分が変わることで世界を変えろ！

この思潮は、米国西海岸のサイケデリックなロックバンド――ジェファーソン・エアプレイン、グレイトフル・デッドらの名曲とともに太平洋を渡って来た。サンフランシスコ湾で発生したその風が、１９７２〜74年、日本列島の武蔵野界隈にも上陸して風力を増していた。72年6月、吉祥寺の北口駅前にロックハウス「ＯＺ《オズ》」が開店し、ぐゎらん堂の客層よりはるかにヒップな緑色分子たちが活動拠点にしていたのを思い出す（73年9月に閉店）。

あのころ、吉祥寺の街には「LOVE & PEACE」のマークと麻の葉の記号があふれていた。若者たちのTシャツの胸、アーミージャケットの腕のワッペンに。そして、日本のフリーペーパーの先駆けとなった「名前のない新聞」*7の紙面のあちこちに。

*5＿参考：佐々淳行著『東大落城――安田講堂攻防七十二時間』文春文庫（1996年）。
*6＿『週刊少年ジャンプ』で連載されていた永井豪のギャグ漫画「ハレンチ学園」（1968～72年）に由来する。過激でナンセンス、エロチックな「スカートめくり」で世情を騒然とさせた。
*7＿カウンター・メディアの旗手「アパッチ（浜田光）」が主宰した1970年代を代表するフリーペーパー。

✣ 吉祥寺の街には「ヒップなアイコン」があふれていた

左✣「名前のない新聞」1974年10月20日号。緑色革命を描いたUSA風のマンガ。「新聞」もこのころはガリ版印刷からオフセット印刷に変わっていた。

上左✣70年代初頭、「新聞」が手描き、ガリ刷りの頃によく見かけたLOVE & PEACEのマーク。麻の葉っぱがモチーフだった。

上右✣70年代の「遺産」のひとつ―LOVE & PEACEの手づくりペンダントだ（石膏製）。吉祥寺サンロードの路傍でヒッピーグッズを売っていた長髪の少年から購入した（1973年頃）。

この「新聞」には「ハレンチ学園全共闘」――彼らはしばしば「ハレ学／全狂頭」と自称していた――の消息が記録されている。

〈ハレ学のアシュラ結婚式／関東学院大学教会／疲労宴（ドンチャンさわぎ）あり〉〈ハレンチ学園創立3周年記念大写真展『激動と斗いの記録』銀座・楡の木画廊〉（72年6月15日号）

〈7・23井の頭Be《ビー》 In《イン》 ▽井の頭公園野音前へ音の出るものをもって集まれ！ ▽酒、花火、その他全てだ／主催＝連合地球防衛軍・協力＝ハレンチ学園全狂頭〉（72年7月5日号）

「ハレ学」の活動は、ウッドストック世代が生んだ対抗文化《カウンターカルチャー》の継承でもあった。日本におけるヒッピーカルチャーの実践である。彼らが姿を見せる場は「トリップス・フェスティバル（幻覚体験の祝宴）」になるのだ。スローガンにいわく〈DRUG & FREE GRASS《ドラッグ・アンド・フリーグラス》の旗の下、緑色革命を遂行せよ〉〈帝国のタバコかコミューンのマリファナか！〉[*8]。〈7・23井の頭Be In〉の会場で供されたのは酒や花火だけではなかったと思われる。それは60年代的でもなく、また80年代的でもなく、まさしく1970年代のデキゴトであった。

1970年10月21日（水）

だが、しかし……なのである。「ハレンチ学園」の存在がじゅうぶんに過激《ラディカル》であったとしても、それ以上に根元的《ラディカル》な存在がぐゎらん堂のドアを開けていたのである。不覚にも、私は五十年以上経った2020年代――ルーペの向こう側に初めてそれを発見したのだ。

細字のサインペンで記されたその落書は、黒々としたタテカン文字の背後に隠れ、色褪《いろあ》せ、いまにも消え入りそうだった。だが、それは70年代という時代が、日本史の上で他のどんな時代とも異なる新しいステージを迎えていたことを示す画期的なものだった。そのコトバは、蓋《ふた》を開けてしまったパンドラの箱に残っていたアレに似ていたかもしれない。「私がまだいるよ、ここから出しておくれ……」。そして、それは飛び出した。

「女ヨ、もう男の便所になるのはやめよう！　だかれる女からだく女へ!!」

もう、男の便所になるな！　それはニッポンの戦後フェミニズム（第二派フェミニズム）の源流となった宣言であり、その歴史に記された最初の一行である。抱かれる女から抱く女へ!!　これは姉妹愛《シスターフッド》あふれる同性へのメッセージ、男たちの性的対象になり下がるな！　と。

＊8＿マリファナ解放戦線・ハレンチ学園全狂頭編集『パンフNo.3／赤軍』1972年7月11日号＝DRUG特集号、関東学院大学ポルノ研究会発行。

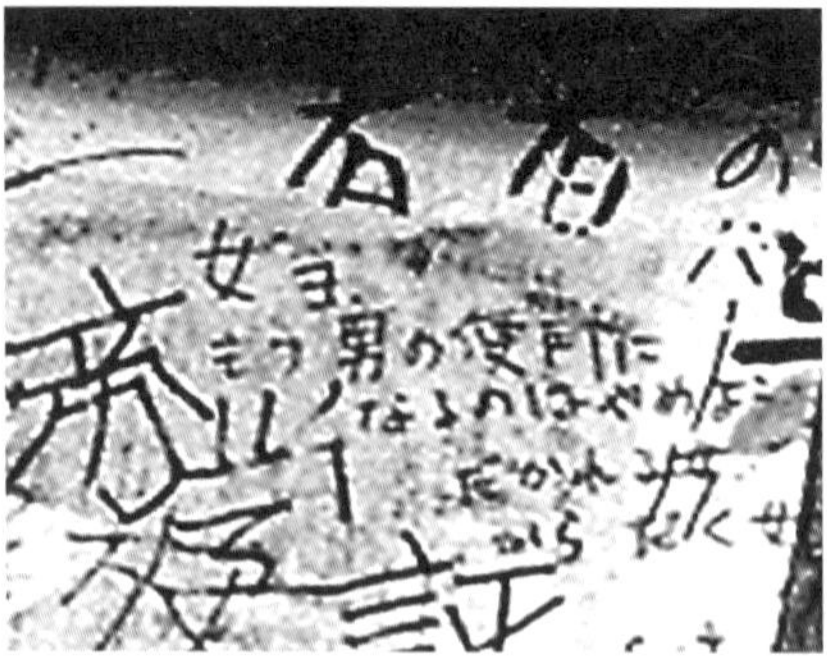

✣70年代、私は「それ」に気づいていなかった

✣「女ヨ、もう男の便所になるのは……」。私は50年前にそれを目にしていたとしても真意が理解できなかったと思う。「それ」とは落書のことだけではない。私の場合、我と我が身の「ジェンダーバイアス（性差別的な皮膚感覚）」をまったく自覚していなかったからだ。いま思えば、ぐゎらん堂のマスターは、赤ッ恥やら青ッ恥、単なる女好きのマッチョ・マンだった。
✣だが、1980年代〜90年代、私はフェミニストの総本山「日本女性学会」のタフな女性たちに揉まれ、可愛がられ、ようやく真人間になったといういきさつがある（なので、いまは「女性学を学んだ女好きのマッチョ・マン」?）。少しはマシになっているとよいのだが。写真：撮影者不明。

この率直でなまなましい発想はどこから来たのか？　原典《ソース》は、27歳の女性が一晩で書き上げたという手書きのビラ（アピール文）だった。執筆者は田中美津《たなかみつ》──「ぐるーぷ・闘うおんな」のリーダーであり、70年代のウーマン・リブ（Women's Liberation）を牽引した人物である。彼女のビラは、1970年の「10・21＝国際反戦デー」──ちなみに、ぐゎらん堂開店の八日前だ──に、女性たちだけで行われた反戦デモの渦中で配布されて広く知られることになる。

そして、田中美津のリブは「敷石の下には砂浜がある」や「ウッドストック世代のカウンターカルチャー」とはちがって、海の向こうから上陸した外来思想ではなかった。ニッポン国という圧倒的な男社会のなかで、女たちが止むに止まれず上げた声──「自前の思想」である。

田中のビラのタイトルはほかでもない「便所からの解放」だった。彼女は書く[*9]。

〈あなたが《女》ならば、率直に自分を見つめることのできる《女》ならば、自分が部分としてしか生きていないことを知っているはずだ！／いや、正確には知らされていると云うべきだ。誰によってか？　もちろん男によって──〉

〈女の性を抑圧することによって男の性はどのようなものになり果てているかを述べるならば、女の性が生理欲求を処理する《便所》ならば

＊**9**＿、＊**11**＿田中美津「便所からの解放」、井上輝子・上野千鶴子・江原由美子編、天野正子編集協力『日本のフェミニズム1　リブとフェミニズム』岩波書店（1994年）。
＊**10**＿上野千鶴子「日本のリブ——その思想と背景」、同前。

男の性は《ウンコ》だということだ〉

〈便所〉とか〈ウンコ〉とか、あまりに乱暴な言い方じゃないか！　と思われる向きもあろうが、そのとおりだ。乱暴なうえに、ずいぶん下品《げぼん》（下々《しもじも》の民の品格とされてきた下衆《げす》）な言葉遣いでもある。だが、この時期、この女性が、こういう物言いをしたのは歴史の必然だったと思う。女たちは、男社会が公用語とする上品《じょうぼん》（優越階級的）で人畜無害な文体を捨て、素っぴんの地声とため口で自分自身を語りはじめたのだ。上野千鶴子が明快に解題する[*10]。

〈「便所」というのは、性の対象としての女をさす蔑称である。「公衆便所」という隠語は、戦時下で慰安婦をさすことばとして使われ、新左翼の学生活動家のあいだでも「男とすぐ寝る女」をさす差別語として公然と流通していた。バリケードのなかの「フリーセックス」は、「男につごうのいいセックス」の別名にほかならなかった〉

「女」は、日本軍将兵にとって慰安所で性的欲求を満たす対象にすぎなかったように、一部の全共闘学生にとっても、女性は性的木偶人形《ラブドール》にすぎなかった。皇軍兵士から全共闘男子へ——ニッポン国の多くの男たちの女性観は、政治的信条の右とか左に関係なく、戦前・戦中と戦後が陸続きだったのである。そして、田中美津は視座をさらに高く据えて論じる[*11]。

〈男と女が相関関係にある以上、女の性のみじめさは男の性のみじめさであり、それは現代社会のみじめさの象徴なのだ〉

そりゃ、そうだと思う。♪　考えてもみろよ、女が便所――排泄物《スペルマ》の受容器だとしたら、その器に十月十日《とつきとおか》もはぐくまれて産まれた男の子たちはみんな「便所っ子」じゃないか。女が便所だとしたら、王室や皇室の「やんごとなき便所」たる女王や皇后――彼女たちが産み給うた直系男子の王子様たちもまた「便所っ子」であり「ウンコ」というわけだ。女性を貶《おとし》めることは、同時に、男性を辱《はずかし》めることになるのだ。上野千鶴子は70年代のリブを歴史的にこう総括する。*12

〈「便所からの解放」といういささか刺激的なことばで田中が言い表そうとしたのは、「主婦」と「娼婦」に分断された「女」の全体性を、その「性」を含めて回復したいという欲求だった。女の解放が性の解放でもあることをはっきり位置づけた点で、リブはそれ以前の女性運動と一線を画していた〉

70年代はパロディがまだ有効な時期だった。若者たちにとっては、上品《じょうぼん》の文学、芸術より、下品《げぼん》なマンガ、劇画、それにフォーク&ロックのほうがはるかに説得力のある時代だった。

田中美津の文体は、基本的にマルクス、エンゲルスの翻訳本を思わせるアジビラ調だが、それよりなにより、マンガチックでスラップスティックな精神に貫かれていて痛快だ。表現対象もろとも、

＊**12**＿上野千鶴子「日本のリブ――その思想と背景」、同前。
＊**13**＿1970～71年に『週刊少年サンデー』に連載されたジョージ秋山による悪漢活劇譚。「ズラ」は中部・東海地方の方言で、主人公・蒲郡風太郎の決めゼリフだった。

自分自身をパロディ化して笑いのめす陽気なエネルギーにあふれている。彼女はフェミニストであると同時にパロディストだ。

彼女は、自分を、当時の人気マンガ『銭《ぜに》ゲバ』[*13]の主人公＝蒲郡風太郎《がまごおりふうたろう》に見立て、宣言の最後をこう締めくくっている。

負けてもともと
勝ちゃなお結構
やるズラ!!

あれから半世紀、田中美津がいう「負けてもともと」の苦闘《ストラッグル》はいまもつづく。ラディカル・フェミニストの田嶋陽子が女たちにいう。すべてはひとりからはじまる。好きに生きな！

あのころ、壁はコトバを待っていた……。

「女ヨ、もう男の便所になるのはやめよう！　だかれる女からだく女へ!!」

ぐゎらん堂のトイレの壁には、60年代の残照――全共闘系学生たちの遺言と同時に、70年代の幕開けを告げる「新しいうねり《ヌーヴェルヴァーグ》」の第一波が記録されていたのである。

14 解放の女神、学生の頭上に降り給う!

……と、なんだか政治的な話題に熱が入ってしまったが、ことのついでに、ちょっとだけ「昔話」をしてもよいだろうか? 1970年代よりひと昔前、1960年代に私が経験した大学闘争。そのいくつかのデキゴトにこだわりたいと思う。「突然、なんの話だ?」と、若い諸君は奇異に思うかもしれないが、しかし、そこに触れなければこの年代記は不完全なものになるだろう。なぜなら、60年代の「カウンターパワー」と70年代の「カウンターカルチャー」は、良くも悪しくも、幾重にも折り重なって融《と》け合った熔岩流。分かちがたい関係にあるからだ。あの時代、なぜ、多くの若者たちが政治的な闘争に参加したのか? それには、いまも世界の各地で頻発する若い世代の叛乱がそうであるように、赤裸々、キララなワケがある。

1966年1月21日(金)

だれか、あんなに晴れやかな気分を味わったことがあるだろうか? あの朝のとんでもなく幸せなキモチを、私はいまも忘れない。

午前七時、一月の空はあっけらかんと晴れていた。雲ひとつない西高東低の青空、ここは早稲田大学の本部キャンパス。全学バリケード・ストライキ(第一次早大闘争)――最初の朝だった。

法学部、政経学部、商学部、教育学部――どの学部の出入口にも長椅子と机が山のように積み上げられ、物々しく封鎖されていた。人影がまばらだった。前夜遅くまで校舎の谷間にこだましていたデモ隊の足音は聞こえない。ハンドスピーカーの演説もシュプレヒコールもない。

「全早大の学友諸君！　無期限スト決行中!!」

「試験ボイコットを貫徹せよ！」

林立した立て看板《タテカン》に朝日が射《さ》し、無精ヒゲの学生がひとり、日だまりの縁石に腰をおろしてタバコをふかしている。大学の教職員、教授の姿はなかった。ガードマン、警官隊の影もない。いたるところ、コトもなく、不思議な平和が支配していた。全学部スト権確立。大学当局にとっては「まさか」の事態が目の前にひろがっていた。

学生たちは感じていた、昨日まで頭上にのしかかっていた重石《おもし》が跡形なく消えているのを。全身に鳥肌が立つような昂《たかぶ》り、晴れがましい解放感……だれか、こんな気分を味わったことがあるだろうか？　バリケードに眉をひそめる者はいなかった。もし、だれかが全裸でキャンパスを走り回ったとしても、咎《とが》める人間はいなかっただろう。

時ならぬ休日、楽しげな安息日。降って湧いたような無政府状態――。

それは一種のモラトリアム（一時的な猶予期間）と似ていたかもしれない。だが、それは他のだれかから与えられたものではなかった。自分たちの力量《チカラ》で手にした解放空間と自由時間だった。目の前の歴史は白紙だった。この朝から、なにか記録に値するモノゴトがあったとすれば、自分で思うように筆をおろせばよい。自分たちのやり方次第でどうにでもなる空間と時間だった。

その責任の大きさに身の引き締まる思いが……というのは偽善者の謂《い》いで、むしろ、なんだか、ひたすら楽しかった。バリケードの中に偽善者は少なかったようだ。そのへんの心映《こころば》えを、例の

「へなぶりすと」――石川啄木はこう詠む[14]。

何処《どこ》やらに沢山の人があらそひて
鬮《くじ》引くごとし
われも引きたし

学生たちを衝き動かしていたのはありきたりの責任感ではなく、あらそひてクジを引く楽しさ――なんでもありの愉快さだったように思う。打てば響いた時代だった。連日、三千～五千人の学生たちが集会に参加した。

そもそも、なぜ、こんな事態になったのか？

理由の一つは、前年の12月、大学が発表した「授業料値上げ」である。翌年度からの新入生を対象に学費を改定するというのだ。値上げ幅は文科系が一・六倍、理工系で一・五倍という法外なもの。しかも、大学はこの重要事項を、多くの学生たちがキャンパスに姿を見せない帰省中のタイミングをねらって通告したのである（冬休み中に発行された次年度の「入試要項」で初めてわかった）。いつの世にも、後ろ暗い計画は小賢《こざか》しい工作のもとに執り行われる。

学生たちは怒りまくっていた。そりゃ、だれだって怒るだろう。自分が入学した大学の総長、教授たちが、教え子であり顧客《クライアント》でもある学生を軽んじ、信義に背《そむ》く人たちだと知ったからだ。

学費値上げ粉砕！

学生会館の管理運営権を学生の手に！

その後も、大学の仕打ちは、悪い冗談としか思えないことが相次ぐ。あれはストライキ開始から半月後——66年2月4日、闘争の大きな山場となった「大衆団交」（大学当局がいう「総長説明会」）でのデキゴトだった。早大総長＝大濱信泉《おおはまのぶもと》は、各学部の全教授と教職員を従えて大会場の壇上に姿を見せると、開口一番、一万五千人の学生たちを前にこう言い放つ。

〈早稲田大学が「庶民の大学」ということは、貧乏人の大学を意味しない。大学は、諸君全員が反対しようと、既定方針を変更する意志はない〉

そう言い捨てると、大濱はそそくさと演壇を後にしてステージの袖に消えていった。そのふるまいは「ビンボー人は早稲田に来るな」と明言したに等しかった*15。

学生たちは、自分の大学の総長がそんな男だとは知らなかった。それに、その後、幾多の流血沙汰が待っていることも。私たちはウブだった。

——三十歳以上の人間を信じるな！

*14＿石川啄木「我を愛する歌」（第一歌集『一握の砂』所収）、『日本の詩歌―5　石川啄木』。

*15＿『早稲田大学百年史』第五巻・第十編・第十七章「学費・学館紛争」（上）の五「昭和四十一年二月四日」の記述にはこうある。〈この言葉に学生達は硬化せざるを得なかった。この時、卒業を控えた第一文学部学生で当の総長自身の三女迪子の耳にも「貧乏人は早稲田に来るな」的な暴言として響いたという〉。

そのころ、私は二十一歳、ながいは十八歳。「放送研究会」というサークルで出会ったのだが、ふたりともこのストライキが初めての本格的な学生運動であり、政治的な闘争だった。

といっても、ながいと私が特別に政治的な人間だったかというとそうでもない。彼女は、高校時代、唯物弁証法より実存主義小説――ボーヴォワールやサルトル、それに『源氏物語』や三島由紀夫を愛読する文学少女だった。私といえばマルクスよりエルヴィス。『資本論』の文庫本にカネを払うより、白いボディのハワイアン・ギターを買って、プレスリーの「ラヴ・ミー・テンダー」のコードをコピーするのに忙しかった。

だが、人が政治的になるのはそう難しいことではない。子どものころ、ながいや私は漫画本から多くのことを学んだ世代だが、「赤胴鈴之助」（『少年画報』連載、1954年～）は言った。「まぼろし探偵」（同、1957年～）も言った。義を見てせざるは勇なきなり！　いつの時代にも、ちょっとした義侠心を発揮してコトを起こせば、人はだれでも、「左翼」にだって「政治犯」にだってなれる。

そのように、ながいと私は「早大全共闘（早大全学共闘会議）」の学生だった。しかし、中核派でも、革マル派でも、社青同解放派でもなかった。悪いけど、勝手にゴメンね！　どの党派にも属さぬ「ノンセクト・ラディカル」――ふたりは「ひとり全共闘」だった。

無党派学生たちにとって、あの全共闘運動は、祝祭的気分に満ちたココロ踊るカーニバルでもあった。学生ひとりひとりが自分を取りもどす朝を迎えるための前夜祭である。ある日、大学近くの喫茶店で見かけた熱帯魚の水槽を思い出す。

エアポンプが壊れた水槽の／蛍光灯がぎらつく水面に
エンゼルフィッシュが浮いていた／眼を開けたまま死んでいた

それは、まるで自分の姿を見るようだった。多くの若者たちが、うそ明るい平和と、うそくさい繁栄の、しらじらとした闇のなかで窒息し、眼を開けたまま死んでいた。

だが、バリケード・ストをはじめたその朝から、学生ひとりひとりの頭上に神が降り給うたのである。大きな笑みを浮かべる「自由と解放の女神」が。さあ、好きなことをおやりなさい！　好きなように生きてごらん？　女神はそう告げていた。

彼らは――それに私も――冬のさなか、それぞれの学部の教室で、コンクリートの床の上に貸し布団を敷き、新聞紙にくるまって寝泊まりした。クラスで議論を闘わせ、サークルで勉強会を開き、スト権を確立して共闘会議に合流した。他学部のピケ隊の応援にかけつけ、生協食堂の大釜で炊いたにぎり飯を分け合い、学外から文人、論客を招いて自主講座を開催する。

大学教授がいない大学こそほんものの大学だった。私たちは学内、街頭で激しいデモを展開し、右翼学生、警官隊と殴り合い、活き活きと、意のままに「好きなこと」をはじめたのだ。

草創期の全共闘運動――党派間の内ゲバに堕落する以前のそれ――は、多くの限界や過ちがあったにせよ、日本の戦後史を切り開く新たな一ページだったと思う。

ヤバイぞ、オレ。私は、初めて人の生き血を吸ったハマダラカのように、自由と解放の味を知ってしまったのだ。

15

スラップスティックな「ひとり全共闘」

1966年1月某日〜1969年10月某日

昔話をもう少しつづけたい。「70年代の伏線」となる面白譚が山ほどあるからだ。

かくて、解放の女神に祝福された「第一次早大闘争」は66年1月に幕を開けた。全館バリケード封鎖という豪華さだった。

そのバリケードは、やがて、数次にわたる機動隊導入によって撤去され、再び、三度《みたび》と構築したが、四度、五度と破壊された。私たちは袋叩きに遭い、大量の逮捕者を出し、第一次バリ・ストはこの年の6月に幕を下ろす。コートを着て泊まり込んだ底冷えの冬から、半袖シャツ一枚の汗ばむ時期まで――五ヵ月余りが経過していた。だが、その後も、学生の叛乱は「第二次早大闘争」として69年10月までつづく。主体となったのは無党派学生の集団「反戦連合」だった。

欧米では「All-Campus Joint Struggle League＝全学共闘連盟」と呼ばれた日本の全共闘だが、その運動が生んだ時空間――とりわけ、私が知っている初期のそれ――は、今風にいえば、ヒップホップな「インスタレーション（体験的創造空間）」ではなかったかと思う。

全国各地のスト決行中の大学には、国家権力と悪戦苦闘する自分の姿をパロった（パロディ化した）落書きがあふれ、おびただしい数の戯れ唄――たとえば「網走番外地」や「唐獅子牡丹」の替え歌――が発生する。

〈♪　ポリにポリに追われし全共闘／デモすりゃ殴られパクられて／どうせ俺らの行く先は／そ

＊16＿野次馬旅団編『戯歌番外地――替歌にみる学生運動』三一新書（1970年）。
＊17＿参考：東大闘争全学共闘会議編『ドキュメント東大闘争――砦の上にわれらの世界を』亜紀書房（1969年）。山本義隆著『知性の叛乱――東大解体まで』前衛社・神無書房（1969年）。東京大学新聞研究所・東大紛争文書研究会編『東大紛争の記録』日本評論社（1969年）。

の名も東京警視庁〉、〈♪　組織と個人を／秤《はかり》にかけりゃ／組織が重たい／左翼の世界〉[*16]……とか、気分はもはや「東映映画」の任侠路線！　自分たちを時代に抗う孤独なヒーローに見立てる例が多かった。

そのように、学生たちはすぐれてドタバタ趣味だったが、彼らの親たちが負けず劣らずジタバタしたのには驚いた。

1968年11月21日（木）

そのちょっとした事件が発生したのは、東京・本郷の東大正門前である。

折りしも、東京大学では学生たちが無期限ストライキに突入していた。すでに、時計台（安田講堂）は東大全共闘の手で封鎖され、闘争は正念場を迎えようとしていた[*17]。この月の1日、大河内一男総長が全学部長とともに辞任。翌日、学生たちは「全学バリケード封鎖貫徹・総決起集会」を開き、その一方、大学側は機動隊導入を示唆する。

この日――11月21日、本郷キャンパスの銀杏並木は色づいていた。機運もまたいよいよ熟し、大学当局vs東大全共闘、両者のあいだには一触即発《いっしょくそくはつ》の切迫感が漂っていた。その現場の門前に、場違いな身なりをした中年女性がわらわらと集合したのである。

ある者は小紋の和服と羽織で盛装し、ある者は黒地のフォーマルスーツに威儀を正し、胸元をカーネーションの花で飾っている。彼女たちは、全員が、申し合わせたように平たい段ボール箱を抱えていた。そして、やおら、箱の中身を取り出すと学生たちに配りはじめたのである。

それは「キャラメル」だった。女性たちは、クリスマスの教会で幼児にキャンディーをふるまう修道女《シスター》のように、全共闘の学生たちにミルクキャラメルを一箱ずつ分け与えたのだ。その数、千五百箱……。

この街頭行動《パフォーマンス》を主導したのは、関西から上京した九名を含む総勢二十名——そうなのだ、東大生のママたちである。新聞やテレビから「キャラメル・ママ」と呼ばれた彼女たちは、甘いアメをにこやかに配り、「暴力学生」と呼ばれていた全共闘の学生にこう訴えた。

「力ずくの衝突は避けてね」

キャラメル舐めて童心に返りましょ？　お話し合いをいたしましょ？

このデキゴトは、もしかしたら、東大当局とその父母会（!?）、それにメディアが加担した「全共闘懐柔策」だったのかもしれない。あるいは、世論をスト中止へと誘導する情報工作のつもりだったか？　いずれにせよ、それはそれで多数派文化《メインカルチャー》を信奉する人びとのメンタリティー（ココロの在《あ》り様《よう》）をあからさまに告白する野外劇となった。大学教授やマスコミのオジサンたちは、みんな、母性神話とそれにまつわる美談が大好きなのだ。

さらに、キャラメル・ママたちは大判の模造紙にこんな三十一文字《みそひともじ》を墨書し、大学が用意した掲示板に貼り出した。新聞はそれを「愛の短歌」と讃えた。*18

暴徒とも

*18＿参考：毎日新聞社編『1億人の昭和史8　日本株式会社の功罪』毎日新聞社（1976年）、その他。
*19＿野次馬旅団編『戯歌番外地』より。タイトルは「アメクバリ」、東大全共闘の作か。

反逆ともいはるゝ青年の
涼しきひとみにわれはとまどふ

涼しきひとみの青年たちはとても律儀《りちぎ》だった。彼らは、ママにこんな返歌を献じるのである。

♪ゲバゲバ　ヨセヨセ　カアサンガ
キャラメル　クバッテ　ウレシイナ
ピチャピチャ　クチャクチャ
ラン　ラン　ラン　ラン*19

（本歌＝詞・北原白秋「あめふり」）

1969年5月9日（金）

全共闘学生のスラップスティック趣味は、60年代も末期になるにつれて嵩《こう》じていく。早稲田の場合、不運だったのは大隈重信の銅像だった。

「大隈銅像」は早大の権威の象徴である。だが、大学の威信はすでに地に墜ちていた。銅像が落書き用の壁になったのである。もしくは、学生パロリストの表現の場に。

だれがやったのか？　パロられた銅像のカラー写真が手元にある。スプレー缶を縦横に噴射したのだろう、大隈重信の青銅の肌に真っ赤なだんだら模様が描かれている。足元の台座には、白

✣ スラップスティックな「オブジェ」たち

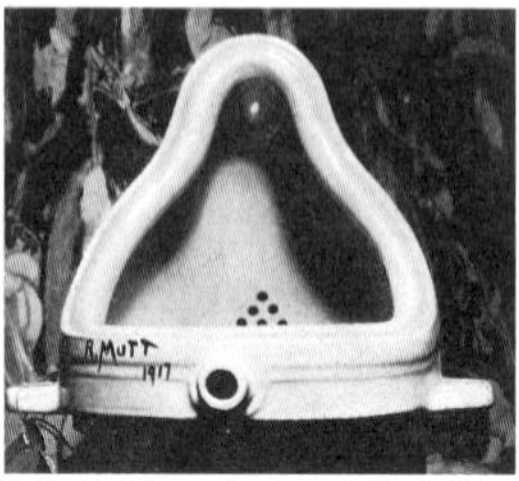

左✣1969年の大隈銅像。写真:撮影者不明。台座に「反大学」、タテカンに「解体」。手前は集会の演壇として持ち出された大教室の長机だ。写真提供:早大落語研究会・加藤健太郎。
右✣1917年の小便器。マルセル・デュシャンの作品『Fontaine=泉』。photo by Alfred Stieglitz。

いスプレーで「反大学」の文字が。69年のこの日、早大創設者の立像がアクション・ペインティングの技法で巨大な「オブジェ（objet）」になったのだ。1917年、ニューヨークのアンデパンダン展で、マルセル・デュシャンの男性用小便器（既成の市販品＝Ready-made）が希代の芸術作品「泉《いずみ》（Fontaine）」になったように。

この椿事《ちんじ》は一部の学生を狂喜させたようだ。その人物はすかさず「作品になった大隈重信」をカメラにおさめる。さらに、その写真をハガキ大のチラシに印刷、自らのゲージュツ的パフォーマンスとして、新聞社の号外のように学内にバラ撒いたのである。

ひょっとすると、アクション・ペインターとカラー写真の散布者は同一人物だったかもしれないが、それもこれも、バリ・スト内インスタレーションの産物のひとつで、典型的な「ひとり全共闘」の仕業と思われる。

どんな組織（党）にも属さぬ「無党派全共闘」の学生たちを「ノンセクト・ラディカルズ」という。そのなかでも「ひとり全共闘」とは、ひとりひとりが突出して独立した「ノンセクト・ラディカル」――おひとりさま全共闘のことだ。悪いけど、ゴメンね……と、自己決定権を最優先する勝手なやつである。集団の中にあってもひとりで行動し、そのかわり、ほかのやつのふるまいも「勝手にどーぞ」――それが暗黙のルールだ。

とはいえ、全共闘学生のなかには「党派全共闘＝セクト・ラディカルズ」——党派《セクト》の同盟員たち[*20]が少なくなかった。彼らの組織には「綱領《こうりょう》」という明文化された掟《おきて》があるようで、そこが「なんでもあり」のひとり全共闘とは大きくちがう点だ。同盟員の場合は、綱領を軽んじ、勝手に跳ねる（逸脱する）と自己批判を迫られたりする。♪ 組織と個人を秤にかけりゃ／組織が重たい……「憂鬱なる党派」のみなさんなのである。これが「内ゲバ」の要因となる。

同盟員たちのなかには、学生の蜂起とバリケード・ストライキを目の当たりにして、世界革命を夢見る者がいたかもしれない。しかし、多くのひとり全共闘にとって、全共闘運動は自分のカラダを張って我と我が身の存在理由を問い直す作業だった。

それは世界革命のための闘争ではなく、さらに、単なる「自己否定（自分自身の忸怩《じくじ》たるエリート的在り方を否定すること）」といった観念的な闘いでもなく、個人《おのれ》を取りもどす「自己肯定（自分個人の新たな在り方を発見し、構築すること）」のための闘いだったと思う。世界が変わるのを待つのではなく、この際、いま在る自分を変える。自分が自分を肯定できるように。

ながいと私は、そのように、それぞれ、どの組織ともつるまぬ——場合によっては、どの組織へも鼻を突っ込む——「ひとり全共闘」を楽しんでいた（私はたびたび中核派の幹部から勧誘《オルグ》されたが）。田嶋陽子がいうように、すべてはひとりからはじまるのだ。

世界革命を両肩に背負い、闘争の局面ごとに四角四面に葛藤する「憂鬱なる党派」の諸君にとって、無葛藤でノーテンキな私たちは格好の兵隊アリであり働きバチでもあったが、同時に、彼らの靴の中にまぎれこんだ小石だったかもしれない。

＊**20**　早大の場合には「社青同解放派」「中核派」「社学同」「構造改革派」「革マル派」&MORE。

♪　起て　飢えたる者よ　今ぞ日は近し……

と、私は彼らから教わった革命歌「インターナショナル（"L'Internationale"）」をエレキギターで弾いたことがある、テケテケテケテケと楽しげに。ゴリゴリの同盟員から殴られそうになって逃げた。サビの効いた、セクシーなサウンドだったのに。思い知ったのは、自分たちは、社会的に異端とされた全共闘のなかにあってもごく珍奇種《マイノリティ》――ということだった。

党派全共闘の同盟員とひとり全共闘との決定的なちがいは、自分の行動を決定する主《あるじ》を頭上に何人戴《いただ》いているか……という点だ。「新左翼」の場合にも、党派の組織には上意下達の序列が確立されている。最小単位のフラクション（細胞）にもリーダーがいるし、その上部組織にはリーダーたちを統制する幹部連が存在する。そのまた上の党中央には、組織全体を統轄する書記長やら議長が君臨する。一人の同盟員の頭上には、何人ものご主人様がニラミを利かせているのだ。そういう意味では、旧左翼、保守政党、サラリーマン社会の体制《システム》となんの変わりもない。

そこへいくと、ひとり全共闘の場合は話がかんたんだ。主体は組織ではなくて個人。自分のほかに主はおらず、自分ひとりが自分の主人公であればよい。だれかに指示を仰いだり、だれかの顔色をうかがったりしない。悪いけど、勝手にゴメンね！　自分の行動方針は自分で立てる。

たとえば、こんなふうに……。

16 右翼学生、白兵戦を仕掛けるも敗退す！

1966年2月12日（土）

あの朝（全学ストの初日）から二十三日目――この日はながいの十九歳の誕生日だった。その当日に「第一次早大闘争」は重大な危機《ピンチ》に見舞われることになる。いや、危機というより、スラップスティックな学園ドラマの見せ場のひとつがやってきた、というべきか。密《ひそ》かに、共闘会議のバリケードを実力で破壊する計画が練られていたのである。

スト破りの襲撃部隊は機動隊ではなかった。早大体育会所属の右翼系学生が殴り込んできたのだ。このとき、私も大学本部構内に泊まり込んでいたのだが、事態が緊迫したのは前夜の十時ごろだった。当時の資料にはこう記録されている[*21]。

〈本部封鎖を続ける共闘会議に対して、「稲門《とうもん》体育会」〔早稲田の運動部学生団体〕から「午後十一時までに本部を退去せよ」と〝勧告文〟が出された。共闘会議では拒否すると共に、運動部学生の襲撃に備えて、警備体制をとり、レポーター〔偵察員〕を組織し三百メートル離れた体育局の動きを見張った〉

「体育局」とは早大に所属する体育会系教職員と学生たちの総本山で、文学部のビルに本部を構えていた。「そのビルに、図体のでかい学生が次々とタクシーで乗り付けている」とレポーターか

＊21　早大闘争の記録編集委員会編
『早稲田をゆるがした一五〇日――早大闘争の記録』現代書房（1966年）。

ら報告が入った。共闘会議は徹夜でバリケードを補強する。やがて午後十一時、稲門体育会から「午前一時までに本部から退去しろ」と最後通告が届く……。

早暁《そうぎょう》に発生したその事件を、共闘会議の「斗争ニュース」はこう報じる[*22]。

〈今朝未明驚くべき事態が起きた。大学当局は、卑劣にも体育局に唐手［空手］部、柔道部等を集めストライキ中のバリケード破壊を企んだ。昨夜から電話やタクシーで体育学生等を呼び集め…（中略）…遂に朝方ヘルメットをかぶり、棍棒をもった暴力団まがいの格好で一文《いちぶん》［大学本部から交差点を隔てた第一文学部］のキャンパスをあらしまくった〉。

スト破りの右翼集団は文学部自治会室に押し入り、自治会旗を焼き捨て、多数の貸し布団、タテカンに火を放ち、バリケードを破壊する。

〈そして一文自治会の学生三名を強引に腕をねじあげて体育局内に連れ込み、裸にする等の侮辱を加えた。この内一人が混乱に乗じて脱出し、本部にこの事態を告げた〉。

局面は一気に血生臭くなる。本部構内に集結していた共闘会議の学生は約六百名。監禁されていた学生二名を救出すべく、デモ隊を編成して文学部へ駆けつけた。その隊列に、棍棒を手にした体育会系学生が殴りかかり、数人の頭をカチ割る。

だが、揉み合いの末、デモ隊の勢いは彼らを圧倒した。それまでスト破りを指揮していたK教授（文学部教務主任）は姿をくらまし、右翼系学生は体育局のビルへ逃げ込む。この間、二百五十人の

＊**22**＿一政中央行動委（早大第一政経学部中央行動委員会）発行の「斗争ニュース」1966年2月12日号。P158に写真。

機動隊員が近くの馬場下町《ばばしたちょう》交番付近に待機し、介入の動きを見せ……。

この日もめっぽう寒かった。天にはシベリア寒気団、地には右翼暴力団。いつのまにか、しらじらと夜が明けていた。

午前八時過ぎ、衝突の現場は文学部から本部キャンパスへ移る。体勢を立て直した体育会系学生らは、大学に雇われたガードマンに先導されて本部構内へ押し寄せてきた。

多くの者が学ランを着込むか運動着姿《ジャージ》だった。その数ざっと三百名。やがて、相撲部の部員が小山のような巨体を揺すり、教育学部のバリケードを壊しにかかった。野球部の部員は早慶戦で見慣れた「W」のロゴを記したヘルメットをかぶっていた。彼らは振り上げたバットを横殴りに振り回し、相撲部を援護する。共闘会議の学生も角材を手にして応戦し、壮絶な白兵戦となった。

このときは、関係学部の教授たちが珍しく――というか、事前に会議でも開いて打ち合わせしていたのか――現場に姿を見せた。しかし、彼らは血みどろになって殴り合う教え子たちのあいだに割って入るでもなく、「教授」と大書した紙を護身符《おまもりふだ》のように頭上にかざし、共闘会議の学生に「暴力はやめなさい!」と言いつのるばかりだった。

「無期限ストはいいけれど……」その渦中で、教授のひとりが私にこういった。「で、キミたち、その後《あと》はどうするの?」

私は咄嗟《とっさ》の返答に窮《きゅう》した。答えぬまま、その場をやり過ごす。よく分からなかったからだ。そうだよ、オレ、この後はどうするの?

深く考えるヒマもなく、学ラン連中との攻防に忙しかった。それは二時間にわたった。彼らは本部一号館のバリケードを破り、阻止線《ピケライン》を突破して館内に乱入。中にいた共闘会議の学生に消火器を噴射しながら襲いかかった。共闘会議のピケ隊は蹴散らされて散開した。

乱闘の場面《シーン》は、あちらとこちら、大学構内を追いつ追われつのゲリラ戦になる。教育学部四号館と図書館に挟まれた舗道では激しい投石戦が展開された。共闘会議の学生は二十名もいただろうか、相手は四十〜五十名。彼らが投げた拳大《こぶしだい》の石が耳をかすめて飛んできた。コンクリートの破片が鈍い音を立てて路面を跳ね回り、足元で牛乳ビンが砕け散る。大学当局と右翼系学生の汚いやり口に、こちらも相当アタマへ血が昇っていた。

私は路上に散乱した石とコンクリート塊を手当たり次第に拾い集め、これも宙を飛んで転がってきた錆びたバケツに詰め込むと、身を低くし、投石を避《よ》けながら——一方向から飛んでくる石はけっこう避けられるものだ——投石隊の最前列に突進した。バケツの中身

✣1966年2月12日「斗争ニュース」
一政中央行動委発行

✣「一政（第一政経学部）情宣局」によるガリ版刷りのアジビラだ。当然のことながら、執筆者は怒り心頭、タテカン文字が跳ね躍っている。「当局の卑劣なスト破りを許すな」「弾圧に屈せず勝利まで斗い抜け」。

✣このとき、体育会系学生のすべてがスト破りに参加したわけではない。ながいと同じクラスだったレスリング部のT・Mは、体育局から動員をかけられたが「バカくさい！」と無視した。彼の周囲には「大学側が、ストの打開策として、体育会の学生にバリケードを排除させるのはお門違いだ」という声が少なくなかった。

✣早大闘争に日共（日本共産党）系活動家として参加していた宮崎学によれば、殴り込んできたのは早稲田の体育会系学生だけではなく、早大運動部OBや拓大、国士舘大などの運動部に「全都動員」がかけられて早大に集結したという。参考：宮崎学著『突破者——戦後史の陰を駆け抜けた五〇年』南風社（1996年）。

✣けっきょく、この乱闘で双方に数十名の重軽傷者が出た。この日、バリケードの攻防に参加した19歳の法学部1年生がいた。新崎智（しんざきさとし）という共闘会議の学生で、党派指導部との論戦でも一歩も引かぬ論客であり読書家だった。彼はやわらかな髪を初期ビートルズ風の長髪にキメ、とっくり襟の黒いセーターの胸に三色すみれを一輪飾り、女もののハンドバッグを肩から下げてバリケードの中を闊歩するという一風変わったやつだった。

✣この人物は、後年、赤瀬川原平や南伸坊から「ウンチクタンク」と呼ばれ、歯にキヌ着せぬ評論家として活躍することになる呉智英（ご ちえい／くれ ともふさ）。記憶に誤りがなければ、彼も頭部に大ケガを負ったひとりだった。後日、この件で全共闘学生7名が逮捕されたが、新崎もそのうちの1名だったと思う。

を、黒い学ランと運動着の集団めがけて、投げて投げて投げまくった。

投石合戦は三十分ほどつづいたが、最終的には、自分で肚《はら》をくって場に臨んだ者と他人から動員された者――そのモチベーション（目的意識）のちがい、それになにより、逆上の度合いが明暗を分けたのだろう。体育会系学生たちはしだいに守勢にまわり、銀杏並木の陰から陰へと投石を避けながら後退し、ついには南門《ゲート》の外のバス通りへ押し出されるかたちとなった。

背後で地響きがした。振り返ると、五十名ほどのデモ隊がズック靴を踏み鳴らし、掩護《えんご》に駆けつけてくるのが目に入った。「一政《いっせい》（第一政経学部）中央行動委員会」だった。隊列の脇で、行動隊長の彦由常宏《ひこよしつねひろ》＊23が指揮している。彼はカリスマ的な剣道の達人で、真っ二つに裂けたゲバ棒（角材）を手にしていた。彦由の登場で大勢が決した。

体育会系学生が逃げ込んだのは、早大OBのクラブ――「大隈会館」だった。後を追って庭先へ踏み込むと、全面ガラス張りの窓の向こうに空手部と思われる角刈り、学ランの集団が屯《たむろ》しているのが見えた。だれかが投げたコンクリート片が窓に当たって派手な音を立てる。厚い板ガラスが富士山のかたちに割れ、ゆっくりと滑り落ちてから二つに砕けた。

本部一号館にもどると、キャンパスは登校して来た学生たちであふれかえっていた。「値上げ粉砕！」「右翼は帰れ！」。各学部でバリケードの再構築がはじまり、本部前で三千名規模の抗議集会が開かれた。演壇近くの長椅子に、ながいが座っていた。

私はその集会に参加しなかった。ほかに予定があったからだ。なんといっても、その日は彼女の十九回目の誕生日である。ふたりだけで食事するつもりだった。私はながいに声をかけ、学外へ連

＊**23**　後にテレビプロデューサー、テレビ朝日『モーニングショー』のニュースキャスターとしても活躍したが、1997年、がんで急逝する。「早大反戦連合」のリーダーだった高橋公は著書『兵（つわもの）どもが夢の先』（ウェイツ、2010年）の中で追想する。
「剣道の達者な彦さんは常日頃から姿勢がいい人だった。背筋をピンと伸ばし、肘をしっかり張って酒を飲む姿は一幅の絵のようでさえあった」。

れ出した。

地下鉄を乗り継ぎ、銀座線浅草駅で降り、大衆食堂のチェーン店――いまでも、野暮なチョイスだったと深く反省しているのだが――「浅草聚楽《じゅらく》」に入った。ミントカクテルで乾杯し、カキフライ定食をおごった。帰りがけに、レジの脇に積んであった金貨チョコをプレゼントした。典型的な「求愛給餌《きゅうあいきゅうじ》（動物界で、オスがメスに餌を貢《みつ》ぐ求愛行動）」であった。

翌日――バリケードにもどると、どこで聞きつけたのか、社青同解放派の一人から「ちんたら、デートなんかしやがって！」と怒鳴られた。「闘争放棄じゃないか！　あのあと、機動隊が導入されたらどうするつもりだったんだ!?」と自己批判を迫られた。

そんなこといわれたって、こちらとしては闘争本能より性衝動。世界革命より、十九歳の女子大生の性フェロモンに魅かれるほうがずっと革命的だったのさ。悪いけど、勝手にゴメンね！　ひとり全共闘は「自己肯定」するのだ。

ちなみに『早稲田大学百年史』の年表を探してみたが、この朝の事件の記述はどこにも見当たらない。しかし、次のデキゴトは抜かりなく記録されていた[*24]。

1969年10月16日
各学部のストライキ解除決議ののち、警察に出動を要請して全学の封鎖を解除し、27日まで学内立入を禁止する。
1969年10月27日　授業再開。

＊**24**＿Wiki版『早稲田大学百年史』「総索引年表／昭和四十年〜四十九年」より。
＊**25**＿全共闘の学生たちは、党派・無党派を問わず、メディアから「一部過激派学生」などと
呼ばれたが、かならずしも「一部」ではなかった。
たとえば、1969年にストライキや闘争に突入していたのは、
全国の大学〈379校中173校を数え、そのうち149校でバリケード封鎖や施設占拠が行われた〉。
政府が一連の大学闘争を総括した警察庁編『警察白書 昭和63年版』（大蔵省印刷局、1988年）は、
全共闘運動の規模をそう記録する。

大学当局の正史によれば、69年10月、こうして「早大闘争」は終焉《しゅうえん》を迎えた。明けて、ちょうど一年後の70年10月、「武蔵野火薬庫／ぐゎらん堂」がオープンする。

だれか、あの音が聞こえただろうか？ アレは早大だけじゃなかった。

ある日、日本列島のあちこちで、BANG!! と破裂音がして、日大、明大、法政、東大、北大、京大、信州大、お茶の水女子大、東京女子大、九州大、琉球大、沖縄大——全国百四十九大学の瀕死のバリケードの隙間から、BIG BANG!! 野に放たれたモノが確実にある[*25]。

——と、まあ、こんなところが、60年代の「カウンターパワー」の一例であり、70年代の吉祥寺を準備した「カウンターカルチャー」の祖型《ルーツ》のひとつではなかったかと思う。

「昔話」をした理由、わかるだろ？

[Haruki Murase Collection ／ 1970年代のフリーペーパー]

✣ 1974年、ノーベル平和賞を受賞した
佐藤栄作に「名前のない新聞」が
“芸能大賞”を授与するパロディ版。
ぐゎらん堂スタッフが編集、
「あぼ(いしかわじゅん)」が風刺漫画を描いている。

✣ 米国の『UNDER GROUND COMICS』
掲載のマンガ「HENRY HENPECK」
(by Willy Murphy)を転載、
ゆみこ・ながい・むらせが翻訳を担当。

4.

珍客万来、また楽しからずや

──抱腹絶倒、七転八倒の日々がつづき……

17

彼女たちが「あの階段」を初めて昇った日

1971年〜1973年某月某日

ぐゎらん堂の特色のひとつは――これはまったく想定外のことだったが――都内や三多摩近郊の女子高生の溜まり場になったことだ。彼女たちは、平日にもかかわらず、まだ日が高いうちからやってきた。学校では授業中だったはずの時間帯だけど。コーヒーとかソーダ水一杯を注文して何時間もねばり、ザ・ディランⅡ《セカンド》、加川良、はちみつぱい、友部正人、そして斉藤哲夫の「吉祥寺」をリクエスト……

♪ 吉祥寺を通り抜けて　右へ左へとほんの少し
そうさ今日は良い天気　とても良い気分だから
君に会いに行こう

（詞・曲＝斉藤哲夫「吉祥寺」1973年）

やがて腹が減ると、通学カバンから焼き芋を取り出して頬張り、あるいはカラフルな絵柄のランチボックスを開けてサンドイッチを分け合い、嬌声を上げながらカードを手にセブンブリッジに興じていた。いまも彼女たちの顔が目に浮かぶ。リョーコ、ジュン、ちょーすけ、ブーチカ、マリ、キョーコが四人、よっこ、あっちゃん、マンモス――と、あだ名や通り名ばかりなのだが、本名を知らないままの子が少なくない（みんな、還暦を過ぎたはずだが元気だろうか？）。

それに、メグ、たまえ、けいこ、リエコ、永山サン、ホリさん、ちーぽん、まみ、ノリコ、エミが数人、アキちゃん、みめ&MORE……。

一口に女子高生といっても、手弱女《たおやめ》風からインテリ、鉄火肌《てつかはだ》まで気質はさまざまだった。ながいが昼番に入っていたある日のことである。女番長の誉れが高かったR子が、息を荒げて店に駆け込んできた。額が割れて血が滴《したた》っている。

「ゆみこさん、ゴメン。ちょっと休ませてくれる?」

「どうしたの!?」と目を見張るながい。「顔が血だらけよ」

「コーラの瓶で殴られた」

「大丈夫? 医者に連れて行こうか?」

「医者へ行くのはあいつらのほうかもね」R子は苦笑いした。ケンカの現場は吉祥寺の駅裏、相手は別の高校のスケ番たちだったようだ。

「どういう意味?」

「髪の毛つかんで、バス停の標識の角に頭を叩きつけてやったけど――」彼女はこともなげにそういった。「うつ伏せにぶっ倒れちまったから逃げてきた」

なぜ、ぐゎらん堂は女子高生たちに気に入られたのか? 店の構えは昼なお暗く、雰囲気は恐ろしげ。「オマワリとヤクザが近寄らない」と風評が立った強面《こわもて》の店である。乙女ゴコロをくすぐるようなフェミニンな要素はまるで思い当たらない。

そもそも、性別を問わず、あの店は一見《いちげん》さんにとっては敷居の高い店だったと思う。商店街が途切れた場末に建つ雑居ビルの最上階、散歩がてらにふらりと入れるような立地ではなかったし、そ

✣秘密クラブ「ぐゎらん堂」とその門番……!?

上左✣3階のぐゎらん堂へ至る急峻な階段。白昼でも、あの店から滲み出した「闇」が昇り口まで垂れ籠めている。写真提供：いしかわじゅん。
上右✣厚さ二寸五分（約7.5センチ）、「客を選ぶ覗き窓」を備えた特注の防音ドアだった。窓の落とし蓋を閉めると写真のような状態となり、店の外に立つ客の視線は完全にシャットアウトされた。
下✣ぐゎらん堂芸能部長にして門衛＝中坊ひろし。彼の背後に見えるのが覗き窓だが、この時は機嫌が良かったようで蓋は閉じられておらず、店外の光が射し込んでいる。写真：大塚未知雄。

の昇り口に初めて訪れた彼女（もしくは、彼）はビルにエレベーターがないことを知る。きつい勾配の階段を三階まで昇り、ようやく店の玄関口《エントランス》にたどり着くと、彼らの前に立ちはだかるのがあの分厚い防音扉だった。そのドアの目の高さに小さな覗き窓がある。

だが、お客さんはその窓から店を覗き込んではなるまい。暗い店内からガラス越しに外を見つめる二つの目に出くわすことになるからだ。なぜなら、それは客が店の様子を覗くためのものではなく、店の者が店内から客の品定めをするための窓だったのだ。店内側に落とし戸が付いていて、胡《う》乱《ろん》な客が来るとパタリと閉じる……そんな窓にしましょうか？　と、ながいと私が冗談まじりに建具屋さんに発注したドアである。しかし、この笑い話をまともに実行したやつがいた。昼番のチーフ＝中坊ひろし（飯尾《いいお》浩志《ひろし》）である。

彼は自分の価値観にやたら忠実な男で、ウマが合いそうにないやつ、小生意気なやつ、金持ちそうなやつだと識別すると落とし戸を閉じ、ドアにガチャリと鍵をかけて呵々大笑《かかたいしょう》するのである——「だって、ボク、イヤな客に来てほしくないもんね」

覗き窓がある秘密めいたドア、その向こう側に自分の好みと気分で客を選ぶ門番。そういう意味では、ぐゎらん堂は、まるで会員制クラブのように排他的な店だった。ウブな少年少女にとって、あのドアを

＊1＿「常連さん回想録」の「わたしが初めてあの階段を昇った日」より。

開けるのはかなりの勇気を要したにちがいない。

手元の資料に「わたしが初めてあの階段を昇った日」というタイトルのファイルがある。後に常連客になった高校生たちがぐゎらん堂にデビューした日の回想録なのだが、いくつか紹介しておこう。まずは女子高生から＊1――

「ちーぽん（後に写真製版技師＝村山《むらやま》千賀子《ちかこ》）」の場合

〈あれは、東急デパートが建つ予定地にまだ「吉祥寺名店会館」があったから、1971年の秋だったかもしれない。わたしは高校一年生でした。

ぐゎらん堂のビルの階段を昇ってはみたものの、あのドアは怖くて開けることができませんでした。店に来た人、帰る人、その度にドアが開き、一瞬、店内から音楽といっしょに笑い声やザワザワした物音が聞こえてきて。ドアが閉まるとまたシーンとして……。

どうしよう!?　このまま帰るわけにはいかないし、踊り場の窓から街を眺めたり、階段の手すりに座ってみたり、まったく挙動不審のわたしでした。どれくらい時間が経ったのか、そのうち店の人が気づいてくれて「中に入んなよ」って何度もやさしく声をかけてくれたんだけど、それでも入れなくって。声をかけてくれたのは、多分、マサミちゃんだったと思います〉

「みめ（後に放送作家＝やまねみめ）」の場合

〈わたしはナント、中学生でした。1972年の春先?　友だちと何回もあの狭い階段を昇り、ドアの前まで来ては怖くて開けられず、また来ては開けられず……。

でも、ある日、心臓バクバクさせながら重い扉を開けたんだよね。そこには「みんな、ファミリーだよ！」って顔をしたお兄さん、お姉さんがいっぱいいて……なんだか、ホッとしたなぁ。

これは後の話だけど、「ウディ（若林純夫）」はわたしのお兄さん的存在だった。ある日、制服のスカートの丈を長くしてサンロードを歩いていたら、突然「不良！　みめ!!」って声がしたのね。振り向いたらウディが怖い顔をして立っていて「スカート、もっと短くしろ！」って、怒られちゃったことがあった〉

ついでにいえば、彼女はターミナルエコー（吉祥寺駅南口のテナントビル）のトイレで、制服を私服に着替えてからぐゎらん堂に通っていた。それにしても「みんなファミリーだよ！」「なんだかホッとした」――って、えらくタフな感性の女子中学生ではないか。多くのお兄さんたちが長髪、無精ヒゲ、膝の抜けたジーンズにかかとを履きつぶしたスニーカー。お姉さんたちは茶髪あり、金髪あり、ブラジャーなし……だったんだけど。次は男の子の例である。

「並木くん（後に映像作家《ビデオ・グラファー》＝柚木《ゆずき》公奈《きみな》）」の場合

〈ぼくは中学生の時からぐゎらん堂に通いたくって、高校受験はわざわざ吉祥寺を経由して行く学校を選んで受験するほど憧れの場所でした。

初めてぐゎらん堂へ行ったのは1972年、高校一年生の時でした。でも、あの階段を見上げ

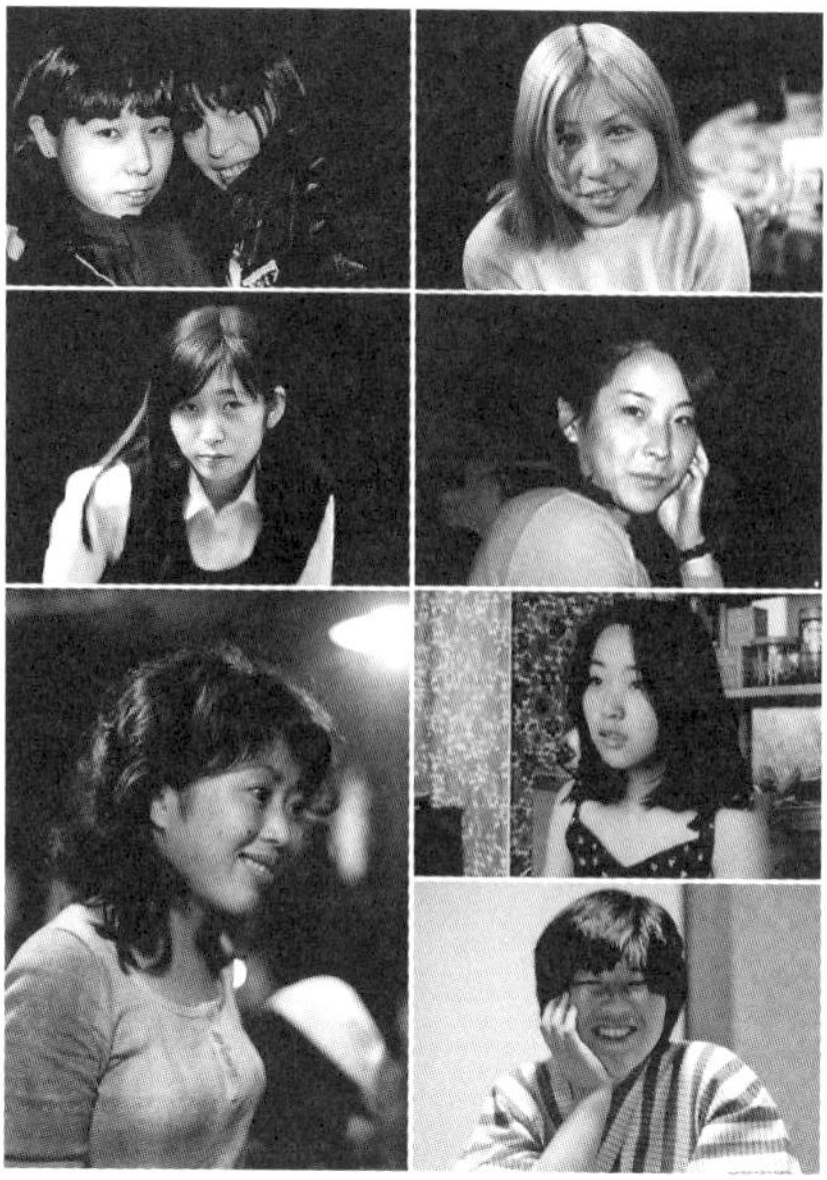

左列✣「もうひとつの自分の部屋」（みめ談）では、ゆみこママがにこやかに出迎えてくれた。**上から**：ちーぽん（左）と友達のホリさん。制服姿のみめ（中学3年生）。20代半ばのゆみこ・ながい・むらせ。
右列✣上から：演劇少女のミチル（朝比奈美知留）。当時、配役されたのが金髪女性の役。「思い切って、髪を金色に染めちゃいました」。後に、シンガーソングライター朝比奈逸人の伴侶となり、苦楽を共にする。明星学園の高校生だったけいこ（渡辺恵子）。あの店でてつや（渡辺哲哉）と出会い伴侶とする（写真は短大時代）。ゆきえちゃん。浜松から上京、ぐゎらん堂の昼番をつとめる。リエコ（伊藤理恵子）。明星学園の高校生。後に武蔵野美術学園を卒業し、現在、抽象画家として活躍する。写真：本人提供、中坊ひろし、大塚未知雄ほか。

✣女子高生たちは、ゆみこママに歓迎された！

て異様な雰囲気を感じ、階段を昇る途中で何度か引き返したのですが……その時、ちょうどドアを開けて出てきたゆみこさんが店内に誘ってくれました。「いらっしゃい、どうぞ！」って。ボブ・ディランの乾いた歌声がぼくを迎えてくれたのを覚えています〉

　彼の目には、ながいと私の生き方が「絶対的少数派」の人生だと映っていたようだ。そう感じたのは〈自分も同じだと自覚していたから。だけど、あの店の夫婦は元気だし、子どもまでいる。そうか、少数派でも生きていかれるし、生きていていいんだ……って思いました。で、それから、吉祥寺で下車できる通学定期を買って、何年もぐゎらん堂に通ったんです〉

　――と、世馴れない中高生たちは、あの階段とドアを前にして〈挙動不審〉になったり、〈異様な雰囲気〉を感じていたようだ。

　彼らがどんな伝《つて》で店の存在を知ったのかはよくわからない。だが、ぐゎらん堂はそのころからメディア——音楽雑誌、週刊誌、新聞、たまにラジオで話題になっていた。そんな情報に接し、なにかピンとくるものがあったのだろうか？　家庭や学校とはちがって、自分を放っといてくれそうな居場所、親や教師の目が届かない隠れ家を探していたのかもしれない。あるいは、類は友を呼ぶというか、同病相哀れんで、自分を肯定してくれる人間関係を求めていたということか。その場所に、好みの音楽が流れているとしたら最高じゃないか、と。「みめ」は、当時の日記に、ぐゎらん堂を「もうひとつの自分の部屋」と表現している。

「やよいちゃん（後にグラフィックデザイナー＝野村弥生）」の場合

〈私が初めてあの階段を昇ったのは高校一年生、十六歳。1971年の12月でした。その春に父親の転勤で東京へ引っ越してきて、高校に入ったけど友達になりたいと思える人もいなくて。友人は同じ美術部の部長だったユーコちゃん一人だけ。あの、ここだけの話で、読んだら忘れてほしいのだけど、ぐゎらん堂に行ったのは、ユーコちゃんが「吉田拓郎が来るらしい」という話をどこからか聞いてきて……（恥）。ハルキさんが出迎えてくれた覚えがあります。で、すぐに「ウディ」登場！　迫力あったよ、サングラスとストレートな長髪、ぞっこんLOVE。

いま思えば、よくも制服で堂々と通ってたよね（笑）。その制服は、セーラー服ではなくて、ジャンパースカートにブレザー、赤っぽいネクタイをしてました。着ていた本人としてはすごくイヤでしたよ。明星学園や都立高校は制服じゃないのでホントうらやましかったです〉

朝が来る。自宅を出る。屈託《くったく》のない十六歳の足は学校へ向かわずに井の頭公園へ——。

〈通学バスは、家から玉川上水沿いのルートで行けば近いのに、わざわざ吉祥寺経由に乗りました。それで「井の頭公園前」のバス停が見えると、なぜか指が勝手に降車ボタンを押してしまって。そこで途中下車したのは、その時間、ぐゎらん堂がまだ開店していなかったからです。公園の池のまわりにあるベンチでボーッとしていると、散歩中のおじさんに「お嬢ちゃん、制服でサボってちゃ目立つでしょ」っていわれました。とにかく、ぐゎらん堂が開くまで時間をつぶすのが大変で、開くと同時に入店していました。朝一番は店の人が忙しそうだったし、冬なんかは、私が石油ストーブに点火していたのを覚えています〉

ティーンエイジの女性客は女子高生たちだけではなかった。大学生、美大生もたくさんいたし、演劇少女、デザイナーの卵、フリーター、ミュージシャンの追っかけ、その夜の宿が決まっていないヤサグレ少女やら多彩な顔ぶれだった。こんなこともあった。

あれは女子高生の常連客が定着したころ——73年5月の日曜日だったと思う。その日、私は昼番のフロアを担当していた。店内は満席で、私は客席のあいだを忙しく飛び回っていたが、オーダーがいったん途切れたのでタバコに火を点けた。

そのとき、入り口のドアをなにか堅いもので叩く音が聞こえた。例の小窓から外を覗いて見ると、警棒を手にした制服警官が立っていた。「近寄らない」とウワサされていたやつがやってきたのだ

（実際、例外的なケースだった）。招かれざる客は意外と礼儀正しく、「武蔵野火薬庫」を訪ねるときはノックする？　樫の木の棍棒で？

ドアを開けると二人連れだった。もう一人、風采《ふうさい》の上がらぬ年長の男が背広の内ポケットを探っている。私は彼らを店内に入れる気がなかったので、ドアを後ろ手に閉めて外へ出た。制服がムッとした顔をした。背広のほうは武蔵野署の私服刑事だろうか。用向きを聞くと「長崎から連絡があった」という。長崎県警から家出人の捜索依頼があったので協力しろというのである。そうだった。あのころ、街は晴れやかに人を誘っていた。オイデオイデと唆《そそのか》すように。

♪　吉祥寺へ行こう　君が待っている吉祥寺へ
　そうさ今日は良い天気　とても良い気分だから
　君に会いに行こう

（斉藤哲夫「吉祥寺」）

「こんな未成年者を探してるんだが……」と、私服が警察手帳に挟んだメモ用紙を取り出した。渡された紙片を見ると「仕立て上りきもの一掃／全品半額以下」とか印刷されている。ダイヤ街にある呉服店が撒いた大売り出しのチラシ、それを引きちぎったものだった。裏面に手書きのメモが記されていた。

〈大島〇〇子（16才）。152㎝、黄色Tシャツ……〉

✣70年代の忘れ形見―「家出人捜索メモ」

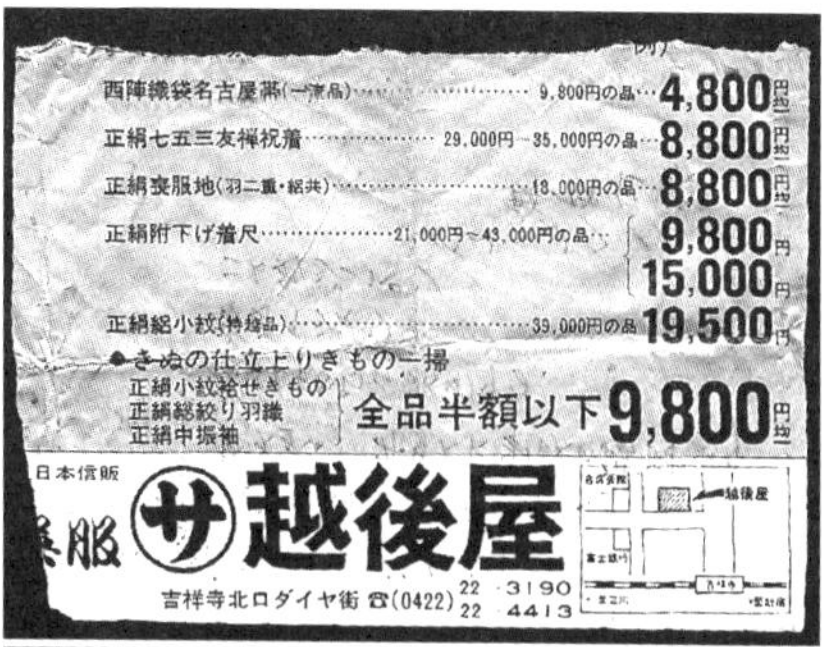

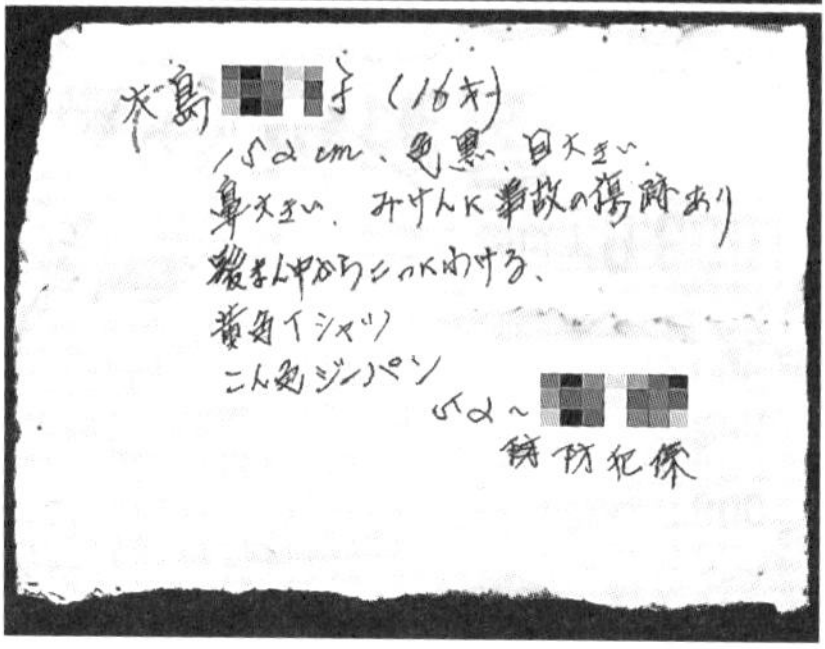

✣1972～73年、地方の警察署から「家出人」を問い合わせる電話がよくかかってきた。「ぐゎらん堂へ行く」と言い残して親元から消える未成年者が多発したらしい。千葉県八街(やちまた)市の少年院から脱走して店を訪れた少年もいた。丸刈り頭の小柄な子だった(ぐゎらん堂を出たあと、街で保護されたと聞く)。

写真は、長崎県警からの連絡を武蔵野署の担当が書きとめ、私に渡したメモである。

上✣当時、ダイヤ街に「越後屋」という呉服店があったが、その店の特売セールのチラシの裏がメモ用紙に使われている。

下✣「色黒、目大きい、鼻大きい、髪まん中から二つにわける……」。文末に武蔵野署防犯係の電話番号が記されている。

「こんな子を店で見かけなかったか?」と私服が聞いた。「吉祥寺へ行く、探さないで」という置き手紙が残されていたらしい。

「さあ……」と、私はメモに視線を落としながらあいまいに応えた。

「ホントに!?」制服が口を挟んだ。

「心当たりはないのか?」

私は彼の目を見つめ、相手が目をそらすのを待ってから首を横に振った。

「親御さんが心配してるんだよ」と私服がいった。

そう、親の心配は理解できた。でも、この場合、それが最優先事項ではないだろう。

「あいにくですが……」私は肩をすくめた、いかにも大袈裟に。心当たりがないでもなかったが、人は行きたいところへ行けばよい。

「間違いないんだな?」と制服が食い下がったが、私服に促《うなが》されて階段を降りて行った。

そのように、地方の親元から出奔《しゅっぽん》し、吉祥寺で仕事と安アパートを探しながらぐゎらん堂に通う少女たちが少なくなかった。そのまま、あの店の従業員になった子も何人かいた。

首都圏近郊の自宅少女、全国各地から間借り少女、新天地を求める家出少女たち――。みんな、むずかしい年頃だったかもしれないが、ながいや私にとってはわかりやすい女性たちだった。親や教師には見せない素顔で接してくれたからだ。こちらも素《す》のまま、遠慮のない距離でつきあった。ひとりひとりがそれぞれに個性的で、自分の若さをもてあまし、不確かな将来に途方に暮れている少女たちだった。そのうえ、傲岸不遜《ごうがんふそん》、セクシーだったりする。

彼女たちが客席に座っているだけで店が華やぎ、まわりの男の子たちが色めき立つ。店を繁盛させたかったら女性の客を丁重にもてなすことだ。彼女たちがリピーターになれば、オスの孔雀が羽をひろげて押し寄せてくる。

18

乱痴気演奏《デスマッチ・セッション》から誕生した「武蔵野タンポポ団」

1971年6月某日

半年前は空席ばかり目立って悩んでいたが、勝手なものだ、いまは満席がつづいて頭が痛い。このころから、満員の客席が回転しない異常事態がはじまっていた。

特に困るのは、深夜二時、閉店時間になってもお客さんたちが帰ってくれないことだった。ラストオーダーを締め切っても、閉店コールを何度くりかえしても客が席を立たないのである。店の者としては、一刻も早くレジを閉め、グラスや皿を洗い、フロアを掃除して疲れた足を休めたい。だが、夜ごと、ぐずぐずとねばる客が必ずいる。ほんとうに困ってしまうのだ。

少人数ならまだいい。「閉店でーす！」と呼ばわりながら客の足元をホウキで掃き、イヤミのひとつも口にすれば腰を上げる。だが、客席全体が飲み足らず、騒ぎ足らず、やたらと盛り上がり、暴走しはじめると手がつけられなくなる。

大音量で流れるレコードを止めれば騒ぎがおさまるかと思い、レコード室で回転するターンテーブルから針を上げ、アンプのスイッチを切る。一瞬、静まり返る店内……だが、これを店の好意だと勘違いするのである。

まず、居合わせたミュージシャンたちがおもむろに腰を上げる。が、帰るわけではない。待ってました！　と、高田渡がフラット・マンドリンのケースを開けるのだ。中川イサトがギターのチューニングをはじめる。シバがポケットからブルースハープを取り出す。常連客のひとりが、スピーカーボックスの陰に隠してあるエレキベース用アンプのスイッチをＯＮにした。こうなるともう収拾がつかなくなる。

「ウディ」こと若林純夫のギターがＢＬＵＥＳＹな前奏を刻み、切々と歌い出す。

♪　ぼくを残して
　あの娘《こ》は行っちゃった……

ジェシー・フラーの名曲「サンフランシスコ・ベイ・ブルース」——客が歓声を上げ、いっしょにシャウトする。

♪　とってもいかした娘だったが
さよならとひとこと言ったきり
あの娘はもう戻ってこないだろう
ぼくにはお金も車もないから……Oh Yeh!
（詞・曲＝ジェシー・フラー、訳詩＝若林純夫「サンフランシスコ湾ブルース」1969年）

高田渡の糟糠《そうこう》の妻であり、高田漣の母であるふみこさんが当時を回想する。
〈深夜になると、毎晩のようにシバやワタル、ウディたちが楽器を取り出して歌っていた。もちろん飲みながらのドンチャン騒ぎ。それが「武蔵野タンポポ団」だよね。野津手くん「野津手《のつて》重隆《しげたか》＝後に日本画家」はスプーンをカチャカチャ、洗濯板《ウオッシュ・ボード》は誰がやってたっけ?〉〈毎晩、みんなでガチャガチャやってた!〉と女子高生だったメグが応じる。〈野津手くん、ジャグ（酒瓶の吹奏）もやってた。洗濯板に金《かな》だらいのベースとかいろいろ持ち出してきて、アメリカのジャグ・バンドを見よう見まねでやってたよ〉[*2]。
アメリカ生まれの「酒瓶楽団音楽《ジャグ・バンド・ミュージック》」！　それは黒人ブルースのなかでも最も古い形態のひとつで、

＊2＿「常連さん回想録」より。
＊3＿AMERICAN CENTER JAPAN ON WEB —アメリカ合衆国国務省出版物「米国の歴史と民主主義の基本文書——大統領演説／奴隷解放宣言)」。

無一物の人びとの生活が生んだ原初的《プリミティヴ》な音楽だった。高田渡、シバ、若林純夫たちにとって、そのバンドスタイルを踏襲しようという「武蔵野タンポポ団」の結成は、自分たちの音楽のルーツを再発見するための小手調べ《トライアル》ではなかったかと思う。

なぜかというと……時代は19世紀、南北戦争後のアメリカ合衆国へさかのぼる。

1862年9月22日(月)

アメリカを南北に分断したあの内戦のさなか——1862年のこの日、合衆国大統領リンカーンが「奴隷解放宣言」[*3]を発布する。いわく〈1863年1月1日の時点で…（中略）…奴隷とされているすべての者は、同日をもって、そして永遠に、自由の身となる〉。

タテマエは変わった——それは決定的に重要なことだった——としても、しかし、その自由は黒人奴隷たちにとっては「脱落の自由」であり「飢え死にする自由」だった。奴隷たちは資本制経済社会の真っ只中に無一文で放り出されたのである。解放後は「自助努力」で生きなさいよ、と。数百万人の「解放奴隷」たちが行く当てのない仕事探しの旅に出かけた（P053参照）。一方、大規模農場に「小作人（share cropper）」として残った黒人たちは、生産手段——耕作地、家畜、農具、種や苗、そして住居——を白人農場主からの貸し付けに頼るほかに生きる術《すべ》がなかった。彼らは高利の返済金、耕作収益の上納金、また凶作に泣かされる。けっきょくの話、農場主に人生をまるごと囲い込まれ、苦役と貧困を強いられることに変わりはなかったのだ。

１９００年代初頭、たとえば、ミシシッピ川流域のデルタ地帯――テネシー州の綿花農場《プランテーション》である。その広大なコットンフィールズの片隅に建てられた納屋から歌声が聞こえてくる。

♪　これまでの暮らしは文無し暮らし
それでもなんとかやってはきたが
いまじゃどこでもカネが要る……Ａｈ！[*4]

この歌は、南北戦争の後、黒人たちが直面した現実だった。黒い肌の小作人たちは、一日の労働が終わると農場の納屋に集まり、束の間の自由時間を楽しもうとした。彼らはブルーな思いを口《ネック》までめいっぱい湛《たた》えた酒瓶だった。ちょっとでも傾ければその思いはあふれ出した[*5]。

♪　ああ、なんてことだ！
またブルースに取り憑《つ》かれちまったよ
ひとりになると、ブルーな気持ちでいっぱいさ
昨日も今日も、昼も夜も、いつでもさ[*6]

彼らはかねて聴き覚えた旅回りの黒人歌手のブルースを口ずさむ。だが、ビンボーな彼らの手元に楽器はなかった。納屋のブルースは、最初、ア・カペラ（無伴奏）のボーカル・ミュージックと

＊**4**__著者による私訳。参考：リロイ・ジョーンズ著、上林澄雄訳『ブルースの魂』。
＊**5**__ジャグ・バンド発生の詳細については、拙著『おまるから始まる道具学——モノが語るヒトの歴史』（平凡社新書、2005年）の「ロック&ロール道具学」の章に詳しい。
＊**6**__著者による創作。

してはじまった。ノリの良いやつは即興で替え歌をつくり、思いつくままにメロディーを変えて唄った。仲間たちは手を叩き、足を踏み鳴らし、腰をゆすって踊った。

手拍子だけじゃ物足りない！　そう感じるのに時間はかからなかった。手ごろな楽器はないものか？　だれかが夜の畑へ走って牛の骨を拾ってきた。【ボーン・カスタネット（骨製打楽器＝bone castanets）】にするつもりだった。錆びたスプーンを持ってくるやつもいた。これもリズム楽器【スプーン・カスタネット（spoon castanets）】である。

楽器が買えなきゃつくればいい！　だれかが丸太小屋の隅に放り出されていた「ジャグ（jug＝ウイスキーボトル）」を思い出す。直径二十センチもある大きな陶製ガロン瓶だ。瓶の口から息を吹き込めば、チューバの音色とそっくりの重いベース音が刻める。ブォッ・ブォッ・ブォ〜ッ！　その深い低音はあたりの空気を震わせた。【酒瓶楽器（musical jug）】の誕生だった。

ビンボーで、自由で、ビューティフルなブルース精神《スピリット》が発揮される。パーカッションには使い古しの【洗濯板（washboard）】、ベースとして【金だらい（washtub bass）】。煙草のパッケージの「セロファン紙」さえ楽器になった。これがやがて【肉声笛《カズー》（kazoo）】として製品化されることになる。楽器は身のまわりに転がっていたのだ。

ア・カペラのブルースは、そのように古道具や日用品を伴奏楽器として使った「スキッフル・バンド」——「ガラクタ道具楽団」として発展していく。

♪　酒瓶がブォッ・ブォ・ブォッ！

✣「ガラクタ道具楽団」
――スキッフル・バンドの代表的な楽器たち

ウォッシュボード

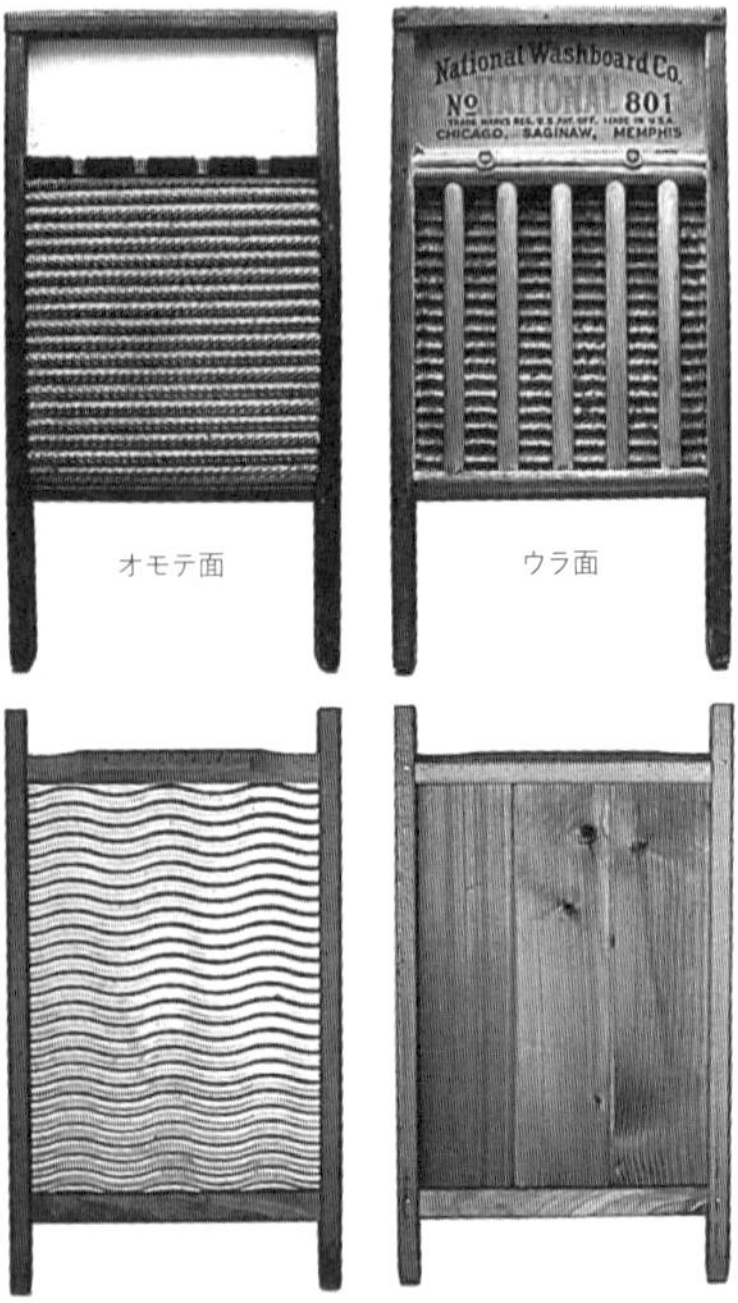

オモテ面　ウラ面

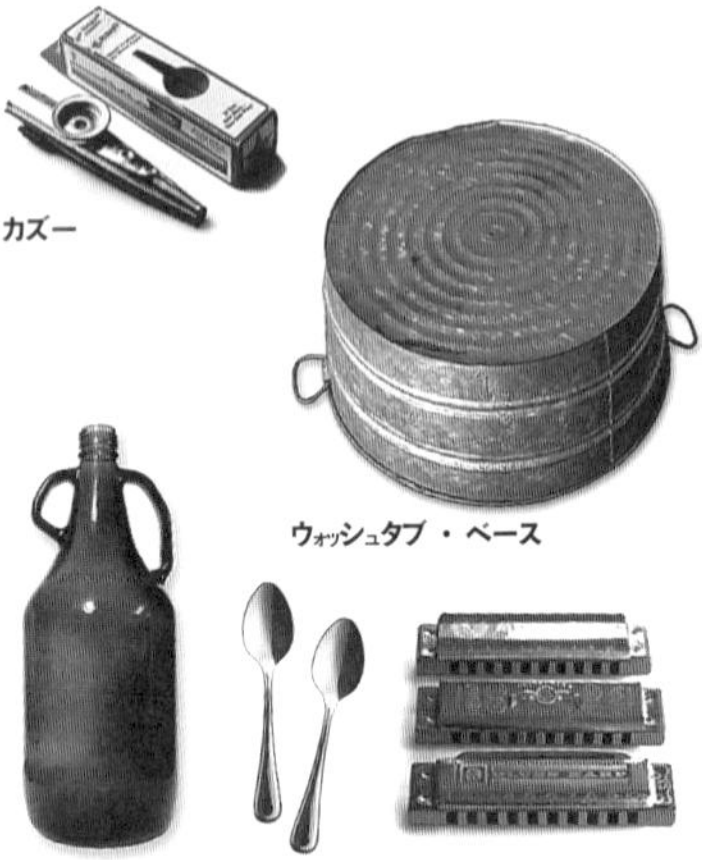

カズー

ウォッシュタブ・ベース

ジャグ　**スプーン**　**ブルースハープ**

ジャグ✣「jug」とは取っ手が付いた大型の陶製ウイスキー瓶のことだ。瓶の口から大量の息を吹き込んで低音を刻む。最近ではガラス、金属、プラスチック製のものも使われている。写真はガラス製のビール用ジャグ、1963年に製造された「サッポロジャイアンツ」(大瓶3本分の容量)の空き瓶だ。

ウォッシュボード(表と裏)✣欧米で使われていた洗濯板である。これを胸に抱き、裁縫で使う金属製の指貫(ゆびぬき)を指にはめ、波板(真鍮やトタン製)の表面をこすったり叩いたりして掻き鳴らす。上は19世紀のシカゴやメンフィスで使われていた真鍮製、下は現在も米国で販売されているトタン製。この洗濯板の上部にシンバル、カウベルなどのパーカッション楽器を取り付けて打ち鳴らす奏者もいる。

ウォッシュタブ・ベース✣ひっくり返した金だらいを共鳴胴、モップの柄をネック(棹=さお)に利用した1弦ベースだ。たらいの底の中央に穴を開け、その内側から引き出した弦(ステンレスワイヤーなど)をネックの先端に固定、もう一方の端を金だらいの縁に立ててピンと張る。張力の強弱と、棹と弦を握った手を上下に移動させて音階を調整する。荒仕事なので、弦を弾(はじ)く手に軍手をはめることが多い。

カズー✣楽器店で販売されている製品だ。太いほうの筒先を口にくわえ、声を出しながら吹く。上部の円盤にパラフィン紙やセロハン紙が挟み込まれていて、声と呼気の振動に薄紙が共鳴し、増幅する。別名「肉声笛／ぶーぶー笛」。

ブルースハープ✣単音10穴のブルース用ハモニカ。10セントショップで買えたこの小さなハープが、マディウォーター(ミシシッピ川の泥水)のように深く、豊かな、サビの効いた音の世界を繰り広げる。ブルース楽器の中でも最もBLUESYな音色を奏でる楽器であり、文無しの元奴隷たちにとって唯一の楽器らしい楽器だった(いずれも著者のコレクションより)。

スプーン✣2本のスプーンを背中合わせにして片手の指に挟み、先端の壺(ツボ)の凸部を叩き合わせる。ティースプーンなら軽快なリズム、スープスプーンだと重いビートが刻める。下になったスプーンの先をもう一方の指の隙間に転がすように引きずると「♪ タラララッターターッ」と即興的なオカズ(fill-in)を入れられる。

♪洗濯板がガシャ・ガチ・ガシャ！
♪タライのベースがビン・バン・ブン！
♪カズーが負けずにズー・ビー・ブー！

それはそれは陽気でにぎやかなサウンドだった。１９００年代〜30年代、「ガス・キャノンズ・ジャグ・ストンパーズ」や「メンフィス・ジャグ・バンド」「ウォッシュボード・リズム・キングス」のように一世を風靡《ふうび》し、初期のジャズやＲ＆Ｂ（リズム＆ブルース）に大きな影響を与えたグループもあった。一時期は大人気を博したジャグ・バンドではあったが、やがて、より華やかなディキシーランド・ジャズやソフィスティケート（品よく仕上げ）されたスウィング・ジャズの流行の陰で、音楽史の波間に消えていく。

ところが……なのだ。ジャグ・バンドは劇的な復活を果たす。喜べ！　引《ひ》っ裂《ちゃ》けジーンズの長髪世代。世界の音楽シーンを一変させたあのデキゴトが幕を開けるのだ。第二次世界大戦中にヨーロッパへ進駐したアフロ・アメリカンの米兵たち。彼らが大量に持ち込んだレコードが、戦後、英国の酒場、クラブ、ダンスホールで鳴り響くのである。ほどなく、１９５０年代の首都ロンドン、港町のグラスゴー、リヴァプール——そのサウンドにいち早く反応したのが、労働者階級を中心とする子どもたちだった。Blues is a feeling！　彼らのあいだで、デルタブルース、シカゴブルース、そして「スキッフル・バンド」が一大ブームとなる。

♪ I got a woman like an angel
俺は天使のような女と出会ったよ
ゆうべ、彼女とベッドに入ったのさ
天使はなんでもしてくれるよ
俺が望むことはなんでもね
だけど、天使にゃ羽根が生えていて
朝になったら、Oh　ベイビー！
どこかへ飛んで行っちゃった……[*7]

それは、英国の若者たちの耳が初めて体験する未知のサウンドだった。なんてカッコいい音なんだ！　彼らは友人を誘い合ってバンドを結成し、ギターやハモニカ、それにガラクタ道具の伴奏でシカゴブルースやR&Bの曲をコピーした。

そのアマチュア・バンドマンの中に、やがて、世界を席巻するブリティッシュ・ロックの旗手たちがいた。まだ十代のミック・ジャガー（ローリング・ストーンズ）、エリック・バードン（アニマルズ）、エリック・クラプトン（ヤードバーズ／クリーム）、ジミー・ペイジ（ヤードバーズ／レッド・ツェッペリン）、そして、ジョン・レノンがいた。

1957年、ジョンがリヴァプールで立ち上げたザ・クォーリーメンも「スキッフル・バンド」である。楽器はギター、バンジョー、ドラムと【洗濯板】、そして【茶箱ベース（teachest bass）】

＊7＿著者による私訳、リメイク歌。参考：Robert Johnson「Kind Hearted Woman Blues」。
＊8＿「ぐゎらん堂・シバが綴る吉祥寺の音楽聖地」、『AERA臨時増刊 AERA in FOLK』。

だった。アメリカの黒人たちが【金だらい】をアコースティック・ベースに加工したように、紅茶の本場――英国の少年たちは、木製の大きな【茶箱（teachest）】を転用して手製のウッドベースをつくったのだ。あのビートルズ・サウンドは「ガラクタ道具楽団」の陽気なビン・バン・ブン！からはじまったのである。

1971年6月某日

舞台を1970年代の吉祥寺にもどそう。ぐゎらん堂が異様に賑わいはじめ、フォークシンガーに仕事が舞い込むようになった71年初夏の話である。そのころの店の様子を「いやが上にも盛り上がっていた」と、シバが回想している。[＊8]

〈営業時間の午前2時が過ぎる頃にはマスターの（村瀬）春樹さんを交え、お客さんを巻き込んでの大セッションが、夜ごと繰り広げられる事になる…（中略）…駅を降りてぐゎらん堂へ向かう道を「ギンギラ通り」と春樹さんが名付け、若林が「♪皆で歩こよ、吉祥寺の街を〜♪」と唄って、ますますこの街は若者で賑わうようになっていくのであった〉［傍点＝村瀬］

〈お客さんを巻き込んでの大セッション〉に私が喜んで交わっていたかどうかはともかく、夜な夜な繰り返されたこの空騒ぎには、じつは伏線があった。

騒ぎがはじまる何日か前のある夜、高田渡がレコード室のドアをくぐって厨房にあらわれたのだ。

この音楽界の「考古学者」はＬＰ盤を一枚手にしていた。

「これ、かけてくれる？」

渡されたアルバムのジャケットには、古風な銅版画《エッチング》のタッチで、19世紀風の正装で威儀を正した数人の白人男女とガラクタ楽器の絵が描かれていた。

“GREATEST HITS！ Jim Kweskin & The Jug Band”

「グレイティスト・ヒッツ！／ジム・クウェスキン＆ザ・ジャグ・バンド」（１９７０年）

「ハルキさん――」と渡がいう。「ジャグ・バンドって知ってる？」

知らなかった。そういうと、彼は口ヒゲの下から白い歯を見せた。

「これ、お薦《すす》め！　ぐゎらん堂にも置いたらどうかな？」

私はそのとき流れていたオーティス・レディングのアルバムを中断し、渡がいうジャグ・バンドの盤をターンテーブルに乗せた。客席のスピーカーから、いきなり、大音量の「♪　ブォッ・ブォッ・ブォォッ！」がはじまった。なんだ、この音……!?　ライナーノーツを見ると、一曲目はその名も「JUG BAND MUSIC《ジャグ・バンド・ミュージック》」。後知恵からいえば、ジム・クウェスキンとは、英国の若者たちを沸かせたスキッフル・バンドのブームがアメリカへ逆輸入され、１９６３年にボストンでデビューしたリバイバル・ジャグ・バンドのリーダーだった。さらに、カズーの濁声《だみごえ》をめいっぱい震わせた

＊9＿「ぐゎらん堂・シバが綴る吉祥寺の音楽聖地」、『AERA臨時増刊 AERA in FOLK』。
＊10＿ウェブマガジン「大人のミュージックカレンダー」2018年1月10日、山本コウタロー「武蔵野タンポポ団―伝説の向う側」。

「BEEDLE UM BUM《ビードル・ラム・バム》」「RAG MAMA《ラグ・ママ》」、そのバックで洗濯板がガチ・ガシャ・ジャラリ！　と自己主張している。

　これが高田渡が用意した伏線だった。パウロ（渡のクリスチャンネーム）は、カトリックの宣教師がマリアの福音を伝道するかのように、ジャグ・バンド・ミュージックをぐゎらん堂で布教して客の耳に馴れさせようとしていたのだと思う。彼には下心があった。自分がリーダーになって遊べるバンドを立ち上げたかったのだ。もともとは、ワタルが言い出したんだよね——とシバがいう[*9]。

〈足代と食事代くらいにしかならないけど、中津川のフォークジャンボリーでジャグバンドみたいなのをやらないか？　という話を、渡が持ち込んで来た。山本コウタローも賛同していると言う。私と若林も二つ返事で、やろうやろう！　ということになって……〉

　こうして、あのジャグ・バンドが旗揚げすることになるのだが、渡の伏線——というか、下心はほかにもあったようだ。「武蔵野タンポポ団」は「武蔵野火薬庫」をバンド専用の練習場にしようと決めていたのである。

〈1971年の初夏、場所は東京の吉祥寺。そこにぐゎらん堂という店があった。そのぐゎらん堂のビルの屋上で……〉と山本コウタローが証言する[*10]。彼ら——渡やシバ、若林純夫、それにコウタローたち——は、休業日のぐゎらん堂の屋上で、ギターやフラット・マンドリンを弾きまくり、ブルースハープやらカズーを吹き鳴らしていたらしい（じつをいうと、当時、私はこのことを知らなかった。

だれか店の者が手引きしたのだろう）。コウタローがつづける。

〈タンポポ団のスタートである…（中略）…渡はというと、彼はこのバンドで夏にある第三回中津川フォークジャンボリー［1971年］に出演することを考えていた。目標があればメンバーの士気は高まる。その上、結成ホヤホヤのバンドが演奏する場所は屋上から階段を少し降りれば、フォーク喫茶＋酒場のぐゎらん堂がある。そこでお客さん達の反応を見ながらステージを重ねていけば間違いはない〉

そうだったのか、コウタローくん。武蔵野タンポポ団は、1971年初頭、吉祥寺本町二丁目の雑居ビルの屋上でルーフトップ・ライブを開催していた？　1969年1月、ロンドンのアップル社ビル（ビートルズの本拠地）の屋上で、あの「GET BACK」が演奏されたように？　吉祥寺では、幸いなことに、ビルを取り囲む群衆の姿や警官隊の出動はなかった。

このときのタンポポ団のメンバーは五人——高田渡、シバ、若林純夫、山本コウタロー、そしてベース担当のマスミ（藤田《ふじた》益民《ますみ》）である。ただし、このバンドは中津川のステージのためだけに集まった「ワン・ナイト・バンド（一夜かぎりの編成楽団）」だった。これが、いわば「第一次・タンポポ団」なのだが、そのあたりの事情をシバが語る[*11]。

〈だから最初は、そのイベント1回こっきりの予定だったんですよね。でもそのイベントが終わったら、渡の事務所に「たんぽぽ団〔原文ママ〕で来てくれ」っていう仕事が増えちゃった。それで、続けてやることになったんですよ〉

中津川の初舞台でタンポポ団は大受けに受けた。レパートリーを五曲しか用意していなかったのにアンコールの歓声が鳴り止まず、同じ曲を何度か唄ったという。

ジャグ・バンドのサウンドは人を高揚させる。ビートの効いた曲を聴けば愉快になるし、バラードは心の襞《ひだ》に沁みわたる。彼らが残した二枚のアルバム――『武蔵野タンポポ団の伝説』『もうひとつの伝説』――には「サンフランシスコ湾ブルース」「その朝」「ミッドナイト・スペシャル」をはじめ、日本のフォークシーンの定番曲《スタンダード》となったヒット曲が目白押しだ。

ウワサがウワサを呼び、高田渡のマネージャーに出演依頼やツアーの仕事がつぎつぎと舞い込んできた。そこで、ワン・ナイト・バンドを解消し、メンバーを固定した本格的なバンドを立ち上げることになった。この時点から、マサミ（村瀬雅美）がベース担当として参加する。そのころ、彼はぐゎらん堂の夜番のチーフであり、もともと、ヘヴィーでハードなブルースバンド「アルバトロス」のベーシストとして活躍していた。

かくて、渡、シバ、若林、コウタロー、そしてマサミをメンバーとした「第二次・武蔵野タンポポ団」が誕生する。後に、大ヒット曲「あしたはきっと」（1972年）をベルウッドレコードからリリースする「ペケ」――いとうたかおが加入してバンドの人気は白熱する。

彼らにはプロフェッショナルなスキッフル・バンドとして、さらなる演奏曲目《レパートリー》の開拓と練習が必

＊**11**__シバ・インタビュー「武蔵野たんぽぽ団の伝説」、デコ有限会社編『たのしい中央線3』。

要だった。「第三回フォークジャンボリー」が終わった後、定休日のぐゎらん堂はタンポポ団専用のリハーサル・スタジオとなり、コウタローが書いたように〈お客さん達の反応を見ながらステージを重ねていけば間違いはない〉と、深夜、営業中の店内もまた練習の場となって、乱痴気セッションが繰り広げられていくのである。あのころは高田渡がいた。若林純夫もコウタローも元気だった。シバがあの歌をシャウトする。

♪もしも　ゼニをいくらか持ってたら
自転車を買ってさ
このせまい部屋から
すぐにでも出ていくけどな

もしも　でかい札束持ってたら
オートバイを買ってさ
このせまい街から
すぐにでも出ていくけどな

（詞・曲＝シバ「もしも」1972年）

そりゃ、お客さんたちは楽しかったことだろう。小うるさい世間の眼から解放された満席の酒場——そこに、酒の神《バッカス》ばかりか音楽の女神《ミューズ》まで降臨したのだから。人気バンドのミュージシャンたち

1✣高田渡（左）とフィドルのチューニングをするシバ。2✣ウディ（若林純夫＝右端）と左に高校生の須田くん、ケン坊。奥にキュンキュンの顔が。
3✣バンジョーを弾く山本コウタロー（左）。その右で歌う野津手くん。4✣ギターを演奏するマサミ、右手にウディ、その背後に音楽出版社「協楽社」の田中汪臣（ひろおみ）の顔が見える。
5✣ヒット曲「あしたはきっと」で女子高生の人気者になった「ペケ」こといとうたかお。最晩期のタンポポ団のプリンスだった。6✣休業日のぐゎらん堂で練習するタンポポ団。田中研二がブルースハープで参加している。7✣演奏を手拍子で盛り上げる加川良。
写真：1・2：若林純夫。3・4・7：撮影者不明。5：大塚未知雄。6：秋山昌弘。

✣ 武蔵野タンポポ団
&セッション仲間のミュージシャン
at ぐゎらん堂

が生演奏を聴かせてくれるうえに、自分も競演できたのだから。酔客たちは、男も女も、ノリまくるのだ。

♪ でもよ、おカネにゃ縁がない
あるのは借金ばかり
で、ちょいと、もしもにしてさ
少しばかり　楽しい思いをしてるのさ

シバがブルースハープで間奏を入れる。長椅子の上にアグラをかいた高田渡がフラット・マンドリンを掻き鳴らす。マサミのエレキベースがローランドのアンプから重低音を響かせ、山本コウタローがギロを派手に擦《こす》り上げて場を盛り上げる。

加川良もこの世の生を謳歌していた。彼はあの二枚目の風貌からは想像もつかないゴリラ踊りを披露するのである。両手の拳で胸をドラミングし、左右に開いた足をドカドカ踏み鳴らしながら、

♪ おー、せつなや、ポッポーッ！　渡が歌う「ミッドナイト・スペシャル」に高音をハモらせて

……吉祥寺はほとんどテネシー州、ぐゎらん堂は綿花農場の納屋と化した。

次の曲、そしてまた次の曲、さらにまた――とデスマッチ・セッションは果てしなく、気がつけば吉祥寺の東の空が明るんでいるのである。

高田渡の狙いはど真ん中に命中した。武蔵野タンポポ団は一夜にしてメジャーリーガー級の売れっ子になる。全国各地のライブスポット、コンサート主催者から出演依頼が相次ぎ、メンバーの手帳は過密なスケジュールで埋まった。シバは音楽活動一本で生活できる見通しが立ったようで、ぐゎらん堂を退職する。

店は有能な従業員を失ったが、ながいや私にとって、それは嬉しいニュースだった。

1972年5月6日（土）

武蔵野タンポポ団の全国ツアーがつづいていた。この日、四人のメンバー――高田渡、シバ、若林純夫、マサミは九州のある街でステージをつとめる。宿泊先のホテルに入ると、渡はシバを誘い、ふたりだけで居酒屋へ飲みに出かけたという。その席で、渡がぽつりとこう切り出した。「もう、やめようか」と。寝耳に水の話だった。シバは驚いたが、こう思ったという。渡がいないタンポポ団って意味がない……。

後年、彼はなぎら健壱のインタビューに答えてそのときの胸中をこんな風に表現する[*12]。〈渡がやめたいなら仕方がないもん。ビートルズでジョン・レノンがいなくなったらビートルズじゃないじゃん、みたいな〉。

1972年7月某日

二ヵ月後、タンポポ団のメンバーは吉祥寺の喫茶店に集合し、マネージャーの「和田ちゃん」にそのことを告げる。和田は――バンドマンの隠語でいえば――クリビッテンギョー（びっくり仰天）！　文字通り、目が点になったという。彼としてはこれから本格的に売り出そうとしていた矢先だったし、タンポポ団のスケジュールが年末までびっしり埋まっていたからだ[13]。

マネージャーの嘆きをよそに、この年の大晦日のステージを最後に、武蔵野タンポポ団は正式に解散する。フォークブームの胎動期に忽然《こつぜん》とデビューし、その最盛期にふいに姿を消した「伝説」のジャグ・バンド。活動期間は一年半にも満たなかった。

それぞれのメンバーはソロ活動にもどり、あるいは新バンドの立ち上げを模索した。

＊12　なぎら健壱著『高田渡に会いに行く』駒草出版（2021年）。

＊13　若林純夫はこれを機に退団し、武蔵野タンポポ団は「ペケ」こと、いとうたかおを新メンバーに迎えて解散までの活動をつづけた。

19 天女泥酔、マスターは月夜のビルの壁を這う

1973年6月某日

武蔵野タンポポ団が解散して半年、フォーク業界は以前にも増して活況を呈していた。高田渡は二十四歳。体力、気力ともにいよいよ充実し、有卦《うけ》に入《い》っていた。この年の6月、五作目のアルバム『石』を発表する。

同じ月、『新譜ジャーナル』が彼のそれまでの足跡《そくせき》をまとめた特集号『別冊・高田渡』を発刊した。渡はすでにカメラに凝りはじめていて、この特集に吉祥寺、東北、九州、ヨーロッパの街角を撮影したフォトジェニックな作品を発表している。この時期、私が思い出すのは、いつも愛用のライカを胸に提げ、会った人間にレンズを向けてはシャッターを切りまくっていた渡の姿である。口ヒゲにまだ白いものはなく、上機嫌。頬ヒゲは生やしていなかった。

彼はぐゎらん堂の水曜コンサートにもたびたび出演してくれた。満席の客を前に、譜面をめくりながら減らず口をたたき、添田唖蟬坊、金子光晴、そして山之口貘を唄った。

吉祥寺は高田渡にとってホームタウンだった。彼は三鷹市のアパートでふみこさんと暮らしていたが、ぐゎらん堂を別宅のように使っていた。そこは渡の応援ルームであり、彼とその仲間たちの事務所代わりでもあった。店の電話が鳴る。

「はい、ぐゎらん堂です」

「ぼく、『新譜ジャーナル』のものですが、そちらにワタルくん来てるでしょうか?」

「来てませんけど、シバが来てるので聞いてみます……えーと、来るかもしれないし、来ないかもしれないということです」*14

同じころ、若林純夫が店内を撮影した写真を見ると、ぐゎらん堂のレジ箱（木製の小引き出し）の側面に大量のメモが画鋲で留められていて、こんな業務連絡が記されている。

「ワタルへ、音楽舎の○○さんにTELしてください」

「中川イサト氏へ、ミュージックライフの□□さんまで電話して欲しい」

＊14＿『新譜ジャーナル　別冊・高田渡』の「編集後記」。

✣ 当代の人気者、別冊特集になる
✣ 店のレジ箱、伝言ボードになる

上✣1973年6月、『新譜ジャーナル』（自由国民社）が臨時増刊号で高田渡を特集。内容は「自選歌集／ワタルが選んだ36曲（譜面付き）」から「書き下ろしエッセイ／酔漢談義」「自叙伝／3枚半のレコードの歴史」「写真集」とワタル一色の盛りだくさん。吉祥寺で行われた「座談会」には本人の他に、中川五郎、中川イサト、柴村無二、そしてふみこさんが出席している。資料提供：高山富士子。
下✣業務連絡や伝言依頼のメモの上に、さらに新しいメモが画鋲で留められて……。店のドアを開けたミュージシャンは、まずここへ足を運んで従業員に聞く。「今日はなんかある？」。撮影：若林純夫。

「徳島の△△△△の件、友部正人はＯＫです」

ぐゎらん堂は――いま思えば、あのころが黄金期だったのだろう――昼も夜も、お客さんが引っ切りなしに詰めかけていた。だけど、困った！ 深夜二時、例のごとく、閉店時間になっても客が帰らないのである。店の者はみんな疲れていた。定時に、すんなりと店を閉めるよい方法はないものか？ 私は従業員を集めて相談した。

「ラストオーダーを運び終わったらさぁ」と夜番の清水くん（清水隆治）がいった。「閉店です！ってわかるレコードをかけたらどうかな？」

「そんなレコードがあるのか？」私が聞く。

「アレか？ いいかもな！」と夜番の大塚くん（大塚未知雄）。「ほら、誰でも知ってる別れの曲。シングル盤が出てますよ」

「ボクが通ってるパチンコ屋じゃ――」と、これは芸能部長の中坊ひろし。「その曲、閉店時間になると必ず流してるよ」。なるほど、私はさっそくレコード屋へ走った。

そして、その日の深夜二時、私はラストオーダーがテーブルに出揃うのを見届け、閉店をコールすると、満を持してそのドーナツ盤に針を落とした。荘厳なオーケストラをバックに、女声合唱団の歌声が店内に流れた。

♪　ほたるのひかり　まどのゆき
　　ふみよむつきひ　かさねつゝ……

だが、このアイデアは裏目に出た。だれでも知っているこの曲を耳にすると、酩酊した客たちはむしろ盛り上がり、声を張り上げて大合唱におよぶのである。

♪　いつしかとしも　すぎのとを
　　あけてぞけさは　わかれゆく

「マスター！」と、上機嫌で客がいう。「水割り、おかわり！」

「いや、もう閉店なんですけど」

「わたしとカレに――」と別の女性客。「ジンライムをもう一杯！」

「蛍の光」は大失敗だった。ならば……と、意地になって用意したのが別のレコード――ＮＨＫがよく流すあの国民的大ヒット曲である。わかるかな？「君が代」？　まさか。

そのドーナツ盤のラベルには「郵政省簡易保険局・日本放送協会制定」とあり、メインタイトルが「国民保健体操第1」。「ラジオ体操、ダイイチ!!」と、元気いっぱいのお兄さんの声がするとピアノの前奏が流れる。

♪♫♪♬♩𝄞♬♪♫……

しかし、この場合、盛り上がって合唱するわけにはいかない。だって、歌詞がない。歌のレコードじゃないから。その代わり、お兄さんの声が矢継ぎ早に号令をかける。

♪　腕を前から上に上げて
　大きく背伸びの運動……

この曲にノリたかったら、身体を動かすほかない。だが、それにしても、幼いころから刷り込まれた習慣とは恐ろしいものだ。手足が勝手に反応してしまうのだ。客席では、一同、黙々と立ち上がり、背伸びし、両腕を振り回しはじめたではないか。
♪　足を横に出して胸の運動、斜め上に大きく！　5、6、7、8……やわらかく弾みをつけて、後ろ反《ぞ》り！　酔客たちである。足を踏ん張れずによろめくやつがいる。♪　足を戻して両足跳び！　女も男もいっせいに跳び上がり、着地すると店が揺れた。♪　1、2、3、4！　開いて閉じて、開いて閉じて……息が切れて喘《あえ》ぐ客が出はじめる。

しかし、みんな正気にもどりつつあった。明けない夜はない、醒めない酒はない。三分二十秒の曲が終わると、店内は静寂につつまれた。ほとんどの客が椅子にへたり込んでいる。きっと仕事の予定でも思い出したのだろう、バッグに手を伸ばしてのろのろと立ち上がる。

テーブルが倒れ、ビール瓶が転げ落ち、グラスが何個か割れはしたが、丑三《うしみ》つ時《どき》のラジオ体操――その効果は絶大だった。

ハーイ、みなさん、会計をお忘れなく！　なのだ。

1973年10月某日

ライブハウスのマスターという仕事は決して気楽な稼業ではない。失恋男が店で振り回す日本刀を捥《も》ぎ取るやら、三階の階段から転げ落ちた血まみれの酔っ払いを病院へ担ぎ込むやら、苦労が多いわりには実入りが少なく、報われない商売である。

あれはこの年の秋、たぶん土曜日だったと思う。私は厨房を担当していたのだが、その夜も店は大賑わいだった。客席の担当は「大塚くん」ではなかったかと記憶する。彼は東京生まれの気の良いシティボーイで、フォーク&ロックのマニアだった。折りしも、人気絶頂のフォークデュオ「ザ・ディランⅡ《セカンド》」の大塚まさじと風貌がそっくりで、彼の顔を見て連想のスイッチが入り、「プカプカ」や「サーカスにはピエロが」をリクエストする客が少なくなかった。

店内にはスーパー・ハードロック――クリームの「サンシャイン・オブ・ユア・ラブ」が鳴り響

き、満席の客はノリノリだった。エリック・クラプトンのギターソロがさらに気分を盛り上げる。大塚くんが飛び回る客席のテーブルにはビール瓶が林立し、私は酒類の注文——濁り酒のダブル（二合入り燗徳利）、冷や酒、電気ブラン*15のロックをさばくかたわら、タラコの黄身和え、肉じゃが、炙《あぶ》りエイヒレ、猫まんまの調理に目の回るような忙しさだった。焼きたての熱いスルメを引き裂こうと奮闘していると、カウンター越しに若い男性客が声をかけてきた。

「すみません、マスター……」長髪、口ヒゲ、ニキビ面、新品の白いTシャツの上に黒い革ジャンを羽織っている。六本木あたりから流れてきた客だろうか、困惑した表情でこういった。

「彼女、行方不明なんです」

どういうこと？ 詳しく聞いてみると、連れの女性がひどく酔っぱらって席を立ったまま

✣二人の「大塚くん」

上✣「大塚くん」こと大塚未知雄。吉祥寺のカメラ小僧のひとりで、ミノルタSRTを手に、ぐゎらん堂に集った多彩な常連客の写真を撮影、本書にも多くの作品を提供してくれた。写真：大塚未知雄。
下✣フォーク界のビッグスターであり、大阪の対抗文化の拠点「ディラン」の主宰者だった大塚まさじ。永井ようと結成した「ザ・ディランII」は圧倒的な人気を誇っていた。写真：中坊ひろし。

＊**15**＿♪浅草へ行くなら「神谷バー」の電気ブラン——と唄われたリキュール（ブランデーベースの混成酒）だ。神谷バーの創業者＝神谷伝兵衛が1882（明治15）年に考案したとされる。ながいと私は、店のドリンクメニューに加えるにあたり、浅草の神谷バーを訪ねて仕入れ先を紹介してもらった。この通称「ブラン」（ダブルで170円）がぐゎらん堂の名物メニューのひとつとなる。アルコール度数は30度。ジンやウイスキーほど強くなかったが、口当たりがよいので酔いつぶれる客が珍しくなかった。

戻ってこないという。店のドアの外——玄関口《エントランス》まわり、階段の踊り場、通りに出て周辺の路地を探してみたのだが姿がない。

「美味しいからって、電気ブランをがぶ飲みしちゃって」

「ひとりで帰っちゃったのかな?」私が聞くと、彼は首を横に振った。

「カーディガンとポシェットが席に残っているし……」

「だったら、トイレじゃないの?」ビールの栓を抜きながら、大塚くんがいう。

「さっき、ドアをノックして声をかけたんだけど、返事がないんです」

あの店のトイレ——例の落書きの「聖地」——は厨房から見るとフロア左手の凹所《アルコーブ》にあった。私はドアをノックし、把っ手《ノブ》を強く引いてみたが開かなかった。内側からロックされているようだ。声をかけたが返答はない。もう一度、ドアノブを右に左に強引に回したが開かない。

「ちょっと前——」と、トイレの脇の客席で『漫画アクション』をめくっていた少年が教えてくれた。「髪の長い女の子が入って行ったけど?」

「あ、それ、きっと彼女です」ニキビ面の彼が私を見る。声をかけてみたら?　私がいうと、彼はドアを拳《こぶし》で叩いて大声で彼女の名を呼んだ。二度三度試したが応答がない。客の何人かが目をこちらに向けていた。異変に気づいたようである。さて、どうするか?　錠前屋を呼ぼうにも週末の真夜中、連絡がとれないだろう。トイレのドアを壊すつもりはなかった。

方法はひとつだけあった。ドア以外にあるもう一ヵ所の開口部——ビルの外壁の窓からトイレに入って内側からカギを開けるのだ。ただし、その窓は小さく、横幅七十センチ×高さ五十センチほどの「辷《すべ》り出し窓（屋外側へ水平に半回転して開く窓）」である。私は身長百八十センチ、長身痩軀《そうく》の男だ。この体格で窓のわずかな隙き間から入れるだろうか？　しかも、三階建てビルの最上階、高度およそ十メートルの壁に穿《うが》たれた小窓である。でも、ま、やってみなけりゃわからない。モンダイはどうやって壁を伝って、その窓までたどり着くかである。たしか、このビルには緊急避難用の非常梯子があったはずだが……。

「ここで待っていてくれる?」私は彼に指示した。「トイレの中からカギを外すから」

私は大塚くんに厨房を任せ、ビルの屋上へ出た。秋の夜空は月に群雲《むらくも》、ひんやりした風が首筋を撫でる。トイレが位置する東側の外壁を見下ろすと、目の下に辷り出し窓が見えた。半ば開いた隙き間からクラプトンのギターソロが響いている。その左手に探していたものがあった。地上へ降りられる鉄製の避難梯子。だが、そのハシゴは窓に接しているわけではなく、目測で二メートルほど横の位置にある。

私はハシゴの手すりをしっかり握り、鉄の段《ステップ》を降りはじめた。月明かりを頼りに、横桟《よこざん》を手でつかみ、足で踏み、そろそろとトイレの窓枠を確保できそうな高さまで下降する。右手に灯《あか》りが漏れる窓。ここからは水平に移動しなければならない。窓枠まで手を伸ばしてみたが届かなかったし、飛び移れる距離ではなかった。幸いなことに、ハシゴから窓までの壁には突起物があった。外壁に露出した水道管や下水用配管、ビルの改修工事で残された金具の頭部《ヘッド》――。

私は左手と両足を非常梯子に置いたまま、右手を伸ばして水道管の継ぎ手《エルボー》を揺すってみた。ぐらつきはしたが外れることはなさそうだった。次に右足のスニーカーの爪先を壁に這わせて足懸かりを探ると、大型ボルトの頭に触れた。試しに、体重をかけてみたがビクともしない。どうやら頼るに足る足場になりそうだ。

私は水道管をつかみ直し、ハシゴから窓側に慎重に重心を移しながら……と、ライブハウスのマスターは月下のスパイダーマン、あるいは岩壁登攀競技《ボルダリング》の選手のような離れワザを強いられることになったのだ。命綱なしで。

いくつかの手懸かりと足場の助けを借り、私は窓の下枠を両手で確保すると、鉄棒でいう懸垂の要領で一気に身体を持ち上げ、半開きの窓の隙き間に上半身を滑り込ませた。大成功である。

トイレの中は悲惨なことになっていた。六十W《ワット》の裸電球に照らされて、天女がまとう羽衣のようなヒッピー・チュニックを着た若い女性が、和式便器にまたがって座り込んでいた。壁には「階級斗争を革命的に斗え！」「日本ML同盟万才」……ベルボトムのジーンズが膝の下まで降ろされたままだった。シャンパン・ゴールドに染めた長い髪が、うなだれた首筋から左右に流れてタイル張りの床へ垂れ落ちている。

「立てますか？」と声をかけたが返事がない。便器の周辺は反吐《へど》だらけで、羽衣の裾が黄色い液体の中に浸かっていた。すぐにもカギを開け、ドアの外で待つ彼を呼び入れてもよかったのだが思いとどまった。この醜態をボーイフレンドに見せるには忍びない。

私は彼女のずり落ちていた下着《スキャンティ》を引き上げ、ジーンズをたくし上げてジッパーを閉じた。大量のトイレットペーパーを使い、手足と衣服の汚れを拭き取る。背後から脇の下に手を入れて抱き起こし、正面を向かせると、頽《くずお》れかかる女性の腰に手を回して上半身を肩へ揺すり上げた。雨水をたっぷり吸った土嚢《どのう》のように重かった。意識を失った女性のカラダほど扱いに困るものはない。力を使う以上に気を使う。私はドアを開け、肩の上で「く」の字に折れ曲がった彼女を革ジャンの彼に引き渡した。

この光景に、客たちは興味津々。拍手こそ起こらなかったものの、目引き袖引き、コトのなりゆきを見守っていたようだ。席を立ち、ビールグラス片手に見物に来るやつもいた。

「救急車、呼ぼうか?」私は彼に聞いてみた。

「タクシー呼んでもらえます? ぼくが部屋まで送っていきます」

革ジャンの背中に背負《しょ》われた天女は、シャンパン色の髪を揺らし、急勾配の階段を降りていった。思うに、愚かな振る舞いだった。私には見知らぬ女の尻を拭く趣味はなかったし、ビルの三階の壁から真っ逆さま、救急車の世話になるのは私だったかもしれない。

酔客沈没、反吐の海。ライブハウスのマスターは命がけの稼業だったりする。

20 吉祥寺を愛する文人墨客《ぶんじんぼっきゃく》 ——そして、高校生たち

1971年〜1974年某月某日

ながいと私が武蔵野市で暮らしはじめたのは1969年の秋だったが、吉祥寺の街は私たちの目の前で激しく変貌した。東京……といっても、三多摩地域の片田舎にあった「さびしい町」は71〜74年の四年間でその風景と品格を一

変させる。

北口駅前のバス通りがきらびやかな天蓋《アーケード》に覆われて「サンロード」になった（71年11月）。駅近の一等地に「伊勢丹」が誘致され（71年11月）、百貨店の開店ラッシュが幕を開ける。武蔵野の名残りの雑木林が整地されて「近鉄」が開業（74年5月）、昭和モダニズムの名残りをとどめていた「名店会館」が取り壊され、「東急」が鳴り物入りでオープンした（74年6月）。街の風情は金ぴかになり、金のない者にとってはよそよそしい街になろうとしていた。

だが、それでも、吉祥寺が面白い街であることに変わりはなかった。この時期、この街は新旧のカウンターカルチャーがすれ違う――ないしは、合流する――現場になろうとしていたからである。ある座談会で、ながいが当時の吉祥寺界隈をこう回想している[*16]。

〈そう、家賃や物価も安かったし、人をホッとさせてくれる雰囲気がありました。加えて、吉祥寺は知的な街でもありました。著名な文化人たち――例えば、中国文学者の竹内好《たけうちよしみ》さん、作家の新田次郎さん、そのパートナーで作家の藤原ていさん、詩人の金子光晴さんと、長年のつれあいだった人気作家の森三千代さん。思想家の埴谷《はにや》雄《ゆ》高《たか》さん、作家の吉村昭《よしむらあきら》さんと津村節子さんのご夫婦とか、錚々《そうそう》たる文人名士が普通に住んでらっしゃる街でした〉

サンロードは、人の群れで身動きならぬほどごった返す商店街ではなかった。私が駅へ向かって自転車を走らせていると、お？　あちらから小さな子の手を引いてやってくる分厚いメガネの男性

*16＿「ぐゎらん堂　村瀬春樹さん、ゆみこ・ながい・むらせさんインタビュー」でのゆみこ・ながい・むらせの発言。

成蹊大学文学部編『2017年度　発信する武蔵野地域文化報告書——音楽の街・吉祥寺』成蹊大学文学部（2017年）。

✣街で交錯する武蔵野の「新住民」と「先住民」

右✣高田渡の得意技——出会い頭がシャッターチャンス!?　この日は自転車でサンロードを走る姿をいきなり「盗撮」された。後日、八つ切りサイズに焼いて贈呈される。

✣私とながいは吉祥寺に転居して3年目、渡は三鷹に住んで1年そこそこの新住民だった。この時期、関西から中川イサト、村上律たちもぞくぞくと武蔵野へ移住してくる（1972年ごろ）。

左✣金子光晴、77歳の春。こちらは吉祥寺の先住民である。1938（昭和13）年からの在住というからハンパではない（当時の武蔵野市は「東京府北多摩郡武蔵野町」）。

✣ここは「吉祥寺名画座」のチケット売り場だ。私が見かけた日とは別の日、別の映画館での「魅馬良」氏である。背後の上映案内を見ると『乱れた○（判読不能）』『夜の姿態』『人妻デート地帯』などとある。「老人割引／65才以上の方 300円」の貼り紙も。

✣左上の写真は、1975年9月、月刊『面白半分』の金子光晴追悼号にも掲載された（撮影日：1973年4月29日）。峠彩三（木村泰三）写真・文『金子光晴 散歩帖』アワ・プランニング／現代書館（2002年3月）より。


は、蓬髪《ほうはつ》と肉厚の唇、松本清張ではないか。浜田山（杉並区の自宅）から井の頭線に乗って孫と散歩に来たのか？「どーも！」と声をかけてきたのは、愛用のライカを首から提げた高田渡である。いきなりカメラを構えると、カシャッ！「夜にまた……」とフィルムを巻き上げながら「ダイヤ街」の角を曲がって行った。

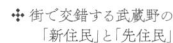

だが、なんといっても印象的だったのはあの詩人たちである。あれは73年の秋の日だったと思う。サンロードにあった「ムサシノ映画劇場」（後の「吉祥寺バウスシアター」）の前でふたりの爺さんが揉めていたのだ。ひとりは木綿の単衣《ひとえ》の着流しで下駄履き、ステッキを突いていた。もうひとりも同じような着流しで、厚手の雪駄《せった》を突っかけている。下駄履きのほうが後ろ向きになり、自分の背中を連れの背中に凭《もた》せかけ、映画館のチケット売り場へ押しやろうとしているのである。雪駄のほうはそうはさせじと足を踏ん張って抵抗している。

このふたり、顔に見覚えがあると思ったら、下駄履きは金子光晴、相方は佐藤英麿《さとうひでまろ》（日本の代表的な放浪詩人）ではないか。その映画館はいわゆるポルノ映画――往時の用語でいえば「ピンク映画」「ロマンポルノ」――の上映館だった。

風狂の仙界に遊ぶ金子光晴は自らを「麩馬良八十男《ふまらやそお》（見かけ倒しのペニスをもった八十路《やそじ》の翁の意？）」と名乗っていたが、女性の裸体が大好きだったようだ。ふたりはストリップ小屋へもよく連れ立って出かけていたという。金子の死後、佐藤英麿が盟友の晩年を述懐する*17。

〈ここ五、六年はじつによく連れ歩きました。耳がひどく遠いし口跡《こうせき》も判然としないので手真似など交ぜて話しがよく通じ合っていました。高級な話なんか抜きにして然《しか》も世人の及ばないようなことばかり……。／「一体あんたと僕とは何だろう。身内でも親類でもない、それにただ友人とも言えないしまあ縁者ということになるか」／とんだ縁者で悪所？　通いの道づれで、老春のほどほどした気休めができて、お蔭で俗なこの世からすいと垢抜けがしました〉

そのようにアカ抜けたふたりではあったが、『熟れた〇〇のそそる痴態』!?　この日、佐藤はその手の気分ではなかったようで、まだ金子と押し合いへし合いを繰り返している。ふたりの詩人はなにやら真顔で言い争っていたが、結局、チケットを買って映画館の中へ消えていった。

74年2月、金子光晴と佐藤英麿はあの階段を昇ってぐゎらん堂へやってくることになる。

1972年某月某日

吉祥寺が面白い街だったのは、しかし、武蔵野界隈に暮らす文人墨客の手柄というわけではない。街の主役は高校生をはじめとする若き遊民たちだった。自分が身を置く日常にうんざりした少年少女がマグロの群れのように吉祥寺を回遊し、攪拌《かくはん》し、泡立てたのである。

武蔵野に遊ぶ彼らが、行きつけのコーヒー店やロック喫茶とともにランドマークのひとつとしていたのがぐゎらん堂だった。若者たちは多くのミュージシャンやアーチストと出会い、彼らを呼び捨てにする仲になっていく。ワタル、トモ、ウディ、あるいは「あぼ（漫画家＝いしかわじゅんの愛称）」「オージ（同＝鈴木翁二）」とか。

この年――72年、明星学園高校演劇部の「たまえ」こと大西多摩恵《おおにしたまえ》は十八歳だった。「吉祥寺は私の自慢の街だった」と、彼女は振り返る。

当時、彼女が目にした吉祥寺は再開発の途上、さまざまな顔を見せていた。新装まもない駅ビル「LON《ロン》 LON《ロン》」の外れ――中央線が行き交う高架下は粗大ゴミの吹き溜まりだった。赤錆びた自転車が将棋倒しになり、工事現場で用済みになった鉄パイプや資材の残骸が野積みされ、朽ちかけた板塀が雨に打たれて……と、救いようのない場末感が漂っていた。しかし、その塀に貼られた映画館のポスターは華やかな上流階級の純愛路線で客を誘っていた。オリビア・ハッセー主演の『ロミオとジュリエット』（1968年）。いわく〈若い人々に再び捧ぐ／最も若く最も美しい愛の名篇!!〉。上映館は「ハモニカ横丁」の西隣にあった「吉祥寺スカラ座」である。

一方、サンロードの北の外れにある例の「ムサシノ映画劇場」は「名前のない新聞」の広告欄で

＊**17**＿佐藤英麿「この人」（追悼文）、『詩誌・あいなめ　金子光晴追悼号』さかえ書房（1975年12月）。

熱烈にアピールする。〈若者よ、劇場へ行こう／アクションポルノ祭り!!〉。上映作品は『女囚残酷性地獄』（米国＝１９７２年）と『のけぞりの条件』（西独＝１９７１年）。

その映画館の看板にちらりと目をやって、サンロード商店街を駅前へ向かう女子高生がいた。演劇少女の「たまえ」である。軽快なショートヘアー、黒い長袖のTシャツにジーンズ、麻紐《あさひも》で編んだ手製のポシェットを肩に掛けていた。彼女は、この時、自分が仲代達矢が率いる俳優養成所「無《む》名塾《めいじゅく》」に一期生として入団し、やがてプロの俳優として舞台に立つことをまだ知らない。

「たまえ」の回想＝２０２１年11月15日

〈私は子どものころから吉祥寺に通っていました。姉が連れて行ってくれた「むぎ」（コーヒー店）をはじめ、「ともしび」（歌声喫茶）、「バンビ」（洋食店）や「名店会館」へもよく行きました。ぐゎらん堂は、みんなに可愛がられて楽しい場所でした。同級生よりちょっと大人になった気分にさせてもらったからかな？　毎日、ウキウキしながら通ってました。

一言でいえば、ぐゎらん堂がオープンしてからの吉祥寺は、まさに私の青春の喜びと不様《ぶざま》さを抱きとめてくれた街です。吉祥寺は私の自慢の街でした〉

サンロードを抜けて駅前広場に出ると、駅ビルの正面入り口がにぎやかだった。学校帰りの男子高校生のグループが道路にしゃがみ込み、女子たちがビルの壁に凭《もた》れて嬌声を上げている。足元に、平たく潰した通学カバンが放り出されていた。吉祥寺発の関東バスがぞくぞくとバス停に横付けさ

✣駅前広場に立つ大西多摩恵—18歳

✣1972年の吉祥寺駅前。右手背後に関東バスの車列、左手にヤマザキパン。彼女の足元でアスファルトの舗装が暴れている。
✣この時、たまえは、高校のクラスメイトであり、ぐゎらん堂の常連だった気の良い大男——「スケベ」こと白石英輔が自分の伴侶となり、一緒に暮らすことになるのを知らなかったと思う。「スケベ」とはいかにも可哀想なニックネームだが、本名の「エイスケ」をバンドマン流儀で逆さ読みしたもの。スケエイ→スケベイ→スケベになったものと思われる。後年、彼も演劇界に入り、腕っこきの舞台監督になる。写真：若林純夫。

れていく。中野、荻窪、武蔵境行き。バスが近づくたびに、男子が大袈裟に飛び退《の》く。女子が拍手する。男子の一人が口元のタバコを投げ捨て、東伏見行きのバスに乗り込んだ。

「たまえ？」と、背後から声がした。振り向くと「ヤマザキパン」の軒下に男が立っている。「ウディ!?」長髪にサングラス、武蔵野タンポポ団の若林純夫だった。

「写真、撮っていい？」ウディがいう。真新しいキヤノンPを手にしていた。

「いいけど……」たまえが笑うと、若林は俳優になる少女にレンズを向けた。

若林のカメラは、被写体の背景に吉祥寺の街を切り取っていた。たまえのスニーカーが踏むアスファルトの路面は波打って暴れ、横断歩道のだんだら縞が、サルバドール・ダリが描く時計のようにぐんにゃり融《と》けている。

街はまだ荒くれていた。素敵な野蛮さをとどめていた。まだまだ、吉祥寺は錆びた自転車と立ち小便が似合う街だった。

1972年6月14日（水）～7月31日（月）

高校生たちは、ぐゎらん堂を「GWARAN（ぐゎらん）」と略称で呼んでいた。彼らは遊びたい盛り、GWARANを起点に理由もなく街を徘徊し、意味もなくじゃれ合っていた。中学生のころから通いはじめた「みめ」が当時の資料を大量に提供してくれた。

「みめ」の日記より＝72年6月14日

〈GWARANに行ったら、「リエコ」と「エトー君」がいたけどすぐに出ていっちゃって、一人でいたら、リエコからお店に電話があって『LON LON』の入り口にいるんだけど来ない？」って。で、行きました。エトー君もいてみんなで「ぽえむ」へ……。出たのが夜の七時、遅いからって二人で歩いて家まで送ってくれました。門限の七時半を過ぎちゃうので、途中、エトー君がいろんな口実を考えてくれました。ありがとさん！〉

これは、みめが友人の「マキちゃん」とやりとりしていた交換日記の一節である。高校生たちの稚気《ちき》あふれた由無し事が克明に記録されている。

同＝72年7月30日

〈GWARANへ行こうとしたら「コージ君」「シンちゃん」「やよいちゃん」「のりむつクン」とバッタリ！　みんなで屋上に行って「だるまさんが転んだ」で盛り上がる！
あと、「伊勢丹」の屋上でカブトムシ見たり、紙芝居を見て、「丸二」のお好み焼きを食べに行って、いろんな話をしたりしました。男の子たちはビール飲んだりしてたけど、やよいちゃんと私は親に内緒でGWARANに行ってるから、早く帰らないといけないんだよね……〉

再び、1971年〜1974年某月某日

「わくいさん（藤原法子《ふじわらのりこ》）」は、その朝、吉祥寺本町四丁目のアパートからぐゎらん堂へ向かっていた。彼女はながいの佐賀高校時代の同級生で、ファッション誌『ドレスメーキング』（鎌倉書房）の編集者だったが、退職後のしばらくのあいだ、店の昼番を手伝ってくれていた。

「弁天湯」を過ぎて「佐久間商店（酒屋）」の前に差し掛かると、シャッターが降りたぐゎらん堂の入り口にたむろする人影が目に入った。

「あら……？」

いつも店で見かける高校生たちだった。長髪の少年が四人、気だるそうに路上にしゃがみこんでいる。そのうちのひとりが顔を上げ、わくいさんが手にした店の鍵束に目を向けていった。

「遅かったね！」遅くはなかった。時計を見ると、開店時間の十時までまだ三十分以上ある。

「それより、あなたたち――」彼女は聞いてみた。「学校は？」

「行きたきゃ、行くよ」と、カーキ色のアーミージャケットを着た子がいった。「今日はGWARANに出席するからいいじゃん？」

彼はアーミーの胸に大ぶりの缶バッジを二個付けていた。一つは白地に緑の葉っぱ《グラス》の絵、もう

✣ブッシュヘアーのMs. ANGELA

✣「ANGELA」とは米国の反戦活動家、フェミニストでありブラックパンサー党のシンパ（同調者）――アンジェラ・デイヴィス。
✣彼女は、1970年、黒人運動の渦中で、誘拐、殺人、脱獄共謀など（いずれも冤罪）の容疑をかけられ長期間投獄されていたが、支援闘争が全米で展開され、このバッジは「アンジェラ解放運動」のアイコンとして知られていた。
✣ジョン・レノンはいち早くこの闘争を支援、この時期に思想を急進化させていったようだ。1971年にはプラスチック・オノ・バンドと「Power to the People＝人びとに自己権力を！」をリリースしている。
✣上のバッジは海を渡り、日本のカウンターカルチャー・シーンでも見かけるようになった。第三世界（米ソ主導の東西冷戦下、資本主義国にも社会主義国にも属さない第三勢力）と連帯する少年少女たちの胸を飾る。2010年代～2020年代の「BLACK LIVES MATTER＝米国社会は黒人たちの生命に敬意を払え！」運動の先駆的表現である。
写真：Oakland Museum of California “Picture This: California's Perspectives on American History”より。

一つはブッシュヘアー（BLACK IS BEAUTIFUL! の象徴的髪形）をキメた黒人女性の顔、その周囲に「FREE ANGELA（アンジェラを解放しろ！）」の太い文字が躍っている。バッジは「緑色革命」と「ブラックパワー革命」をアピールしていた。アーミーくんは、あの「マリファナ解放戦線／ハレンチ学園全共闘」のメンバーだったのか？

わくいさんがシャッターを押し上げて階段を昇りはじめると、四人の男の子たちがぞろぞろと後を追い、無人の店内に入ると、テーブルと椅子を並べて開店準備を手伝った。

その日の午後、ぐゎらん堂の店内には、例によって高校生たちがたむろしていた。スピーカーから、なぎらけんいち（なぎら健壱）のトーキング・ブルースが流れている。

♪　昨日ばったり道端で昔の友達に会った
おまえこのごろどうしているんだ
そう聞かれたのだが
ギターをかかえ毎日をやっているとは
とても言えなかったし……

（詞・曲＝なぎらけんいち「葛飾にバッタを見た」１９７３年）

ある日、なぎらが街でばったり出会った昔のトモダチ。彼は出世街道をひた走るサラリーマンのようで、青山のマンションに住んでいるという。メシでもおごってやるよと高級レストランに誘われたのだが、なぎらは固辞するのだった。だって、ぼくの場合、ナイフとフォークの使い方を知らなかったので、トンカツなんぞ出された日にゃ、切りそこなって床に落とすおそれがあったし、それだけならまだいいのだが――

♪ ぼくは下へ落っこったトンカツを
　拾って食べるおそれが十分あったので
　悪いけど今日は腹がいっぱいなんだと……

この歌、何度聴いても笑ってしまう。当時、フォークマニアの高校生のあいだで大人気だったが、いまでいえば「イグノーベル賞」級の名曲である。

入り口近くの客席では、やよいちゃんと友人の一団が黄色い声を上げて大騒ぎしていた。「メロンパン同好会」を結成したということだった。このころ、女子高生のあいだでは「組織」をつくるのが流行っていたようである。メンバーをオルグる（組織化する）とき、彼らはどんなメディアを利用していたのか？　まだインターネットもスマホもなかったし、国鉄（現・JR）、私鉄の駅頭には白墨《チョーク》で書いては消す「伝言板」が置かれていた時代である。

彼らが活用していたのは「店」の壁に吊り下げられていた伝言ノートだった。若者たちの溜まり場には呼び方や判型こそ違え、その種の連絡帳が用意されていたようである（ライブハウス「ロフト」を主宰した平野《ひらの》悠《ゆう》の店では「落書きノート」「交流ノート」と呼ばれていたと聞く）。

ぐゎらん堂の場合は分厚い大学ノートだった。名付けて「几帳面《きちょうめん》」。みんな気ままに「!!」だらけの政治的スローガンや集会への呼びかけ、ライブや個展の案内、恋敵《こいがたき》への悪口雑言《あっこうぞうごん》を書き散らしていた。明大漫画研究会時代のいしかわじゅんは、このノートに、ぐゎらん堂の特異キャラ――中坊ひろしを主人公にしたパロディ漫画を連載して人気を博していた。あの時代、その手のフリーノートは「アナログ版SNS」だったということか。その日、裸電球の下で「几帳面」を開いていたのは「みめ」だった。

「みめの日記」より＝72年5月6日

〈何を書いてもいいノート――几帳面で「マキちゃん」と友達募集！　まずはグループ名をどうしようかと、みんなに問いかけて「いじけ虫」に決定！　今のところ「のりむつクン」とか合計五人です。もっともっと新会員を募集して、楽しいグループにしなければ！〉

「ゆきえちゃん」は昼番の勤務を終えようとしていた。彼女はあの店を慕って浜松からやってきた少女だった。引く手数多《あまた》の十九歳、男の子たちの胸を騒がせるマドンナである。そのなかでも、最年長者が「モーゼルの勝ちゃん」こと青林堂の長井勝一社長だった（月刊漫画誌『ガロ』編集長、このころ五十代前半）。彼はゆきえちゃんを目にすると「ほっほっほっ！」（勝ちゃん特有の笑い声）と相好を

✣「武蔵野火薬庫」の古時計

✣人形作家＝出合五百美（であいいほみ）の作品「人面時計」だ。文字盤の代わりに、リンゴを食（は）む少女の顔。ぐゎらん堂の開業直後から閉店時の1985年まで、吉祥寺のカウンターカルチャー・シーンを目撃してきた振り子時計である。数年間は元気に時を刻んでいたのだが、ある日、ゼンマイが弾け飛んで動かなくなった。
✣だが、彼女を甘く見てはなるまい。止まってしまった時計も、日に二度、正しい時を指している。写真：村山千太。

崩し、ことあるごとに街を連れ回していた。

勝ちゃんは著名人。メディアから取材のオファーがあると、撮影場所にぐゎらん堂を指定する。開店前の客席に、ゆきえちゃんとふたりだけで座ってツーショット、得意顔でゼンザブロニカ（プロ仕様の一眼レフ）のフレームにおさまった。ほっほっほっ！

ぐゎらん堂のレコード室の棚には、ゆきえちゃん専用の洗面器と入浴セットが置かれていた。彼女は仕事が終わるとそれを取り出し、店の喧騒からそっと抜け出して銭湯へ向かう。階段を降りて西へ三十歩も行けば「弁天湯」があった。石鹸の香りをにおい立たせ、彼女が店に戻るころにはぐゎらん堂の夜の部が盛り上がっている。

ワンレングスの洗い髪にインド綿のワンピース。湯上がりのゆきえちゃんに、周囲に座る男の子たちの尻が落ち着かなくなって……。

みんな、大人になるまでにはまだ時間があった。戯れせんとや生まれけん。多くの子たちが、遊民の根性に磨きをかけて大人になっていくことになる。世はとりあえずコトもなく、彼らの姿を、あの店の暗い壁に掛けられた「人面時計」がまじまじと見下ろしていた。

21

吉祥寺の街を、まるごと解放区にせよ！

1971年9月某日

そのことに初めて気がついたのはこの年の秋口だったと思う。ぐゎらん堂で、高田渡やシバ、山本コウタロー、加川良らが深夜の乱痴気セッションを繰り広げていたあの時期だ。

このころ、すでに、吉祥寺の商店街には洒落た名前がつけられていた。「サンロード」「ダイヤ街」のようなメインストリートはもちろん、駅周辺の通りは立派な名前を名乗っていた。シバにとって子ども食堂だったジャズバーの「ロコ」は「平和通り」にあった。先鋭的な思想書や青林堂の漫画単行本を充実させた「吉祥寺ウニタ書店」は「中道通り」に。戦後闇市の露店街を思わせた「ハモニカ横丁」――そのブロックを南北に走る路地にも「仲見世商店街」や「中央通り」「朝日通り」、あるいは「のれん小路」などと看板が掲げられていた。

ところが、吉祥寺本町二丁目、ぐゎらん堂のビルに面した道路には名前がなかった。駅の北口からサンロードを左折し、ダイヤ街を西へ抜けると「公園通り（現・吉祥寺通り）」とクロスする交差点に出る。左手に「富士銀行」、右手に「吉祥寺名店会館」。ここを起点として西（三鷹方面）へ真っ直ぐ伸びる通りに名前がつけられていなかったのである。

それはなんの変哲もないアスファルト道路だったが、商店街が途切れて高層の建物がないだけに見通しがきく一本道だった。この通りの果てに見事な夕陽が沈むのである。そのことに、この年のある日、私は突然気づいたのだ。

＊18＿太宰治「東京八景（苦難の或人に贈る）」（初出『文学界』1941年1月号）。

武蔵野を染めるゴージャスな落日は、昔からよく知られていたようである。

〈毎日、武蔵野の夕陽は、大きい。ぶるぶる煮えたぎって落ちている。私は、夕陽の見える三畳間にあぐらをかいて、侘しい食事をしながら妻に言った……〉＊18

１９３９（昭和14）年、北多摩郡三鷹村（現在の三鷹市下連雀）に居を構えた太宰治はそう書き残している。そして太宰が目にした同じ光景を、１９７０年代の若者たちは、吉祥寺本町二丁目の路上で体験することになる。その「名前のない通り」の西の外れ――三鷹方向の空に巨大な夕陽が〈ぶるぶる〉と身を震わせ、真っ赤に〈煮えたぎって〉落ちていくのである。

とりわけ、雨上がりの黄昏《たそがれ》どき、濡れた路面は鏡のように焼けた空を反射させる。それは一瞬のデキゴトなのだが、武蔵野の落日は、その通りをまるごと「ぎんぎらぎん」に染め上げるのだ。街路樹、ブロック塀、電柱、電線、なにもかもがめらめらと燃え上がり、朱《あけ》に染まった逆光のなかで、道往く人びとが黒い影絵になって揺らめくマジカル・ミステリー・ストリート……。

私はこの通りに名前をつけることにした。以後、あの店の所在地は次のように表記される。

武蔵野市吉祥寺ぎんぎら通り13番地――「武蔵野火薬庫／ぐゎらん堂」

「13番地」の「13」はアレだ。♪点《とも》るネオンに　さそわれながら／波止場通りを　左に曲がりや……ぐゎらん堂の「日本流行歌コレクション」の中でもリクエストが多かった美空ひばりの「港町十三番地」（１９５７年）から頂戴した。

勝手にゴメンね！　と、街の通りの名前と所番地をでっち上げたわけだが、私はそれを公然とアピールした。店の名刺のアドレスにそう刷り込み、広告に表示し、音楽雑誌に連載したエッセイのタイトルにした。ま、なんであれ、とにかくやってみるものだ。ほどなく、店に、全国のフォークファンから「ぎんぎら通り13番地」宛ての手紙やハガキが舞い込むようになる。

1972年10月5日（木）

「ぎんぎら通り」を往来する遊民たちにとって、吉祥寺は自分の街であり、自分の庭だった。たとえ、東京法務局武蔵野出張所に不動産登記していなかったとしても、だ。やがて、自分たちのこの街を、自分たちのための巨大な「テーマパーク（遊園地）」にしようと考える若者たちがあらわれても不思議ではない。

この日——10月5日発行の「名まえのないしんぶん」[*19]は、フロントページ全面に〈吉祥寺解放斗争作戦図〉と銘打った「吉祥寺タウンマップ」を掲載した。いわく……

Be In Musashino《ビーインムサシノ》
自分のやりたいことをやれ！

＊**19**＿初期の「名前のない新聞」は気ままに紙名を名乗っていた。この時期、「名前」は「名まえ」、「新聞」は「しんぶん」と表記されている。
1972年5月に創刊したこのフリーペーパーは現在（2024年）も発行中。
詳しくは「アマナクニ」のHP「名前のない新聞」参照。

この月の7日から10日までの四日間、吉祥寺で大掛かりな「Be In（Human Being-In＝人間性を回復させるための集会）」を開催し、街をまるごとパーティー会場にしてしまおうというイベントだった。そして、それは実際に行われた。主催は「名まえのないしんぶん」である。

「しんぶん」の発行人は「アパッチ」こと浜田光《はまだひかる》（ぐわらん堂では、平安朝の貴公子を思わせる風貌から「光源氏」と呼ばれていた）。彼は、学生時代からベトナム反戦の市民運動に関わってきたカウンターメディアの旗手である。別刷りの号外《ビラ》は若者たちにこう呼びかけた。

〈吉祥寺の街から、安くていいものを売る店がどんどん姿を消しつつある。緑もなくなっていく。そのかわりにできるのは「伊勢丹」とか「東急」とか「××」という名前をしたコンクリートの固まりだ。でもぼくたちは知っている。「近代的」なビル街と、狭くってゴチャゴチャして人間の臭いがあふれている路地と、どっちが本当に美しいのかを。再「開発」とは再「破壊」のことだ。ぼくたちを食いものにする豚共を追い出せ！　そして、街を解放区に！〉

ぼくたち――というのは、この場合、「名まえのないしんぶん」の中心的スタッフと読者のことだろう。彼らの多くが地元の市民運動、反戦運動に参加する若者や高校生たちで、入れ替わり立ち替わり、紙面の執筆、編集、ガリ版印刷を担当し、新聞少年、新聞少女として情報拡散の拠点（無料配布される「しんぶん」の置き場）へホットなニュースを配達していた。

✣「しんぶん」に掲載された“吉祥寺解放斗争作戦マップ”（部分）

✣Be In Musashino 自分のやりたいことをやれ!　いわく「陽がささないサンロード／バッジ売りもいるぞ」「ロンロン1階で耳パンを売っている」「この不動産屋は長髪でも応対してくれる」——とか、パラレルワールドに暮らす若者向けの実用情報が満載だ。

❶ぐゎらん堂のイベント＝10.7“恐怖のサタデーコンサート”、10.10“蓄音機で聴くS盤特集”。「高校生でこの店を知らない人は退学した方がいい」と紹介されている。

❷「吉祥寺ウニタ書店」＝ここも「しんぶん」置き場で、「左翼系の本・雑誌・機関誌、ミニコミなどあり」とある。

❸ロックハウス「OZ（オズ）」のイベント＝10.8 〜 10.9“Teach In”&“Film ラリー”。10.10“街なかでパレード” 〜 “井の頭公園でBe In”。

若者たちは怒っていた。実際、目に見えて、ながいがいう〈家賃や物価も安かったし、人をホッとさせてくれる雰囲気がありました〉というゆかしい吉祥寺が消えつつあった。

号外はつづける。

〈いろんな場でいろんな事をやってる人、やりたい人、一緒にやろう。歌いたい人は歌え。映画をやりたい人は映画をやれ。走り回ったりねころんだりしたい人はそうしろ。観客になるな。誰かさんに期待するな。キミが主催者だ！〉

10月7日(土)

「Be In」の企画《イベント》のひとつとして、ぐゎらん堂では「恐怖のサタデーコンサート」が開催された。出演は鳥井ガク（後に『ワイルド・サイドを歩け』〈講談社〉などを著すロック評論家＝鳥井賀句《とりいがく》）、石井清、上田良平、オクラホマ・ケン、ガス玉とクソ袋、大沢ナオユキ――などなど、新人ミュージシャンやアマチュアバンドが「飛び入り歓迎！」でステージを賑わせた。

10日には「日本流行歌史／S盤コンサート」を開く。S盤とはSPレコード（Standard Playing record）のことで、LP盤（Long Playing record）が開発される以前（1940年代まで）普及していたモノラルの音盤である。落とせば割れる硬質天然樹脂製《シェラック》、このS盤に録音された昭和期の歌謡曲や洋楽をゼンマイ式蓄音機で再生して聴こうという趣向だった。たとえば――

❖「蘇州《そしゅう》夜曲《やきょく》／渡辺はま子・霧島昇」　❖「懐かしのブルース／高峰三枝子」
❖「東京の花売娘／岡晴夫」　❖「セントルイス・ブルース／ルイ・アームストロング」
❖「青いカナリア／ダイナ・ショア」　❖「ラ・クンパルシータ／ビアンコ・バチーチャ楽団」
❖「小さな喫茶店／中野忠晴」（74年、あがた森魚がサードアルバム『噫無情《ああむちやうふ》』でカバーした曲）

物見高い女子高生たちがわんさと詰めかけた。SPレコードが、毎分78回転の速度で忙《せわ》しく回る。ふだんは高音質のマルチステレオでグランド・ファンク・レイルロードやディープ・パープルを聴いている若者たちには、むしろ、スクラッチ・ノイズ（蓄音機の鉄針が盤の溝を削る雑音）が新鮮だったのかもしれない。みんな、神妙な顔をして、オヤジやオフクロ世代が胸を熱くしたS盤サウンドに耳を傾けていた。

10月8日（日）～9日（月）

「名まえのないしんぶん」の編集室があったロックハウス「OZ」で、当代の論客たちを集めた「Teach In《ティーチ イン》」が開かれる。「愛のヨガ6ヶ条／片桐ユズル」「色彩心理／末永蒼生《すえながたみお》」「出産と育児／いのり」「ドラッグ／おおえまさのり」「ギンズバーグ／諏訪優《すわゆう》」「自然食（自然農法のおじや付き）」。9日の夜はオールナイトの「フィルム・ラリー」――『リンガラジャ』『カリガリ博士のキャビネット』、その他が上映された。

10月10日（火）

午後二時、井の頭公園では「Be In」が開催され、キミのやりたいことをやれ！ ギター、シタール、太鼓やタンバリン、空き缶——音の出るモノと酔っぱらえるモノを持ち寄り、なんでもありの「トリップス・フェスティバル」が決行されて盛り上がる。

それに先立って午後一時、吉祥寺の街なかで、異形《フリーク》でぶっ飛んだ若者たちの「仮装パレード」が実施され……

「アパッチ（浜田光）」の回想[＊20]＝2014年4月

〈その当時、吉祥寺は若者の街ということでマスコミでもさかんにとりあげられていて取材されたこともある。しかし、そういうブームのようなマスコミのちやほやぶりに違和感を抱き、吉祥寺の街を自分たちの手に取り戻したいという気持ちから、1972年10月に仲間たちでBe In武蔵野と称した祭りを行ったことがある。

これはOZのほか、もともと名前のない新聞の発祥の地と言えるぐゎらん堂や井の頭公園などを結んで様々なイベントを行ったものだ。OZでは多数のスピーカーを招いてティーチイン（講座）を行ったりオールナイトの映画上映をした。ぐゎらん堂ではコンサートを、また思い思いに着飾ったり化粧をして吉祥寺の街を練り歩き、井の頭公園に集まってそれぞれ勝手に遊ぶという何だかよくわからないイベントもした〉［傍点＝村瀬］

＊20＿「アマナクニ」HPの「『ホール・アース・カタログ』ともうひとつの出版史」より。原典＝『スペクテイター 30号』（2014年4月30日号）、エディトリアル・デパートメント。

その日のことを思い出す。満員御礼のぐゎらん堂の客席に見知らぬ女性が座っていたのだ。しとやかな物腰の、大柄な、後光《ごこう》が差すような美女だった。腰まで届くロングヘアー、エスニックな薄手のブラウスに丈の長いプリーツスカート、紅いルージュを塗って薄化粧している。ダ・ヴィンチが描いたイタリアの貴婦人が異界から迷い込んだような情景だった。コーヒーをするたびに喉《のど》仏《ぼとけ》が上下しなかったら、私は気がつかなかっただろう。

「アパッチ!?」目が合ったので、聞いてみた。

「よろしく……」モナ・リザは喉仏をぴくりとさせ、謎の微笑を浮かべた。

1972年〜1975年某月某日

そのように、吉祥寺界隈の若者たちにとって「街」と「公園」は自分の庭だった。とりわけ、井の頭公園はなくてはならない遊び場であり、出会いの場であり、五十年後のいまとなっては、ほろ苦い想い出の場となっている。センチメンタルな理由から、ここでは、公園を舞台にした二つの場面《シーン》を記録しておきたい。

「名まえのないしんぶん」が「ピープルズ・パーク（People's Park＝人民公園）」と呼んでいたその公園に、冬の早朝、五人の人民がやってきた。シバとその仲間たち――版画家の「星くん」、高校生の「須田くん」、ギターの達人にしてメグの実兄「ジミー矢島」、そしてカメラ小僧の「キヨシ」

＊**21**＿『写真文化923号』2012年10月号、日本写真文化協会。

✣ Hey, キヨシ！なにが悲しゅうて空騒ぎ？

✣舞台は早暁の井の頭公園、このショットにはキヨシ本人（中央）が映っている。左がシバ、右はジミー矢島のキメポーズ。写真：秋山昌弘。
✣シバはヒマそうに見える。武蔵野タンポポ団が解散（1972年12月）した直後だろうか？　だれかがいう。「新しいジャグ・バンドつくろうよ」「バンド名は何にする？」「"キャンディーメン"とか!?」――やがて、このジャグ・バンドは実際に結成されることになる。メンバーはシバ（ボーカル、ギター）、ジミー矢島（ギター、ジャグ）、須田くん（ウォッシュタブ・ベース）だった。
✣ほどなく、シバはセカンドアルバム『コスモスによせる』（CBSソニー／1973年7月）をリリース。ジミーはこの盤の録音にセッション・ミュージシャン（スライドギター、バンジョー）として参加、「このレコーディングは、僕にとっては記念すべき初仕事だった」と回想する。

である。彼らはいつもつるんでは遊び回る朋友《ポンユー》だった。この朝もぐゎらん堂で夜を明かし、井の頭公園に繰り出してはしゃぎはじめた。そこは、パフォーマンス・フリー（演目自由）の野外劇場でもあった。彼らのこの日の演目は「ムサシノ・ステューピッド・クインテット」――早暁の「空騒ぎ五重奏団」である。五人は意味もなく抱き合い、胸を突き出しては威張り合い、得意顔《ドヤがお》や変顔《ヘンがお》で奇を競い、仔犬のようにじゃれ合っては大笑いするバカ騒ぎに興じていた。

「キヨシ」こと秋山昌弘《あきやままさひろ》は、肩から愛用のカメラバッグを提げていた。北海道の留辺蘂《るべしべ》（現・北見市）から上京したキヨシは、ぐゎらん堂で働きながら写真術を修業するカメラマンの卵だった。彼は「田舎の写真屋さん」という一文のなかでこう書く[＊21]。

〈[私は]兄から譲り受けたカメラで写真を始め、森山大道《もりやまだいどう》、木村伊兵衛をまねて街角スナップを撮っていました。教科書は古本屋で買う『カメラ毎日』だったように思います。

当時アルバイトをしていたお店には、高田渡、加川良、友部正人等のフォークシンガーと漫画家等が集まっていましたが、私の写真を見た友部正人氏からレコードジャケット用の写真を依頼され作成しました。それが、１９７３年10月発売の『また見つけたよ』（CBSソニー）です〉

その朝、キヨシはおバカな「五重奏団」の面々をつぶさに撮影している。あまりにも他愛のないふるまいではあったが、自分にとってはまぎれもなく意味のある日常を残しておこうと考えたのだろう。彼は留辺蘂に帰ってからは「写真館・秋山スタジオ」を経営し、地域の映像文化に貢献していた。だが、２０１４年11月、病を得て他界した。

訃報を耳にしてから数日後、私の自宅に、キヨシの伴侶＝智子さんから宅配便が届いた。荷を解いてみると硬紙製の書類箱《デスクトレー》が入っていて、上蓋に「GWARANDOH-BOX」とある。「彼が残した写真とネガは膨大な数になりますが……」と智子さんの手紙が添えられ、箱の側面のラベルには、キヨシの手で「ぐゎらん堂用／六つ切り・ベタ焼きその他」――。

それは１９７０年代の玉手箱だった。あのカメラ小僧が、ぐゎらん堂時代に撮影した二百余点の写真が整理されていた。その一点一点はキヨシの若き日の交友録であると同時に、70年代の若者たちが呼吸した空気をリアルに焼き付けたドキュメンツ（実録資料）だった。

また、別のある日、「人民公園」にはもうひとりのカメラ小僧がいた。夜番の「大塚くん」こと大塚未知雄である。それは、うっとりするほどよく晴れた小春日和の午後だった。

人生には信じられないほど美しい一日があったりする。

＊**22**＿アルバム名であると同時に、1967年、サンフランシスコで結成されたロック・グループのバンド名でもある。

奇跡のようなその一瞬を、油彩絵の具で定着させたLP盤《アルバム》のカバーアートがある。憶えているだろうか？　米国西海岸《サンフランシスコ》で誕生したサイケデリック・ロックの名曲「ホワイト・バード（屋根裏に棲むはぐれ鳥）」を。♪　金の鳥籠に閉じ込められた白い鳥、彼女、早く飛び立たないと死んでしまうよ（私訳）――あの曲を収めたアルバムだ。その名も『イッツ・ア・ビューティフル・デイ（"It's a Beautiful Day"）』（１９６９年）。

目に染みるパリッシュ・ブルーの青空、風が運ぶ千切れ雲を背景に、麦わら帽子をかぶった夏の乙女が岩山の頂上に立ち、すらりとした肢体を大気にさらしている。豊かな胸を張り、蒼穹《そうきゅう》を見上げる遠いまなざし、薄い桃色のワンピースの裾が風にふわりとふくらんで……まるでウソのように美しかったあの夏の日。♪　イッツ・ア・ビューティフル・デイ！＊22

大塚くんは愛用の一眼レフを肩に提げ、ガールフレンドの「えみちゃん」と、ぐゎらん堂で昼番を勤める「タカシ」こと平地《ひらち》孝治《たかはる》を誘って公園を散歩していた。野外ステージのベンチに人だかりができている。将棋を指す人、口をはさむ人、その諍《いさか》いを見て面白がる人。桂馬を手にした老人がタバコに火を点けて長考に入る。

秋の陽射しが、池に沿った桜並木の遊歩道にまだらな影を落としていた。枯れ葉が音を立てて転がっていく。えみちゃんは水草《カチュー》で編んだカラフルな買い物カゴを手にしていた。なにやら柑橘類の黄色い果皮《かひ》が顔をのぞかせている。

「それ、重くない？」タカシがカゴに手を伸ばした。「オレが持つよ」

「ありがとう……」えみちゃんが屈託なく応じる。

タカシはやさしい男だった。彼は後に樹木医となり、私に、ソメイヨシノの古木の手入れ法と寿命の延ばし方を熱心に教えてくれたのだが、彼もまたいまは故人。２０１７年のクリスマス・イブに急逝する。六十五歳だった。

木立の透き間から池の水面が輝いていた。光のカケラがさざめく波の間《ま》に手漕ぎのボートが何艘も揺れている。タカシが太縁眼鏡の目を細め、その光景を眩しそうに見入っていた。同じ時期、鈴木翁二が吉祥寺を舞台にした漫画「ギター壊し浮かれた」で同じ情景を描写する。

キラキラ
恋人達のボート
抜け落ちた翅《はね》みたいに
キラキラ光りながら
おれの足元をさらっていく
これは何んだろう
幸福が反射しているのさ

「あとでお茶しない?」えみちゃんがいう。
「どこがいい?」と大塚くん。
「『茶房・万亭《まんてい》』、お抹茶に栗蒸し羊羹とか……」

✣ タカシとえみちゃん、秋晴れのビューティフル・デイ!

上✣鈴木翁二が描いた「ギター壊し浮かれた」は、吉祥寺の夜の街角からはじまる。主人公のシバと版画家の星くん、そして翁二らはハシゴ酒、3軒目の酒場「ギャランドール(ぐゎらん堂)」のドアをノックする。そして、あの「狂乱の夜」が幕を開けたのだ。この物語のラストシーンが井の頭公園の池のほとりだった。キラキラ/恋人たちのボート……。手前中央がシバ、左に星くん、奥に鈴木翁二。『ガロ』1973年8月号。

下✣タカシ(左)は手に買い物カゴ。シースルーのスカートが秋の陽光に透けて……。万亭に寄った後、3人は井の頭ボウルで遊ぶ。1970年代初頭、日本は最初のボウリング・ブームを迎えていた。写真:大塚未知雄。

えみちゃんのこの日のファッションは淡いブルーのブラウス、白いパンタロンの上からシースルーを意識した純白のフレアスカート、ひと足歩くごとに長いスカートが風を孕んだ。

その裾を、タカシの指がひょいとつまみ上げる。薄手のスカートが逆光に透け、大きな絹張りの扇を開いたようにひろがった。

催奇《サイケ》で珍奇《チンケ》な70年代、空のてっぺんからロック&ロールが降ってくる。♪イッツ・ア・ビューティフル・デイ! えみちゃんが華やかに笑う。

「みめの日記」より=73年4月7日

〈「ＭＩＬＫ」に聞いたんだけど、昨日、井の頭公園へ花見に行って「タカシ」と「メグ」と「スケベ」が公園の池で泳いだんだって! 服脱いで! で、メグは下着を無くしたんだそうな! みんな「スゴイ!!」って言ってたよ〉

✣ ぐゎらん堂の企画展
「紙芝居大会」で使われた
“教育紙芝居用の舞台”
(1930年代製)と“内藤良治
『色彩商業図案集』”(大修堂、
1938年)所収のデザイン作品。
日の丸が描かれたオブジェは、
“日章旗を収納する砲弾型容器”
(1930年代～ 1940年代製)。

5.

「ぎんぎら通り」に夕陽が沈む

――店に響く70年代の名曲、背後に80年代の足音？

22

ライブ料金五十円！
「水曜コンサート」の真相――前篇

1970年～1974年某月某日

「水曜コンサート」？　いま、あらためて口にしてみると笑ってしまう。まるでヴェルサイユの小宮殿で開かれる貴族のためのコンサートみたいだ。「水曜ライブ」とでもいえばよかったのだろうが、あの店の開店当時、ナマ音《おと》のセッションを意味する「ライブ」というコトバや概念はまだ日本に上陸していなかった。「ライブハウス」なる用語が『ぴあ』や『シティロード』[*1]の誌面にちらほら登場しはじめたころ、三上寛がこんなことをいっていた。

「ハルキさん、『ライブハウス』ってさ」と三上。「ヨーロッパじゃ『ストリップ小屋』のことをいうらしいぜ」――ナマはナマでも別のナマ？　ともあれ、私たちは週に一度のナマ演奏会を「水曜コンサート」（または「水曜演奏会」）と呼んでいた。

私とながいがぐゎらん堂の主宰を担当した約十年間――開店時～80年秋――で、コンサートの開催は通算五百回を超えている。出演者はどんな顔ぶれだったのか？

これから紹介する「出演者リスト」は、私が70年代の十年間に使っていた手帳のスケジュール欄を参考にしたものだが、数年分の手帳が行方不明だ。分かる範囲内で記録することにする（不明期間は、私の記憶と常連客の助言を基に可能な限り再現しよう）。

まずは「前篇＝70～74年」だが、この期間では70～72年の手帳が欠落している。しかし、他の資料に当たってみると、開店初日に街で撒いたチラシに手掛かりがあった。〈狂気の迫力！　前衛ジャズバンド／新鋭ブルースバンド続々出演！〉とある。つまり、こうなる――

1970年～1971年（手帳なし）

某月某日 宇梶晶二《うかじしょうじ》トリオ　**某月某日** アルバトロス

「前衛ジャズバンド」とは、フリージャズのコンボ「宇梶晶二トリオ」だ。バリトンサックスの宇梶を中心にウッドベースとパーカッション（ドラムス）の編成だったと記憶する。

「ブルースバンド」は「アルバトロス」。エレクトリック・サウンドを駆使する過激なバンドで、ジミ・ヘンドリックス張りのテクニックで即興演奏《ソロ》を聴かせるリードギターと迫力のドラムス、後に武蔵野タンポポ団に参加するマサミのエレキベースが店の床を震わせた。ボーカルは、80年代に「アジアン・ポップスの女神」と呼ばれ、国際舞台で活躍することになるサンディー（Sandii）である。十九歳の女神は長い手足に長い髪。シースルーの薄衣《うすぎぬ》をまとった肢体をくねらせ、髪を振り乱し、玉の汗をまき散らしながら、ジャニス・ジョプリンの「ベンツが欲しい（"Mercedes Benz"）」を無伴奏《ア・カペラ》で熱唱した。

しかし、シバや高田渡、友部正人が店にあらわれてから、ライブの雰囲気が一変する。

1972年（手帳なし）

＊**1**＿いずれも当時のイベント情報誌。『シティロード』の創刊は1971年、『ぴあ』は1972年。

いわゆる「吉祥寺フォーク」が産声を上げ、やがて「フォークブーム」を迎える黄金期だ。この年のスケジュール表がないのは残念だが、記憶に残るデキゴトがあった。

3月某日（あるいは、4月某日）　あがた森魚

その日、私は自転車に乗って店へ向かっていた。暮れなずむ吉祥寺の商店街、ダイヤ街から公園通り（現・吉祥寺通り）に差しかかると、富士銀行（現・みずほ銀行）のあたりから三鷹方面へ向かって延々とつづく行列ができている。どこかの店でバーゲンセールか？　それとも、だれかのお葬式？　交差点を渡って驚いた。その行列が「ぎんぎら通り13番地」へ向かって伸びているではないか。先頭の集団がぐゎらん堂の階段の入り口に吸い込まれて消えている。この日は水曜日、出演はあがた森魚。彼の姿を一目見ようと、それは、あがたファンがつくった長い行列だったのである。私は人混みをかき分けて階段を昇った。

列の先頭は制服姿の女子高生グループだった。「早く開けてよ！」と、そのなかのひとりがドアに貼った演奏会のポスターを手にしていたボールペンで叩く。

自主制作盤『うた絵本／赤色《せきしょく》エレジー』発表会
♪　幸子《さちこ》の幸《さち》はどこにある？　当日、サイン会&即売会の予定！
出演＝あがた森魚　ゲスト出演＝林静一

このころ、あがたが唄う「赤色エレジー」の人気はすさまじく、ある種のもどかしさの中で沸騰していた。あがた森魚という無名歌手の新曲がスゴイらしい。その評判は前年——71年8月に中津川で開催された「第三回全日本フォークジャンボリー」の参加者から友人仲間へ伝言ゲームのようにひろまっていたようだ。その野外ステージで、あがたがこの歌を熱唱していたのだ。

「あがたクンの曲、聴かせてくれる?」と、ぐゎらん堂でも、常連客——とりわけ、女子高生からのリクエストが引きも切らなかった。彼女たちはあがたを「クン付け」で呼ぶ。

「レコード、まだないんだよ」と私は言い訳する。フォークジャンボリーの「実況盤」がキングレコードから発売されていたが、それは二枚組の競演《オムニバス》アルバム。あがたの「赤色エレジー」はワン・ノブ・ゼムの扱いだったし、店のレコード・コレクションに加えていなかった。

「あがた森魚、ぐゎらん堂には出演しないの?」と常連の演劇少女。「私、聴きたいのよ」

「ま、そのうちね」

熱烈な需要はあれど、供給なし。あがたファンのそんなもどかしい思いのなか、三ヵ月ほど前——71年のクリスマスにリリースされたのが自主制作盤『うた絵本/赤色エレジー』だった。この日はそのお披露目ライブ、開演前に長い行列ができるのは不思議ではなかった。

それにしても「赤色エレジー」!? なんて挑発的なタイトルなんだろう。

「赤色」の赤は赤貧の赤、赤裸々の赤である。その一方で、真っ赤なウソの赤でもある。しかも「赤色=せきしょく」と読ませるとなると穏やかじゃない。「赤色革命」をたくらむ「赤色分子」の

「赤色」だ。この不穏な「赤色」がモノの哀《あわ》れを歌う「エレジー＝悲歌」に覆《おお》いかぶさる。「真っ赤な危険色」×「青褪《あおざ》めた哀歌」＝極彩色に破裂する殉情の花火？

この「赤色エレジー」を、♪お涙《なみだ》頂戴ありがとう——と、あがた森魚は涙腺を刺激するAm《エーマイナー》のコード、哀愁ただよう三拍子、喉《のど》を震わせて唄うのだ。

♪愛は愛とて　何になる
男一郎《おとこいちろう》　まこととて
幸子の幸は何処にある
男一郎　ままよとて
昭和余年は春も宵　桜吹雪《ふぶき》けば情《じょう》も舞う

（詞＝あがた森魚、曲＝八洲秀章《やしまひであき》「赤色エレジー」1972年）

どこぞの田舎町から家出してきたビンボー少女「幸子」、漫画家志望の文無し少年「一郎」。ふたりは都会の片隅の安アパートで同棲する。ひと組のふとんに同衾《どうきん》する。

♪さみしかったわ　どうしたの
おかあさまの　ゆめみたね
おふとんもひとつ　ほしいよね
いえいえこうしていられたら

この歌は、よく知られているように、林静一が青林堂の月刊漫画誌『ガロ』で連載した同名のマンガが本歌《ほんか》（原典）となっている。あがた森魚がこう記す[*2]。

〈1960年代から70年代にかけて、世界が同時多発的に、新しい価値観や表現を模索し、それが次々と爆発していったうちの小さな一つの火花が「ガロ」文化でした。
ささやかな結論を最初に言えば、「赤色エレジー」の幸子と一郎の物語は、当時のカウンターカルチャー文化や、反ベトナム戦争運動や、全共闘運動というものが、その内側に秘めた自由や理想への共同闘争といったものを、もっともつつましく、もっとも少数単位の形で生き示してみようとした幸子と一郎の物語だったといえます〉

そうさ、ほら、同時多発だ。漫画界でBANG！　音楽シーンでBOMB！　あっちとこっちが交叉する。幸子と一郎が出会って暮らす。ふたりにはココロザシがあった。愛があった。だが、ふたりの財布には一万円札がなかった。情愛のバリケードに立て籠り、恋に殉じようとするふたりだったが、世間はそれを許さない。大きな愛とストイックなエゴがすれちがう。

♪　あなたの口からさよならは
　　言えないことと想ってた

＊2＿林静一著『赤色エレジー』（小学館文庫、2000年）のあがた森魚による巻末エッセイ。

はだか電燈　舞踏会
おどりし日々は走馬燈……

真っ赤っかな相聞歌《エレジー》である。烈《はげ》しくも、悲しい結末が待っていた。♪　嗚呼《あゝ》！　幸子と一郎の物語……日本語のフォークソングの概念をドラスティックに変えた名曲だ。その日、私自身、あがた森魚のナマの歌声を聴くのが待ち遠しかった。

背後でざわつく客を背に、ドアを開けて店に入った。中坊ひろしがフロア正面の座席を取り払い、ステージをセッティングしている。

✣ 茅瑠璃堂版『うた絵本』と豪華な付録

上✣『うた絵本／赤色エレジー』の表紙。林静一が描き下ろした絵本の造りになっている。付録に「めんこ」「さちこぬりえ」「幸子御許」と宛名入りの読者カードなど遊び心が満載。
中✣硬紙製「大判・美人画めんこ」と「赤色エレジー」のドーナツ盤。裏面に「清怨夜曲（一郎の唄&幸子のタンゴ）」が収録されている。
下✣「ぬりえ」のさちこは裸だった。「怖い しっかり 抱いて!」（発売元：幻燈社）。

「すごい人気だな」私が声をかけると、中坊は得意顔で応じた。

「ボク、こうなると思ってたよ」彼は先の中津川フォークジャンボリーに参加したひとりだったし、あがた森魚の大ファンだった。「早く開場したほうがいいみたい」

狭い店は一瞬で満席になった。座れない客が通路に腰をおろしはじめる。入り口付近で歓声が上がった。ドアの脇に、セミロングの髪を上品に整えた面長の青年が立っている。二十七歳になったばかりの林静一だった。その背後から、カールした長い髪を無造作に分けた若者があらわれた。両手いっぱいに『うた絵本』の梱包《つつみ》を抱えている。あがたクンだった。挨拶する暇《いとま》もなく、私は荷物を受け取り、ふたりをステージへ案内した。

「こんばんは……」通路にしゃがんだ女子高生が、あがたのジーンズの裾を引っ張って挨拶した。あがた森魚、二十三歳、頬を赤らめていた。「あら? すっごい照れ屋さんなのね!」

こうして、その夜の水曜コンサート——『うた絵本／赤色エレジー』の発表会が幕を開けた。

1973年4月〜9月（手帳から抜粋）

4・25 友部正人　5・2 鳥井ガクと暴れ馬　5・16 品川寿男《しながわひさお》
5・23 ボロ　5・30 中塚正人&いとうたかお（ペケ）　8・6 いふ
8・22 JAM《ジャム》&ジョイントセッション　8・29 いとうたかお
9・5 ジミー矢島　9・12 シバ

出演者は多士済々、人気のプロ、無名のアマ入り乱れての企画構成《ブッキング》である。馴染みのない名前もあろうかと思うが、いずれも70年代の音楽シーンを切り拓いたシンガーソングライターと彼らにつづく第二世代たちだ。多くがいまも歌いつづけている。

コンサートの開催日は、基本的に、毎週水曜日（時によって土・日）。時間帯は十七時〜十九時の二時間、アマチュアは「前座」として十六時からの一時間だった。

頭を悩ませたのは「チャージ＝ライブ料金」の設定である。

このころ、街の喫茶店の最低料金はコーヒー一杯が二百円だった。ジャズ喫茶などで生演奏を聴かせる場合、バンド・チャージの相場が五百円。つまり「コーヒー＋チャージ＝七百円」。だが、1973年、ぐゎらん堂のライブ料金は五十円！　飲食代金に加算すると「コーヒー百五十円＋五十円＝二百円」「猫まんま百八十円＋五十円＝二百三十円」——。

料金全体を低く押さえたのにはいくつか理由があった。

ひとつは、あの店を鳴り物入りでオープンさせたものの、やってくる客の多くが空きっ腹を抱えた青少年たちだった。それに、私もながいもビンボー人のビンボー性、自分の財布に合わせて値段を決めたのだと思う。さらに、開店からしばらくは千客万来にはほど遠く、チャージを高額にすれば客足が遠のくのは目に見えていた。

それにしてもチャージが五十円、この金額に入場者数を掛けた額が演奏者への「出演料」となる。たとえば「五十円×二十人＝千円」——どう考えても、ミュージシャンにとっておいしい仕事であるはずがなかった。

「そんな事情で……」と、ある日、高田渡に相談してみた。

「わかってるよ」と渡がいう。「そのほうが、唄うほうにとってもやりがいがあるし」

「どういう意味？」

「五百円のチャージで客が入らないステージより」彼は真顔でいった。「五十円で満席になった会場のほうが、ずっと唄いやすいんだよ」

ほんとに？　事実、彼が出演すると店は満員になった。

「そのかわり……といったらナンだけど」と私。「演奏後の打ち上げは飲み放題、食い放題ってことでどうだろう」

「いいんじゃない？」ニヤッと笑い、高田渡が見栄を張った。ありがたい見栄だった。

1973年10月～12月（手帳から抜粋／ライブ料金五十円）

10・10 ガンさん（佐藤GWAN博）　10・17 いとうたかお
10・24 ももやBAND／シバ　10・31 1973V・W・ブルースバンド
11・07 喜平次《きへいじ》　11・21 ジミー矢島　11・28 須田優
12・12 なぎらけんいち　12・19 シバ　12・26 JAM

このころ、後に一連のライブハウス・チェーン「ロフト・プロジェクト」を展開することになる平野悠は、ジャズ喫茶「烏山ロフト」（東京・世田谷）につづき、二店目となる「西荻窪ロフト」をオープンさせている（73年6月）。彼はぐゎらん堂にも足を運んでいたようだ。

〈「BLUES HALL／武蔵野火薬庫ぐゎらん堂」は――〉と、平野は自著『ライブハウス「ロフト」青春記』で述懐する[*3]。〈若者が集まる〝伝説の空間〟と言われた。規模も設備もそれほど大規模ではないから投資資金も少なく済みそうで、私にも何とか実現できそうな店だった。吉祥寺の外れの小さなビルの3階にあり、20坪くらいの広さ［実際には十二坪］。基本的には日本のフォーク・

＊3＿平野悠著『ライブハウス「ロフト」青春記』講談社（2012年）。

ソングやロックを大きなスピーカーから流す特異な店であった〉（「吉祥寺『武蔵野火薬庫ぐゎらん堂』の衝撃」より）。

ある日、彼は、音楽ライターで常連客だった〈石田さん〉という人に相談する[*4]。

〈「吉祥寺の『ぐゎらん堂』みたいな店なら何とかできると思うし、実はそういう若者文化の情報発信基地みたいな店をやろうと考えていたんだ」。私は石田さんに「ぐゎらん堂」で自分が感じた熱気を伝えようとした〉〈だが、石田さんは反論する。「『ぐゎらん堂』とは違うな。あそこはフォークだ。マイクとかピアノとかPA《ピーエー》（音響）機材もほとんどない〉

なんということだ！　バレていたのだ。そのとおりなのである。

そもそも、私はライブ用音響装置の知識はまったくのゼロだった、予算もまたゼロ。とりあえず、有りものでまにあわせればなんとかなる？　そう考えていた。♪　楽器が買えなきゃつくればいい！　ジャグ・バンド発祥の地――あの綿花農場《プランテーション》の納屋で発揮されたビューティフルなブルース精神《スピリット》（ありあわせの精神）を見習ったのだ。実際に定期コンサートをはじめてみると、マイクを二本とマイクスタンド二本（ボーカル用とギター用のブーススタンド）を買わざるをえなかったが、アンプは借り物のエレキギター用アンプにマイクのプラグを差し込んで使っていた。

照明装置は天井際に固定した小型スポットライトが一ヵ所だけ。ステージにいたっては、なにしろ延床面積十二坪、専用のスペースがとれなかった。ライブがあるたびに、客席中央の椅子とテーブルを片づけて畳一枚分ほどのフロアを「舞台《ステージ》」とした。ほどなく、安手のPA装置（小型アンプとスピーカー2台のセット）を購入したが、出力が低いのでボリュームを上げるとたちまち音が歪《ひず》んだのを憶えている。

それでもなんとかなったのだ。チャージ五十円、ろくな音響機材なし。だが、アーチストたちは喜んで出演してくれた。この時期のリストでいえば、ガンさん、いとうたかお、なぎら、シバ、JAM（「劇団・自由劇場」を中心とした役者たち――吉田日出子、朝比奈尚行《あさひななおゆき》、大津彰《おおつあきら》らによるセッションバンド）のステージには満員の客が詰めかけてくれた。

――と、負け惜しみをいってもいまさら遅い。「ありあわせの精神」とは「まにあわせのヤセ我慢」だったことがバレていたのである。

1974年1月〜3月（手帳から抜粋／ライブ料金百円に値上げ）

1・16 MOTHER HOUSE　1・23 榊 淳《さかきじゅん》／サクマシゲル
1・30 斎藤哲夫　2・6 シバ　2・13 藤本乱
2・27 独《どく》　3・6 いとうたかお
3・13 林 亭《はやしてい》（佐久間順平&大江田信《おおえだまこと》）

この時期のトピックは、才気あふれるフォーク・デュオ――「林亭」がデビューしたことだ。ある日、その少年はぐゎらん堂の階段を遠慮がちに昇ってきたという。

＊4＿平野悠著『ライブハウス「ロフト」青春記』。

「あれは前の年の年末だったかな?」応対したのは中坊ひろしだった。「ボタンダウンの柄シャツを着た若いやつが、用ありげにやってきたんだよね」

「ぼくたちがつくったアルバムなんですけど……」少年は手にした紙袋からLPレコードを取り出して見せた。「店に置いてもらえますか?」

聞いてみると大学一年生、大江田信と名乗った。佐久間順平という高校時代の同級生とバイトで貯めた十五万円ずつを出し合って制作したアルバムだという。限定販売二百枚。

「ちょっと待っててね、店主《マスター》に電話してみるから」と中坊。

「あの……」少年が口ごもる。「手数料って何パーセントなんですか?」

「自主制作盤だろ?」中坊が笑った。「うちは歩合をとってないよ」

「え!?　タダで置かせてもらえるんですか?」

翌日、私は預かったアルバムに針を落としてみて驚いた。彼らはすでに出来上がっていた。ひねりの効いた歌詞、心地よく響くハーモニー。ギター、バンジョー、それにフラットマンドリンのハイテンションなテクニック――目にせし才能は、世に知らしむべし!　だった。

3月13日　十七時〜十九時　林亭/自主制作盤『夜だから』発表即売会

店内は立ち見が出るほどの盛況で、彼らはその夜からあの店の人気者になった。アルバムのタイトル曲「夜だから」(原詩=谷川俊太郎「夜のジャズ」)は露骨《あらわ》で性的な歌だ。暗闇の中での愛のいと

＊5＿盲目の国学者・塙保己一（はなわほきいち）の視界の明るさを詠んだ江戸の古川柳。

なみを、象徴的に「盲目の恋人たち（太郎と花子）」の行為に見立てて唄われる。

♪ 夜だから
　何も見えない
　さわるだけ

LOVE IS BLIND! まして夜。なにも見えない闇の中。〈♪ 太郎はさわる／花子もさわる〉
——そう、さわるだけだ。でも、いったい、どこのだれに世界が見えているというのか? 「番《ばん》町《ちょう》で目あき目くらに道を聞き」[*5]、「群盲撫レ象《ぐんもうぞうをなでる》」。寄ってたかって象さんを撫でまわすあなたと私。
象の皮より人の肌、おたがいの素肌をまさぐり合う太郎と花子。

♪ とても生きのいいお魚
　とても新しい貝
　とてもすごいあらし
　とてもゆれる舟

自主制作盤『夜だから』には、楽曲を提供した「もうひとりの林亭」がいる。

♪　ふけだらけの　髪かき上げ
さみしく歩くは　御茶の水
流れる人波　飲み込む程の
大きなあくびは　ネンゴロリン

この曲の名は「神田橋《かんだばし》」。作詞作曲は、半年後、9月の水曜コンサートに出演するフォークシンガーの林宏《はやしひろし》である。この林くん、本名は小林くんといって、後に数々の国際映画賞を受賞することになる映画監督の小林政広《こばやしまさひろ》だ。東京は本郷《ほんごう》の生まれ。十代のころ、高田渡に傾倒した小林は佐久間順平、大江田信と「本郷村青年団」という高校生バンドを立ち上げる。江戸っ子のカントリーボーイは語呂を合わせた戯作風の詞を好むようだった。

♪　なんだかんだの　神田橋
いっそここらで　飛び込もか
目に浮ぶは　あの娘《こ》の顔で
水に浮ぶは　浮世の情《じょう》

「恐ろしい子どもたちが現れたものだ！」──中川五郎によれば、高田渡がそういって驚いたという。ぐゎらん堂を拠点に販売した自主制作盤はたちまち売り切れた。

上✣「発表会」の当日、ジーン・ハーロウのパネルを背景に熱演する「林亭」——佐久間順平(左)と大江田信。

1976年、彼らは大学卒業を契機に解散(2006年に再結成ライブ)。佐久間はソロのシンガーソングライターとして独自の世界を構築していく。同時に「フォーク界の万能奏者(マルチプレーヤー)」として八面六臂の活躍。一方、大江田は、渋谷「Hi-Fi Record Store」を経営するかたわら、音楽ライターとして健筆をふるう。

下✣1980年、ぐゎらん堂の「開店10周年記念ライブ」出演後の田中研二だ。彼の自主制作盤『チャーリー・フロイドのように』(1974年)の“チャーリー”とはアメリカ犯罪史上で語り継がれる「義賊」だが、彼のアルバムの楽曲もまた痛快無比なアウトローソング。いまも根強いファンが多く、1999年、「Seals Records」から復刻盤CDがリリースされている。写真:大塚未知雄。

✣74年3月13日、林亭『夜だから』で人気沸騰
✣74年12月25日、田中研二(タナケン)出演

1974年9月〜12月(手帳から抜粋/ライブ料金、8月から百五十円に)

9・4 林宏　9・11 シバ　9・18 友部正人
9・25 セント・ブルーハウス　10・2 林亭　10・9 なぎらけんいち
10・16 ヤス(朝比《あさひ》奈《な》逸人《やすと》)　10・23 いとうたかお&ダッチャ
11・6 高田渡　12・25 田《た》中研二《なかけんじ》

「タナケン」こと田中研二は、あの時代を代表するカウンターカルチャーの申し子である。

1960年代末期、全国あちこちのバリ・スト中の大学で、BIG BANG!!　なにかが炸裂したとき、信州大学は田中研二というシンガーソングライターを野に放ったらしい。彼は書く[*6]。

〈一九六九年頃のぼくは封鎖中の大学を抜け出し、富士見［長野県諏訪郡］の入笠山《にゅうかさやま》から来たヒッピー少年と一緒にギターとフラットマンドリンだけを持って無一文で九州までヒッチハイクをしたりというようなことを繰り返し、自分がほんとうにやりたいことを探していた〉

その旅の果てに誕生したのが、いまも異彩を放つ自主制作盤『チャーリー・フロイドのように』だった。74年の12月25日、タナケンはぐゎらん堂で唄っていた[*7]。

♪　善良な市民方よ聞いとくれ／僕の悲しい哀れな物語
法律を守れと教えられて来た／そしてその通りの僕だった
僕は法律に触れたことがない／ああそれなのに法律がぼくにさわってきた
いま　僕は牢屋にいる……
（詞・曲＝田中研二「わいせつを語るブルース#2」）

〈僕〉が逮捕された理由？　それは、わいせつ罪の現行犯だった。善良な市民がみんなハダカになる銭湯で、〈僕〉だけシャツを着たままだったからだ。でも、なぜ？

＊**6**＿『雲遊天下129号』2018年、ビレッジプレス。
＊**7**＿自主制作盤『田中研二／チャーリー・フロイドのように』（プロデューサー＝岩永正敏）より。これらの歌詞は「歌詞カードの表記＋実際に唄われた歌コトバ」のニュアンスを翻案して村瀬が再現した。

♪　おまわりの言うにはこうなんだ
　町を裸で歩くのが犯罪であるように
　服を着たまま風呂に入るのも犯罪だ

法に触れようが触れまいが、おまわりさんがその気になれば、法のほうが触手を伸ばしてくる。なんて恐ろしい世の中なんだ！　田中研二は剽軽《ひょうきん》な仕草で、俗世の約束事をひっくり返す。法律とか社会通念という妖怪《あやかし》の正体を暴いてみせるのだ。彼のステージを見るたびに、私はトリックアート（だまし絵）の巨匠＝M・C・エッシャーが描いた不思議な生き物を思い出す。

あれは、節足動物なんだろうか？　でかい頭の両脇に飛び出した眼球《メダマ》、人間《ヒト》の素足を思わせる六本の脚、蛇腹折りの胴体を丸め、前転しながら蠢《うごめ》き回る車輪型生物――あの「でんぐりでんぐり（学名＝Wentelteefje《ヴェンテルテーフィエ》）」である。唄いながら、タナケンはダンゴムシのように体を丸め、ぐるりんぐるりん、でんぐり返しをつづけながら人の世の価値体系を紊乱《びんらん》する。

♪　それからおまわりの言うことには
　実はこれは別件逮捕なんだそうだ
　で、本件がなんだといえば「〇めこ汁事件」だそうだ
　僕はよくおぼえている　裏町の食堂「まつば」で……

〈僕〉が入った定食屋の壁のお品書き――「なめこ汁八十円」を読み間違えて「おねえさん、○めこ汁をもらえますか?」と、これが日本のフォークソング史上に名高い「○めこ汁事件」である（タナケンは「○」の箇所を悪びれることなく「お」の字を入れて唄うが、伏せ字にしたほうが「わいせつ」の風合いが深まるので敢えて伏せる）。連行された警察署内の暗い部屋。手錠をかけられ、怒鳴られて、厳しい取り調べがつづく。

♪　おっかなかったから　僕は叫んだ
　　どうか　おまわりさん　○めこぼしを！

そのように、タナケンの歌は下世話《げせわ》であるのと同時に上質なカリカチュア（戯画的な自画像）になっている。自分が自分自身を「笑いもの」にするという手法だ。

この「わいせつを語るブルース#2」は六分二十秒を超えるロング・バージョンである。だが、彼が唄う歌のなかで、この大作を超える壮大なテーマを扱った作品がある。

「僕の歌に『日本沈没』という曲がありまして……」ギターを爪弾きながら、彼は真面目な顔でいう。慌てず、騒がず、深海に潜む大魚のような風貌で。深海魚のようにまばたきもせず。

日本沈没!?　客が反応する、みんな身構える。だって、知らないわけがない。1973年、空前のベストセラーとなった小松左京の『日本沈没』。日本列島が太平洋に没し、一国が滅びてしまうという歴史的叙事詩《スペクタクル》である。これから、タナケンはどんなにスケールの大きな物語《ドラマ》を聴かせてくれ

＊**8**＿『田中研二／チャーリー・フロイドのように』より。
これらの歌詞は「歌詞カードの表記＋実際に唄われた歌コトバ」のニュアンスを翻案して村瀬が再現した。

るのか？　前奏もそこそこに、田中研二が唄い出す。

♪　沈んじまうなら沈むがいいさ
　どうせおいらの土地じゃない＊8

と、歌詞は二行、これで終わり。タナケンは観客の期待と思惑を、でんぐりでんぐり、裏返しにしてしまう。♪　どうせおいらの……？　一拍あって、爆笑と拍手。

考えてみれば、70年代からほんの三十年前——１９４０年代、日本列島は、タナケンや私の親たちが「本土決戦」を覚悟して死守しようとした国土である。それが海中に沈んでしまうとなにが残るのか？「フジヤマ」「ハラキリ」「ゲイシャガール」？　十九世紀末の彩色写真《ポストカード》のようなエキゾティック・ジパングが語り継がれるのか？　それとも、国を挙げて「鬼畜米英」「一億玉砕」を唱和した大和魂の残像か？　生き残った国民たちはどこへ行くのだろう？　流民《るみん》、難民として地球上をさまようのか？

なにが残るか知らないし、どこ行きゃいいかもわからないけど……と、戦後世代、ジョン・レノン世代（♪ Imagine there's no countries）でもあるタナケンは唄うのだ。♪　国土とか国境なんてどんな意味がある？　どうせおいらの土地じゃない。そういえば、いま、田中研二は南半球（オーストラリア）で暮らしている。

並みいるタナケン・ファンの中で、最も熱烈だったのはあの人だった。60年代～70年代のカウンターカルチャーに決定的な影響を与えた「モーゼルの勝ちゃん」——青林堂の長井勝一社長である。

田中研二のライブがあるたびに、勝ちゃんはぐゎらん堂に姿を見せた。♪ どうか　おまわりさん
○めこぼしを！

「タナケン、いつ聴いてもいいですねえ！」水割りのグラスを口に運び、「勝ちゃん」は、ほっほっほ！　と目を細めるのだった。

23

『ガロ』編集長——
「モーゼルの勝ちゃん」あらわる！

1972年某月某日

その日は朝から嵐だった。関東地方に台風が接近し、東京は激しい風と横なぐりの雨に見舞われていた。私たちは神田神保町一丁目——人気《ひとけ》の無い問屋街の一角で、傘が役に立たない吹き降りに打たれながらその社屋を見上げていた。木造二階建て、一階は材木屋の倉庫。樋《とい》からあふれた雨水がモルタル仕上げの灰色の壁に黒い染みをひろげている。

「ここがそうなのね！」ながいがいった。

「すごいところだな……」と、「チュージ」がいう。彼の本名は添田《そえだ》忠伸《ただのぶ》、アマチュア・ボクシングの経験者でぐゎらん堂の用心棒。後に劇団「東京ヴォードヴィルショー」の役者となり、演出家の道を歩むことになる男である。

「ぐゎらん堂の場末感もすごいけど」と中坊ひろし。「ここはもっとすごい!」

見かけはなんであれ、私たちはここへ来たかったのだ。材木屋の二階に間借りする孤高の殿堂『木造モルタルの王國』（『ガロ二〇年史』の書名）——そう、月刊漫画誌『ガロ』の版元・青林堂（特別な註釈＝現・青林工藝舎）の本社である。

私たちにとって、その編集現場は憧れの聖地だった。あの時代、多数派社会の土手をかるがると越えて氾濫した日本のカウンターカルチャー。その水脈を遡《さかのぼ》れば、ここここそ聖なる水源地のひとつだった。ぐゎらん堂などはるか下流にある溜め池にすぎない。

私は三人をうながし、倉庫の右脇にある急勾配の階段を昇りはじめた。この日の目的は、漫画本の買い付けだった。だれもクルマを持っていなかったので、吉祥寺から電車に乗って水道橋下車、男たち全員が登山用の大きなキスリング・ザックを背負っていた。それは、青林堂とぐゎらん堂——ふたつの「堂」の深いつきあいのはじまりだった。

当時の若者たちにとって、漫画雑誌や漫画本はかけがえのない媒体《メディア》だった。「大学生のくせにマンガを読むなんて」とメディアから揶揄《やゆ》されたが、私たちは漫画を読みあさった。それはココロの糧《かて》であり、脳の快楽——なかでも、『ガロ』に掲載される作品の快感は他を圧倒していた。

例をあげればきりがないのだが、たとえば……

白土三平「カムイ伝」（64年〜）　勝又進「四コマ漫画作品集」（66年〜）
水木しげる「鬼太郎夜話」（67年〜）

つりたくにこ「六《ろく》の宮姫子《みやひめこ》の悲劇」（67年）　仲佳子《なかけいこ》「海ほおずき」（68年）
滝田ゆう「ラララの恋人」（68年）、「寺島町奇譚」（68年〜）
つげ忠男「雨季 一〜三」（69年）

そして、人の世の正気と狂気が綾をなす二重螺《にじゆうら》旋《せん》の鎖を、もの静かに描いたあの作品群――つげ義春の「沼」「チーコ」（66年）、「山椒魚」「李さん一家」「紅い花」（67年）、「ほんやら洞のべんさん」「ねじ式」「ゲンセンカン主人」「もっきり屋の少女」（68年）。

ぐゎらん堂は、開店まもなく、青林堂専用の本棚を店の一角に設けていた。幅一間《はばいっけん》（百八十センチ）×三段ほどの書庫だったが、ながいと私のコレクション（『ガロ』のバックナンバーと最新刊、漫画単行本、書籍）を揃えてあった。「青林堂漫庫――どーぞ、自由にご覧ください！」

ある日、そのなかの一冊（勝又進の作品集だったと思う）をよほど気に入ったのか「この本、売ってくれませんか?」という客があらわれた。だが、売れといわれたって在庫があるわけではないし、その一冊はお客さんたちの手垢にまみれている。どうしよう? だったら、まとめて仕入れに行くか……そこで、キスリングの出番になったというわけである。

長い階段を昇りきると、左手に「王國」のオフィスがあった。ドアを開けた。室内にいた全員が顔を上げる。なにごとか!? という表情だった。ずぶ濡れの若い女を先頭に図体《ガタイ》のでかい男が三人、濡れそぼった長髪から雨のしずく。大型のリュックサックを背負っている。

「あの……」ながいが笑顔でいった。「本を買いに来たんですけど」

「どちらさま?」窓際の席に座っていた中年の男が腰を浮かせた。小柄、痩身。七三に分けた半白の髪、八の字に垂れた眉と落ちくぼんだ目、一目で分かった。漫画家たちが作品中にひんぱんに登場させる似顔絵《キャラクター》――『ガロ』編集長（青林堂社長）の長井勝一だった。この時点で、私は彼が「モーゼルの勝ちゃん」であることは知らなかった。

「長井さん?」――私は『ガロ』誌上で使われていた呼び方に倣《なら》った。決して怪しい者ではございません、と事情を説明した。「赤色エレジー」の発表会に林静一が出演してくれたことも。

「そーいうことなら……」口をすぼめ、かすれた声で「ほっほっほ!」――あの特有の笑い声を初めて聞いた瞬間である。

なぜか、私たちはひどく気に入られたようだった。あがた森魚を介し、すでに青林堂との回路が開けていたこともさることながら、なりふりかまわぬリュックサック姿、戦後の闇市に跋扈《ばっこ》した復員兵の買い出し部隊を思い出したらしい。

「気に入る本があるといいけれど――」と、長井さんの向かいのデスクで帳簿を開いていた女性が立ち上がった。清楚なワンピースにショートヘアー、大振りのメガネをかけている。「ビンボー王國」の苛烈な金銭実務を切り回す守護母神《ゴッドマザー》＝香田《こうだ》明子《あきこ》（長井社長の伴侶）だった。

案内されたのは編集室の隅にある単行本の書棚、そこは戦後漫画の傑作、名作の宝庫だった。

永島慎二『フーテン』　滝田ゆう『ぬけられます』
つげ義春『鬼面石《きめんいし》』　高信太郎『怪人二重面相』

赤瀬川原平《あかせがわげんぺい》『櫻画報《さくらがほう》永久保存版』　秋竜山《あきりゅうざん》『あァ！　乱痴気人間』
勝又進『わら草紙』　山上たつひこ『喜劇新思想大系』
黒鉄《くろがね》ヒロシ『腹笑死』　林静一『赤色エレジー』

ドアが開いて別の客がやってきた。約束《アポ》があったらしく、長井さんが応対する。長髪の痩せた青年が濡れたバッグから大きな封筒を取り出した。持ち込み原稿のようだった。

「あなた、漫画の命はコマ割りだよ」と、作品に目を落としていた長井さんがいう。「そこがわからないんなら……」

「はい？」と青年。

「漫画を描《か》くの、やめたほうがいいよ」

私たちに見せていた仏顔《ほとけがお》とはちがっていた。若い男を、カリスマ編集長の表情で送り出した。

「なんだ、こりゃ！」と、背後でチュージが頓狂な声を上げた。別の棚で、返本された『ガロ』のバックナンバーと大量の臨時増刊号を見つけたのだ。「つげ義春特集」「楠　勝平《くすのきしょうへい》特集」「辰巳ヨシヒロ特集」「つげ忠男特集」。私たちはワレを忘れて宝の山を漁った。キスリングのフタが閉まらないほどたくさん詰め込んだ。「本、濡れるといけないから」と社員のひとりがザックの口をビニール袋で覆ってくれた。南伸坊《みなみしんぼう》だった。

――それ以後のことである。長井さんがぐゎらん堂へ日参するようになったのは。「交通ゼネスト」の日にはガランガランと下駄を鳴らしてやってきた。

*9＿、*10＿長井勝一インタビュー「ぐわらん堂は憩いの場だった」『ガロ』1993年7月号。


「長井さん!?」ながいが驚いた。「電車が止まっているのに、どうやってここまで?」

「阿佐ヶ谷から歩いて来たんですよ」

「徒歩で?」

「だって、ゆみこさん。昔はどこへ行くにも歩いて行き来したもんですよ、ほっほっほ!」

後年、『ガロ』が「70年代フォークとガロ」という特集を組んだ（1993年7月号）。その中で、彼はインタビューに答える[*9]。

Q　長井さんはぐゎらん堂にはどのくらい通っていたんですか。

長井　一時期なんかもう毎日通っていたよ。会社が終わると水道橋からそのまままっすぐ吉祥寺まで行ってね。みんなに「定期券買ったら」っていわれたくらいだった（笑）。コンサートの日は必ず行っていたし、家で唐揚げなんか作ってさし入れたこともあったよ（笑）。

長井勝一とぐゎらん堂が意気投合したのは、あの店の音楽環境が幸いしたのだと思う。〈あそこはフォークだけじゃなくっていろんなレコードを置いていたからね〉[*10]と彼は笑う。

ぐゎらん堂のレコード・コレクションはなんでもあり、店主さながらに無節操《ノンセクト》だった。ブルース、ジャズ、フォーク、最先端のプログレッシブ・ロックからシャンソン、タンゴ、日本の流行歌——ジャンルやカテゴリーおかまいなしに、自分たちが聴きたいアルバムを集めていた。

店にはリクエスト用のレコードリストを用意してあったが、たとえば、【E】の項を引くと「エラ・フィッツジェラルド（Ella Fitzgerald）」「エルトン・ジョン（Elton John）」「エリック・クラプトン（Eric Clapton）」と並んで「エディット・ピアフ（Edith Piaf）」「エノケン（榎本健一）」が名を連ねている。【Ｍ・ｉ】の項には「ミック・ジャガー」「マイルス・デイヴィス」「ミシシッピ・ジョン・ハート」「美空ひばり」「三橋美智也」——。

だから、あの店の音楽環境はこうなる。重低音域《ウーファー》のスピーカーからレッド・ツェッペリンの「移民の歌」が鳴り響いていたかと思うと、エノケンが「ベアトリ姐ちゃん」を唄い上げ、ピンク・フロイドの「原子《げんし》心母《しんぼ》（サイケデリックな交響曲《シンフォニー》）」がそれにつづく。やがて、波止場通りはマドロス酒場——美空ひばりの「港町十三番地」が切々と流れ、ピアフが「愛の讃歌」で美しく仕上げる。クールな音楽に境界線《ジャンル》はないのだ。

それは、あの嵐の日から十日ほど後のことだった。ぐゎらん堂で、私は長井さんとグラスを交わしていた。長井さんは水割り、私は冷や酒だったと思う。

「賑わってますね！」長井さんは嬉しそうだった。この日、私は昼番の勤務明け。厨房は夜番の「ダンナ（シバのビンボー時代の盟友）」、客席は「チビクロ（鈴木翁二を慕って、高知県から家出してきたロック少年）」に任せ、長井さんとゆっくりつきあえそうだった。

「これ、なんていう曲ですか？」マルチ・スピーカーを指して長井さんがいった。そのとき店を盛り上げていたのは、70年代の代表的なハードロック「ファイアボール（"Fireball" by Deep Purple）」だった。ドラムスとエレキベースが暴れまくっている。

「ディープ・パープルというバンドの……」と言いかけたのだが、長井さんは迷子になったような顔をしている。横文字の歌詞が連射される轟音系ロック&ロール、異国の街角へ放り出された気分だったのかもしれない。彼は大正生まれ、その世代の耳が馴染んだ曲といえば……レコードリストの【E】と【Ta】が頭に浮かんだ。【E】は例のエノケン、【Ta】は田谷力三《たやりきぞう》、どちらも浅草で活躍した軽歌劇《オペレッタ》やアチャラカ軽演劇のビッグスターである。ニューロックより浅草六区。私はレコード室に入り、アルバムを何枚か見つくろってチビクロに指示した。

ディープ・パープルが鳴り止むと曲想ががらりと変わる。管弦楽団《オーケストラ》をバックに、田谷力三が甘やかなアリアを唄いはじめた。朗々たるテノール――

♪ 恋はやさし野辺の花よ
夏の日のもとに朽ちぬ花よ
熱い思いを胸にこめて
疑いの霜を冬にもおかせぬ
わが心のただひとりよ

（訳詞＝小林愛雄《こばやしあいゆう》、曲＝スッペ「恋はやさし野辺の花よ」１９１５年）

「いいですねえ、田谷力三！」長井さんの目が輝いた。ビンゴ！ 選曲は大当たり。「いやあ、思い出しますねぇ……」なにやら血が騒ぎはじめたようである。

「若いころ、浅草で遊んだんですか？」水を向けてみた。

「だってね、村瀬さん。昭和20年8月15日、覚えてるでしょ？」

昭和天皇が日本の敗戦をラジオで告げた日？　覚えているわけがない。私はゼロ歳だった。

「その二日後の8月17日から――」長井さんは手にしたグラスをテーブルに置いて身を乗り出した。「わたし、浅草の闇市で露天商をはじめたんですよ。浅草寺《せんそうじ》の観音さま、半焼けになってましたがね、ほっほっほっ！」

「露天商!?　寅さんみたいに？」

「そう、バッタ屋（闇ルートの卸問屋）から古い鉄道地図を仕入れてきて、♪　ねえ、そこのお兄さん、これから汽車に乗って買い出しかい？　あんた、運がいい！　ここにほら、鉄道地図がある。なにせ数にかぎりがあるシロモノだ！　とかね」

「啖呵《たんか》売《ばい》、やってたんですか？」

「よく売れたね。『満州』から内地へ逃げ帰って半年、観音さまのおかげで助かりましたよ」

「え!?　長井さんって満州帰り？」

「わたし、山師になりたいと思った時期がありましてね」と彼はつづける。山師とは一攫千金を夢見る「鉱山採掘者＝詐欺師」のことだ。大陸の荒野に賭ける一発勝負？

1939（昭和14）年、長井勝一は「満州鉱山」の地図作製技師として新京《しんきょう》（「満州国の国都」とされた街、現・中国吉林省長春市）へ渡り、翌年、夾皮溝金山《ジャピコウきんざん》（現・吉林省吉林市）へ赴任する。

甘いテノールが場を盛り上げる。

♪　胸にまことの露がなけりゃ

恋はすぐしぼむ花のさだめ
熱い思いを胸にこめて……

「ハルキさん、知ってる?」長井さんの口舌《こうぜつ》に熱が入る。「村瀬さん」がいつのまにか「ハルキさん」になっていた。「新聞は、田谷の愛称をデンリキって書いていたけど……」

「デンリキ!?」知らなかった。

「榎本健一がエノケンで、田谷力三がデンリキ。でも、これ、ちょっとちがうんだよね」

「どういうことですか?」

「浅草の劇場《こや》のかぶりつきで見ていた連中は、みんな『がま口』って呼んでましたよ。田谷がこーんなデカイ口を開けて声を張り上げるもんだから、ほっほっほ!」と手の平を口の脇に添えてホタテ貝のように開閉してみせた。

「さすが! 詳しいんですね」

「わたしね、ここだけの話だけど――」長井さんが顔を寄せてきた。「そのころ『モーゼルの勝ちゃん』って呼ばれていたんですよ」

モーゼルの勝ちゃん! なんだ、そりゃ!? 「モーゼル」といえば、殺傷力が高いドイツ製の大型軍用拳銃のことだ。当時、中国大陸にはパチ物《もん》(コピー生産品)も含めて大量に出回り、関東軍《かんとうぐん》(侵略先の中国東北部で暴威をふるった日本陸軍)や馬賊も愛用していたという。

「なぜ、『モーゼルの……』なんですか? もしかして!?」

「いや、満州ってところは治安が悪くてさ」と、勝ちゃんは嬉しそうに告白した。「鉱山会社の出張で他所《よそ》の街へ行くときなんかは、警備課に寄って拳銃をもらっていくんですよ」

「で、それを?」

「満州から内地へ引き上げるとき、モーゼルを一丁……わかるでしょ?」

「やっぱり!」

「わたし、上野や浅草界隈じゃ、ちょっとばかりうるさい奴だったんですよ。ほっほっほ!」

そういえば、『ガロ』でよく見かけたあのコピー——待望の「カムイ伝」シリーズ! 第3弾、第4弾、第5弾!! ——長井勝一は拳銃で武装した編集長だった?

「モーゼル、いまでも持ってるんですか?」

「いや、それはね……」荒川放水路かどこかに捨てたらしい。レコードがエノケンの歌声に変わった。後に、佐久間順平がカバーすることになるこの曲である。

♪　ダンナ　のませてちょうダイナー
おごってちょうダイナー
たんとは呑まない　ね、いいでせう
ダンナ　盃《さかずき》ちょうダイナー
コップなら尚結構《なおけっこう》
こいつはいける

（訳詞＝サトウハチロー、曲＝アクスト「エノケンのダイナ」１９３６年）

浅草オペラの名曲集に、若い客もノリノリだった。酒やつまみのオーダーが一気に増える。店内はディープ・パープルも裸足《ハダシ》で逃げる盛り上がりをみせた。

1975年某月某日

このころ、長井勝一はすっかりぐゎらん堂に馴染んでいた。モーゼルの勝ちゃんとフォークミュージックの相性は抜群だった。彼がご贔屓《ひいき》のミュージシャンは、大塚まさじ、武蔵野タンポポ団、JAM、佐藤GWAN博、あがた森魚、そして田中研二――後年、彼は日本語のフォークソングとの出会いをこう振り返る[＊11]。

長井　［ぐゎらん堂で］初めて生で聴いた時はやっぱり面白いとおもったね。きっと俺の波長にあってたんだろうね。それに話をしてみると、フォークの人達って、これがまたよくガロを読んでいてね、漫画のこともよく知っているんだよなあ。

――Q　そういうこともあったからきっと波長が合ってしまったんでしょうね。

長井　そうだね。それにあの連中はみんな貧乏だったけれど心優しかったからね。だから俺なんかが春一番コンサートに行くと、まず楽屋に連れていかれてさ「長井さんが来た」って言ってくれてね「まずは一杯」って酒を勧められてさ、メザシなんか焼いてくれるんだよね（笑）。

＊11＿長井勝一インタビュー「ぐゎらん堂は憩いの場だった」『ガロ』1993年7月号。

ビンボー人から好かれた長井勝一は自分もまたビンボーだったが、彼が放つオーラはゴージャスだった。モーゼルの勝ちゃんは、いってみれば、長い尾を引くほうき星だった。その尾には彼の身辺に集まった無数の星《スター》たちがひしめき、光り輝いていた。そして、偉大な彗星の軌跡をたどるように、多彩なキラ星たちがあの店へやってきたのである。

――Q　ぐゎらん堂には漫画家もたくさん来ていたんですか？

長井　ああ、来てたねえ。鈴木翁二さん、安部慎一さん、それに高信太郎さんなんかも良く来ていたね。それから永島慎二さん、滝田ゆうさん、安西水丸《あんざいみずまる》さん。そういえば水丸さんと最初に出会ったのはぐゎらん堂だったね。あと水木しげるさんも何度か来たことがあったね。[*12]

日ごと夜ごと、安西水丸がやってくれれば、上村一夫《かみむらかずお》が来れば、勝又進、川崎ゆきお、ますむらひろし。

✣モーゼルの勝ちゃん、「春一番」コンサートへ！

✣出版記念パーティーの主賓！「正装」した長井さん

上✣長井さん（中央）は、福岡風太たちが主宰する大規模な野外コンサート「春一番」（大阪・天王寺）に何度も出向いた。

この写真は1975年。友部正人、中川五郎、田中研二、佐藤GWAN博、大塚まさじ、高田渡などお馴染みの出演者のナマ音に終始ゴキゲンだった。左＝ゆみこ・ながい・むらせ、右＝後年、佐久間順平の伴侶となる「えみさん」（P089参照）。

下✣モーゼルの勝ちゃん（中央）は、1982年4月、『「ガロ」編集長――私の戦後マンガ出版史』（筑摩書房）を上梓。7月、東京・市ヶ谷の私学会館で盛大なパーティーが開催され、斯界の関係者たちが多数参集した。左＝赤瀬川原平、右＝筆者。

「ゲンペーさん（赤瀬川原平）」は、70年代、〈杉並区まで10歩、武蔵野市まで15歩という練馬区の突端＝本人談〉――立野町の木造アパートの2階で暮らしていた。ぐゎらん堂まで徒歩15分、私はたびたび話をする機会を得た。写真：撮影者不詳。

やがて、『ガロ』編集部の「のりまん」こと手塚能理子《てつかのりこ》、斎藤利史《さいとうとしふみ》。嬉しいことに、やまだ紫《むらさき》、近藤ようこも来てくれた。そして、前衛芸術家《ダダイスト》──『櫻画報』主筆の赤瀬川原平（芥川賞作家の尾辻克彦《おつじかつひこ》）がふらりと顔を見せるのである。ぐゎらん堂はシンガーソングライターと美術系アーチストが交叉し、合流する十字路の役割を果たしはじめていた。それは「ぎんぎら通り13番地」の日常的な風景となって定着していく。

1977年8月某日

金色《こんじき》に装丁された書籍を初めて見る。ぐゎらん堂のタングステン電球の下で神々《こうごう》しく輝いていた。表紙と裏表紙のハードカバーは純金の延べ板のようだし、背表紙も金張り、まるで金閣寺みたいな本である。

赤瀬川原平著『櫻画報大全』青林堂（1977年）

山吹色にきらめく表紙をめくると、暗転、深い闇。黒地の扉に、朱色の毛筆で著者のサインがしたためられていた。その本人が目の前で冷や酒のグラスを口に運んでいる。

「申し訳ないです、ゲンペーさん」私は恐縮するしかなかった。二週間ほど前に発売された新刊をわざわざ届けてくれたのだ。

*12_長井勝一インタビュー「ぐわらん堂は憩いの場だった」『ガロ』1993年7月号。

「いや、ちょっと、帰り道のついでに……」『櫻画報』の主筆がいう。四角い顔、ゆるく下がった目尻が笑っていた。

『櫻画報』を黄金色に装本するのは正しい。なぜなら、この漫画時報（マンガジャーナル）は、70年代のカウンターカルチャーが生んだ視覚芸術《ヴィジュアル・アート》の金字塔だからだ。

『櫻画報』における「櫻」の意味は次のとおりだ。サクラハ日本ノ国花《こつか》ニシテ馬ノ肉也。サクラハ、亦《また》、客ヲ装ッタ回シ者也。それは、知略縦横《ちりやくじゆうおう》、痛快無比、当時のニッポンの末期的政治状況をハチャメチャにパロッた騒乱絵巻だった。

主人公として活躍するのが、鼻息も荒く天にいななく「馬オジサン」。このオジサンは物見高いわりには責任感に乏しい「野次馬旅団」の頭目《とうもく》である。そして、なぜか「軍服（三島由紀夫が率いた「楯の会」の制服）」を着用し、また、なぜか、脱色したマッシュルームカットの頭に「天下泰平」と大書した鉢巻きを締めた「泰平小僧《たいへいこぞう》」との二人組である。

なにしろ、当時の政治的対立の構図はマンガチックでド派手だった。「全共闘系学生」vs「警視庁機動隊」——両者の攻防を、赤瀬川は細密な筆致で、ゲージュツ的に、美麗なリアリズムを貫いて描くのである。万国の野次馬、蒼《あお》ざめよ！ 巷《ちまた》に吹きすさぶ桜吹雪は「馬オジサン」の鼻嵐！ たわわに実る錯乱坊《サクランボ》!!「ゲンペーさん」——こと赤瀬川原平は、私が学生時代から私淑する師匠であり、現代美術界をリードするパロディ大魔王だった。

「えーと、ゲンペーさん……」聞いてみた。「時代と取っ組み合って『パロる』のは、すごくエネルギーが必要じゃありませんか？」

この人と話すのは楽しい。話題の行方は風まかせ。あるデキゴトの「肯定」と「否定」、モノゴトの「普通」と「異常」がからくり箱のような多重構造になっていて、額面どおりに受け取ってしまうと話が見えなくなる。この夜も、アバンギャルドな禅問答になったようだ。

「なんていうか、パロディの仕事をする時って――」独特の深い声で師匠がいう。「マジメな考え方では不マジメになるので、マジメに仕事に打ち込むのがフツーより大変ってことかな?」

「パロディの作業はフツーじゃないってことですか?」

「マジメな人にとって、不マジメになるのはフツーじゃないですよね」

「つまり、大変って感じるゲンペーさんはマジメでフツーの人――っていう意味?」

「結局、フツーであることが一番むずかしいんですよ」と、フツーと正反対にいる人は真顔でそういうのだ（ここまでの会話、理解できただろうか? 私も半知半解だったのだが、半分程度わかったら、キミは立派なパロディストになれる）。

話の流れは思想的変質者へと向かって行った。モノの考え方が倒錯したヘンタイ人間……「思想的変質者」。この呼び名は、日本という国家が、「ダダイスト＝赤瀬川原平」の額にぺたりと貼り付けたレッテルだった。コトの発端はこうである。

1961～63年、世間を騒がせていたトリックスターは「聖徳太子の千円札」だった。いや、日本銀行が印刷したものではない。どこかのだれかが発行したそっくりサン――日本の贋造紙幣史上「最高の芸術作品」と評されたニセ札が大量に出回り、流通していたのだ。いわゆる「チ―37号事件」である。警視庁は威信にかけて偽造犯を追う。しかし、決定的な手掛かりを欠くまま捜査は暗礁に乗り上げた。当局はアブナイ流儀《モード》へ入っていく。血眼《ちまなこ》になって、それらしき変質者を捜し回ったのだ。異分子は葬るべし？　その過程で、オブジェとオブツ、サベツとキャベツのちがいもわからない連中がしばしば口にしたコトバが「思想的変質者」だったのである。

折りしも、63年、赤瀬川は「オブジェとしての紙幣」――「模型千円札《もけいせんえんさつ》」を芸術作品として制作する。たとえば、美術展の案内状の片面に千円札の模型（現金書留の封筒に入れて郵送）、アングラ出版物の挿画に模型千円札、あるいは、千円札の模型を大量に印刷したシートで鞄《かばん》、ハサミ、ハンマーを包み、麻ヒモでぐるぐる巻きに緊縛した梱包作品《ラッピング・アート》。

そのうちのひとつが当局の目にとまり、64年、彼はホンモノのニセ札事件――「チ―37号事件」の容疑者として警察署に呼び出され、取り調べを受けた。新聞が追い打ちをかける[*13]。

〈画家が旧千円札を模造／〝チ―37号〟との関連追及〉
〈自称超前衛の若い画家赤瀬川原平コト克彦〉

世情騒然、火に油。コトは一気に大きくなり、〈自称超前衛の若い画家〉は通貨及証券模造取締法違反の容疑で検察に起訴され、美術界を揺るがせた「千円札裁判」の一審（東京地裁）がはじまるのだった。67年6月、地裁の判決「懲役3ヵ月、執行猶予1年、原銅版没収（チ―37号事件については「無罪」）」。控訴するも、三年後、最高裁が「上告拒否」。かくて〈赤瀬川原平コト克彦〉の有罪が確定するのである。

＊**13**＿これは、美術界ではよく知られた話で、本人＝赤瀬川原平著『櫻画報大全』（青林堂、1977年）の「続・主筆デスク日記」によれば、『朝日新聞』（1964年1月27日）が〈社会面のトップにデカデカと「罪作りイラスト千円札／実物大で表裏あり［後略］」〉と報道し、その見出しと記事が〈画家が旧千円札を模造…〉〈自称超前衛の若い画家…〉云々というものだったとある。

＊**14**＿赤瀬川原平著『オブジェを持った無産者』（現代思潮社、1970年）の「暴力貯蓄講座〈順法絵画〉」、『櫻画報大全』の「櫻画報」1970年12月13日号。

だが、そんな渦中、パロディ大魔王は「思想的変質者」の根性を見せつける。自分が置かれた奇妙な状況もまたパロディにしてしまうのである。ニセ札はダメ？　模型千円札も犯罪なの？　だったら、アレがある……と、次なるオブジェを妄想する。日本銀行に代わって本物のお札を発行したのだ。それが「大日本零円札《ゼロえんさつ》」である。彼はそれを広く国民に周知させるために、金運招き猫をモチーフにしたポスターを制作した。「一家に一枚零円札！」――と。

〈お手許の百円札三枚又は百円玉三個を、零円札一枚とお取替えいたしております。巷のお金は三百円ずつ順ぐりに零円となっていっております。大日本零円発行所／赤瀬川原平〉＊14

お？　アカセガワって、新聞に載っていたあの美術家《アーチスト》？　いま、裁判やってるってさ――巷の雀《スズメ》は大騒ぎ。そんなに有名な画家の「作品」が三百円!?（2016年、ロンドンでは零円札一枚が三万三千八百五十二USドル＝約三百八十五万円で落札された）。ほどもなく、零円札発行所に両替（お取替え）の依頼が殺到することになる（ぐわらん堂では五十枚単位で申し込んだ）。

さて、パロディ大魔王の目論《もくろ》見《み》、気がついただろうか？　彼は、勝手にゴメンね！　と「大日本零円札発行所」という私立《わたくしりつ》の中央銀行を立ち上げたのだ。そして、国民の皆さまのお手許にある千円札やら一万円札のすべて、巷に流通する日本銀行券の一切合切を〈順ぐりに〉零円札と両替する。つまり、0《ゼロ》円化する――これが大魔王の芸術的動機《モティーフ》だった。

するど、どうなるか？　零円札発行所（じつはゲンペーさんの木造アパート）は全国各地から集まった

✣ 赤瀬川原平の「大日本零円札」―1967年

上✣オモテ面。中央に額面の「零円」。日本銀行は紙幣の複製画像に「見本」のスタンプを押すが、ここでは似て非なる二文字「本」と「物」が自己主張している。左手にも「0（ゼロ）」、右手に顔面を削がれた岩倉具視らしき肖像（1951年に発行された旧五百円札のパロディ?）。
下✣ウラ面。中世ヨーロッパの「活字印刷所」を思わせる背景に西洋人の横顔。リボン状の飾り枠に「THE REAL THING / 0YEN」。
アバンギャルドな芸術家の仕事とは、既製（レディメイド）の権威や価値観、美意識をひっくり返すことだ。マルセル・デュシャンが市販（Ready-made）の男性用小便器をオブジェとしてニューヨーク独立芸術家協会展（アンデパンダン展）に持ち込んだように。赤瀬川原平の場合は、既存（レディメイド）の千円札を「模型」として制作した。あるいは、その模型すら否定して「本物の零円札」を発行した。
ぐゎらん堂が「五十枚単位で申し込んだ」のは、水曜コンサートの出演料（ギャラ）の支払いに「本物の通貨」を使いたかったからだ（P293参照）。画像：赤瀬川原平著『オブジェを持った無産者』の挿画より。

巨万の日本銀行券、硬貨の重みで床が抜け、一方、世間に出回るのは零円札だけ。人びとは商店、スーパー、デパートの買い物に零円札を使い、不動産やら株の売買、あらゆる商品取引が零円札で決済される。所得税、法人税、相続税、すべての国税が零円札で納められた。

そして、どうなるのか？ 大蔵省の中庭には、零円札で納められた血税が山ほど集積され「チリガミ交換所」の様相を呈する。その数、ン千億枚？ でも、ン千億枚×零円札＝0円。これが零円札――パロディ大魔王の魔法だ。国の歳入はすべて0円化されて、ほら、見てごらん！ 国庫（国の金庫）が空っぽになってしまったではないか。

そのように、赤瀬川原平による「大日本零円札」の発行は、ひとつの国家を転覆させてしまおうという壮大なパロディだった。日出ずる国の財政は破綻し、宴《うたげ》の後にはらはらと舞い散るのは桜の花びら、じゃなくて、零円札の札ビラ。そのお札には「THE REAL THING ＝本物」と印刷されていました……とさ。

ぐわらん堂の店内にはバンドネオンの名曲が流れていた。アルゼンチン・タンゴ界の革命児＝アストル・ピアソラの「リベルタンゴ（"Libertango"）」だ。目の前には黄金の書籍とニッポン美術界の異端児＝赤瀬川原平。１９７０年代の幸せな時間が過ぎていく。

「ゲンペーさんにとって――」生意気盛りだった私は、こんな質問をぶつけてみた。「『思想的変質者』って愛すべき存在なんですか？」

「そりゃ……」と異端児。「だって、どこにでもいるでしょ？」

「他人の郵便受けに現金を投げ込むやつとか、『不幸の手紙』をバラ撒くやつとか？」

「あははは」

「青林堂の関係者には多いんじゃないですか？」と尋ねた。すると、師、笑っていわく。

「お代わり、お願いできますか？」冷や酒のグラスが空になっていた。

思想的変質者の話はここまでのようだった。話題を変えてみた。私は人後に落ちない女好き、思想的ヘンタイ以上に性的ヘンタイが気になる。

「あの……」私は師匠に教えを乞うた。「女の尻を追いかけるやつって、やっぱりヘンタイなんでしょうか？」

「女の尻を追いかけ回すのは――」と、師匠は即座に応じた。「それはヘンタイじゃない。女の尻を追い越してしまうやつがヘンタイなんです」

アゴの張った四角い顔に「思想的変質者」の笑みを浮かべていた。

24

「ひとり非国民」――
金子光晴、下駄履きで階段を昇る

1974年3月13日(水)

その夜、ぐゎらん堂では「林亭」があの歌を初めて披露していた。自主制作盤『夜だから』の発表即売会。店内に、佐久間順平のギターと大江田信のバンジョーが響く（P242参照）。

♪父と子が二人で
一枚のさるまたしか持ってないので
かわりばんこにはいて外に出る
この貧乏は東洋風だ……

（原詩＝金子光晴、曲＝佐久間順平）

「さるまたの唄」――この歌の原作者は金子光晴。吉祥寺のエロ映画館を徘徊していたあの「麩《ふ》馬良八十男《まらやそお》（張りぼてペニスの八十翁）」くんである。私は金子光晴という人物とその作品が大好きだ。彼の詩はからっと乾いていてハードボイルド、韻律《リズム》は8ビートでスウィングする。読者に媚びず、突き放してくるところが好ましい。彼の意表をつく表現に、読む者は思わぬ深傷《ふかで》を負ったり、同時に笑い転げてしまうようなところがある。「麩馬良」くんは極上のヴォードヴィリアンだと思う（宴会で披露した「変態タコ踊り」は爆笑を誘ったそうだ）。

「さるまたの唄」もそんな詩のひとつなのだが、原題は「詩のかたちで書かれた一つの物語」という叙事詩《バラード》だ。それは〈猿又一つしかない父子の話は、世界のうちでも特別貧しい、安南国［あんなんこく＝現・ベトナム中部］につたはる伝説〉という詞書《ことばがき》からはじまる＊15。

父と子が二人で／一枚の猿又しかもってゐないので
かはり番こにはいて外出する。／この貧乏は、東洋風だ。

父はこれまで何十年もつづいたこのビンボー、子はこれから何十年もつづく同じビンボー……と、仲のよい父子《おやこ》がくりひろげる貧乏話なのだが、じつをいえば、これは四十行の詩のかたちに収められた経済原論だ。マルクス経済学者が見れば「資本制経済下における富の分配に関する冷徹な考察」とでもいうだろう。

なにしろ、私有財産といったら、親子二人で猿又《パンツ》一丁しか所有しない生活なのである。父がその一張羅《いっちょうら》を穿《は》いて外出すると、息子は素っ裸になる。それ以上なにも失うものがない究極のビンボー所帯。富貴を追わず、赤貧に親しむ。なんとのどかで、なんて悲しい話なんだろう。だが、人生捨てたもんじゃない。人が幸せになったり、豊かになったりするのは意外とかんたんなことなんだよ、と詩人は説く。息子は、ある日を境に一変して裕福《リッチ》になるのだ。

父が死んだので、子は／前よりもゆたかになった。
二人で一つの猿又が／一人の所有になったからだ。

＊15＿金子光晴「詩のかたちで書かれた一つの物語」（『人間の悲劇』所収）、『金子光晴全集第3巻』。

すごいじゃないか、父の遺産が転がり込んできて息子は猿股を独り占め。彼の私有財産が一夜にして二倍に増えたのである。

　だが、子供が水浴びしてゐるとき／蟹［カニ］が猿又をひいていったので
　子は誰よりも貧乏な／無一物［むいちぶつ］となりはてた。

人がビンボーになるのもまたかんたんだった。マングローブの葉陰で脱いだ大事なパンツ、そこへ忍び寄る貧乏神のヨコ歩き、手癖《てくせ》の悪いカニに猿股を置き引きされてしまったのだ。父が生きていたとき、少なくとも猿股の二分の一は自分のものだった。しかし、いまやすっからかんの無一物。息子は夜ごと夢に見る、だれかが父の形見を穿いて世間のどこかを歩く姿を。

　子は知った。猿又なしでは／泥棒や乞食にもなれないと。
　猿又なしでは、人前に／じぶんの死様［しにざま］もさらせないと。

情けないやら、悔しいやら、もうダメだ……息子は絶望の水面《みなも》に身を沈める。だが、やがて、読む者は、このバラードが経済原論である以上に革命の歌だということを理解する。詩人は最後にこう呼びかけるのである。

子よ。貧乏なんか怕〔おそ〕れるな。
岸づたひにゆく女の子を
水から首だけ出して見送る子よ。
かまはず、丸裸で追駈〔おひか〕けろ。それが、君の革命なのだよ！

林亭が唄い終わると、満員の客席から大きな拍手が起きた。深い溜め息をつく客もいる。麩馬良くんの8ビートのメッセージ、若者たちの胸のどこかでスイッチが入ったようだった。何人かの高校生が連れの視線をとらえて笑い合っていた。彼らには特別な感慨があったのだと思う。当時の若者たちにとって、金子光晴という詩人は大いなる伝説だった。仰ぎ見る歴史上の人物である。だが、二週間前、その高校生たちは生きている金子光晴とぐゎらん堂で言葉を交わしていたのだ。

1974年2月27日（水）

この日――午後一時から、ぐゎらん堂のライブに金子光晴が出演していた。ライブといっても演奏会《コンサート》ではない。トークショーである。詩集『草の上の魚』（1973年）で注目を集めた梅田《うめだ》智江《さとえ》の同人誌『うむまあ』と、ぐゎらん堂が共催した公開座談会だった。このころ、ながいは詩を書きはじめていて、彼女もこの文芸誌の同人だった。梅田とながいが選んだテーマは「フォークソングと現代詩」――高田渡にも声をかけた。[*16]

『うむまあ』8号によれば、出席者は次のとおりだ（［］内の註釈は村瀬。「*」は同人。当時、ながいはまだ「ゆみこ・ながい・むらせ」のペンネームを使っていなかった）。

*金子光晴［1895年生まれ、78歳＝伝説］　*梅田智江［1945年生まれ、29歳＝詩人］
*壺井《つぼい》繁治《しげじ》［1897年生まれ、76歳＝詩人］　*村瀬由美子［1947年生まれ、27歳］
*佐藤英麿［1900年生まれ、74歳＝詩人］　村瀬春樹［1944年生まれ、29歳］
高田渡［1949年生まれ、25歳］　堀木《ほりき》正路《まさみち》［1930年生まれ、44歳＝作家］
――そのほか　いっぱいの若い人、傍聴（原文＝梅田智江）。

春とは名のみの2月下旬、ぐゎらん堂の階段室に下駄の音が響いた。木綿の袷《あわせ》をぞろりと着くずし、腰に兵児《へこ》帯《おび》、首にマフラー。ステッキを突いてどっこいしょと「光晴《みつはる》さん」――金子光晴はぐわらん堂ではそう呼ばれていた――がやってきた、明治生まれのふたりの詩人を引き連れて。ひとりはピンク映画上映中の「ムサシノ映画劇場」の前で揉めていた相手＝佐藤英麿。もうひとりはプロレタリア文学系詩人の壺井繁治――ベストセラー小説『二十四の瞳』（1952年）の作者＝壺井栄《さかえ》の夫である。

「いらっしゃい、光晴さん！」大きくドアを開け、ながいが出迎えた。彼女の背後に〈いっぱい

＊**16**＿この座談会のタイトルは「ぐゎらん堂&『詩と批評・うむまあ』——フォークソングから人類滅亡まで」。座談会出席者の発言は、梅田智江編集・うむまあ会発行『うむまあ』8号(1974年)より。

の若い人〉たち。くるくるパーマの長髪に引《ひ》っ裂《ちゃ》けジーンズのロック少年、腰を抱き合う高校生のカップル、ピンクのタンクトップに黒い革ジャンを羽織ったノーブラ少女——と黒山の人だかり。握手を求めるやつもいた。

「ここがガランドーってぇとこか?」と初見参の光晴さん。寝癖がついた白髪頭、目蓋《まぶた》を覆う枝《し》垂《だ》れた白眉《はくび》——目が悪戯《いたずら》っぽく光っていた。

「苛烈な戦時体験を経た老詩人」vs「戦争を知らないフォーク&ロック世代」——座談会は、金子光晴のこんな「べらんめえ調」で幕を開けた。

金子　僕はね、初めフォークの人と喋《しゃべ》るんだと聞いた時、[身体を]くっつけて踊る唄だと思ってたんだ…(中略)…なんですか? フォークってぇのは?

高田　フォークダンスじゃないです(笑)。うーん、まあ、唄といったほうがわかりやすいですね。新しい表現方法なので、まだ、名前がないというのが一番いいのですが…(後略)。

金子　即興的なもんですか? それとも少しは考えて?

高田　ええ、少しは考えて(笑)。

高田渡は金子と初対面ではなかった。アルバム『系図』(1972年)に収録した金子光晴の詩「69(シックスナイン)」の使用許可を得るために金子の自宅を訪れている(P080参照)。しかし、高田は——いずれ自分も「伝説」になるわけだが——この日は「生ける伝説」をあらためて前にして緊張しているのが見てとれた。いつもなら、冷や酒のグラスを手に、誰彼かまわず減らず口を叩いて受けをねらう男が神妙な顔をしてコーヒーをすすっていた。

梅田　高田さんは、金子さんや、貘《ばく》［山之口貘］さんの詩を唄にして、どうでした？　現代詩はうたいにくいでしょう？

高田　一見、うたいにくそうで、唄になったのは山之口貘さん。うたいやすそうでうたいにくかったのは光晴さんたち一連の詩で、つまり、内容が僕等に理解できない面があるし、長いということもあって……。まだまだ、こんなことという資格もなにもないのですけど……。

ふだんは傍若無人、謙虚な人物像《キャラ》とはほど遠い高田渡がやけにへりくだっている。〈こんなこという資格もなにもない〉……って、なんなんだ？

堀木　NHK歌謡というのがあって、現代詩人にも［作詞を］頼もうということで、金子さんに依頼があったらしいけど…（中略）…その担当の作曲家がいろいろ苦労して、曲にしようとしたんだけれど、ついに「これは曲になりません」といって返してきたそうだ（笑）。

金子　あれは、團伊《だんい》玖磨《くま》という奴でね。それに、三、四人ずーっと［別の作曲家にも］まわしたんだって。

そんないきさつがあってか、金子は〈作曲家は作曲しているってすまして［勿体ぶって］いるんだ。ふてぇ奴だね〉ともこきおろす。〈作曲家なんて、いらねえってぇの〉［一同爆笑］

梅田　金子さんの詩なんか唄うと聞いている人達の反応はどうですか？

高田　最初は、文句がおかしいから、ウフッとふきだすけど、さいごはしんみりしちゃうんですねえ。ものさみしくなっちゃうんだって。

佐藤　そりゃ、本当だよなあ…（中略）…さいごに淋しくなるってのは、ほんとだよな。

金子　僕の詩を唄にしたのを聞いた奴はつまらん詩だと、わからん詩だと云うと思うんだ…（中略）…散文じゃねぇかってね。あんまりにも長いしね。聞いてて退屈だしね。大体、僕にはアジ［読者を煽動］する情熱もないからね。

耳を疑う。ボクにはアジする情熱がない!?　なにをおっしゃる、麸馬良くん！　あなた、数々の言動で昭和10年代の日本社会に波風を立ててきた人じゃありませんか。金子光晴の人となりを理解するテキストとしては次の詩がいいかもしれない。彼が詩作に手を染めた1917（大正6）年ごろ――二十代前半の初々《ういうい》しい作品だ。タイトルはあふれる反骨の思いをそのままに……

「反対」（抜粋）*17

*17＿金子光晴「反対」（『金子光晴詩集』［創元選書］所収）、『金子光晴全集第5巻』中央公論社（1976年）。

僕は少年の頃
学校に反対だつた。
僕は、いままた
働くことに反対だ。

むろん、やまと魂は反対だ。
義理人情もへどが出る。
いつの政府にも反対であり、
文壇画壇にも尻をむけてゐる。

きものは左前、靴は右左、
袴［はかま］はうしろ前、馬には尻をむいて乗る。
人のいやがるものこそ、僕の好物。
とりわけ嫌ひは、気の揃［そろ］ふといふことだ。

なんて愉快な詩《うた》なんだ。文壇画壇に背を向けるのではなく尻を向ける——これが麩馬良くんの真骨頂、「極上のヴォードヴィリアン」の面目躍如である。彼はつづける〈反対こそ、人生で／唯一つ立派なことだと。／反対こそ、生きてることだ。〉と。

✣ 男も女も〈國を擧げて〉と戦意高揚ポスター！
✣「宝塚少女歌劇団」、ヒトラーから歓待される！

上✣昭和13（1938）年に施行された「国家総動員法」のもと、軍人はもとより、家庭の女性、工員、商人、農民、会社員——日本人のすべてが「滅私奉公」を強いられた。写真は、国民精神総動員のための情宣用ポスター。写真提供：読谷村（沖縄県）。

下✣昭和13（1938）年11月、ベルリン。ナチスの歓迎式に臨む「タカラジェンヌ」の一行30名。この式典には伏線があった。

昭和11（1936）年11月、日本政府はナチス・ドイツと「日独防共協定」（ファシズム同盟）を締結する。昭和13年8月、「友好の証し」として、日本政府はナチスの青少年組織「ヒトラーユーゲント」一行を日本に招待。9月、東京・有楽町で「日劇ダンシングチーム」がユーゲントに捧げるレビューを上演。演目のタイトルは『ハイル・ヒトラー！』。そして、ヒトラーは、答礼として「宝塚少女歌劇団」をベルリンへ招待……。写真：内閣情報部編輯『写真週報』昭和13年12月14日号より。

思うに、麩馬良くん、相当追い込まれていたのだろう。彼の気分はチリレンゲ（中華料理用の陶器製匙子《さじ》）。大日本帝国の手できっちりと束ねられた金属製スプーンのみなさまとは反《そ》りが合わず「ま、少数派《マイノリティ》には少数派の生き方がある」と肚《はら》をキメていたにちがいない（P014参照）。

詩人の感性は予知していた。大正期、すでに〈やまと魂〉のカーキ色のガスが日本列島を汚染していたが、いずれ、もっとヒドイことになるだろう、と。そして、不幸なことに、彼の予感は的中するのである。

昭和10年代——日本の社会は、大政翼賛《たいせいよくさん》（天皇制を賛美するファシズム）を奉じる圧倒的多数派《ウルトラ・マジョリティ》に支配され、軍国主義一色に染め上げられた。だが、その時代、金子光晴は世間からの同調圧力（気を揃はせろといふ圧力）に尻を向けた。彼は「日本文学報国会」（政府の宣伝部局「内閣情報局」肝いりの御用団体で、有名作家の多くが役員をつとめた）にも尻を向けたので、作品を発表する場を追われ、文筆で生活費を稼ぐのが困難になる。

しかし、国を挙げて戦争に酔い痴れるなか、彼は醒めていた。きものは左前、袴はうしろ前、日本の戦争にケツを向けつづける。それは左翼勢力による組織的抵抗とは少しばかりちがっていた。悪いけど、勝手にゴメンね！　金子光晴は「ひとり非国民」を貫こうとしたのだ。

創作の上で節《せつ》を曲げなかっただけではない。魅馬良くんは「徴兵拒否」の挙に出る。森三千代とのあいだに生まれた一人息子＝森乾《もりけん》（後に仏文学者）が徴兵年齢に達しようとしていた。ふたりは息子の兵役召集を引き延ばし、忌避することに決める[18]。

〈僕は子供を応接室に閉じこめて、生松葉《なままつば》でいぶしたり…（中略）…はてはびしょびしょ雨のなかに、裸体で一時間立たせてみたり、あらゆる方法で、気管支喘息の発作を誘発させようと試み〉て、兵役不適格の診断書を二度にわたり……と、金子の自伝を通していまも語り継がれる。

昭和19～21（1944～46）年、光晴、三千代、乾――三人の「ひとり非国民」は、山梨県中野村（現・南都留郡山中湖村）へ疎開する。

この時期、金子が山中湖畔で執筆した詩は胸に迫る。大日本帝国の象徴的記号《アイコン》だったあの「霊峰」を洒落《シャレ》のめし、ファシズムの本質を明快に解き明かす。

「富士」（抜粋）[19]

重箱のやうに
狭つくるしいこの日本。

すみからすみまでみみつちく
俺達は数へあげられてゐるのだ。

そして、失礼千万にも
俺達を召集しやがるんだ。

戸籍簿よ。早く焼けてしまへ。
誰も。俺の息子をおぼえてるな。

真冬だった。雨戸のない安普請《やすぶしん》の別荘、障子紙一枚隔てた外気は零下二十度。インクが凍る山中湖畔で〈息子よ……〉と、詩人はペンをとる。手品師の手練《しゅれん》に想いを馳せる。〈この手のひらにもみこまれてゐろ。／帽子のうらへ一時、消えてゐろ。〉と。

息子よ。ずぶぬれになつたお前が
重たい銃を曳きずりながら、喘ぎながら
自失したやうにあるいてゐる。それはどこだ？

障子を開けた。山中の湖面はしらじらと凍りわたり……

＊**18**__このあたりの経緯は、竹川弘太郎『狂骨の詩人　金子光晴』現代書館（2009年）に詳しい。
＊**19**__金子光晴「富士」（『三人』私家製、所収）、『金子光晴全集第2巻』中央公論社（1975年）。

雨はやんでゐる。
息子のゐないうつろな空に
なんだ。糞面白くもない
あらひざらした浴衣のやうな
富士。

ぐゎらん堂の公開座談会は中断していた。突然、金子光晴が口をつぐみ、耳の穴から不快そうになにかを掻き出したのだ。それを、シワだらけの手の平の上に転がして私に見せる。補聴器だった。中坊ひろしが回想する[*20]。

〈座談会の途中で、光晴さんの補聴器の電池が切れてボクが買いに行きました。会が終わったとき、カウンターの中で洗い物をしてたボクに「ありがとう」といって光晴さんが手を差し伸べてくれました。洗剤で泡だらけだったのでタオルで拭こうとしたら「そのままでかまわんよ」といって、泡だらけの右手を出したら両手で握ってくれたんです。なんてスゴイ人だったんだろう！　一生忘れられない〉

金子光晴を「伝説」と書いたが、むしろ「ヒーロー」と呼んだほうがよいかもしれない。反骨、反戦、反権力！　１９７０年代の若者たちが憧れないわけがなかった。

実際、71年に創刊されたサブカルチャー誌『面白半分』で、吉行淳之介、野坂昭如、開高健、五木寛之らと並んで編集長（74年7月号～12月号）をつとめたが、彼は時代を超えたヒーローであり、スーパースターだった。

ロックファンならわかるだろ？　中坊にしてみれば、シカゴブルースの巨人＝マディ・ウォーターズと握手した若き日のミック・ジャガー（「ローリング・ストーンズ」というバンド名はマディの曲“Rollin' Stone”に由来する）の晴れがましさだったかもしれない。あるいは、リトル・リチャードと面会したポール・マッカートニーの気分か？（ポールはこのロック＆ロールの始祖から歌唱指導を受けた）。麩馬良くんは明治生まれの「ROCK & ROLLER」だったのだ。

高齢詩人三人を囲む座談、トイレに立つ者が出はじめた。〈なんだかフォークの話から人類のゆくすえの話まで…（中略）…とても和やかで楽しい会が持てました〉と梅田智江が場をまとめる。彼女の挨拶で座談会が終わった。

このトークショー、火打ち石たる「武蔵野火薬庫」と火打ち鉄《がね》たる金子光晴がぶつかり合うとどんな火花が飛ぶのか？　それが楽しみだった。しかし、高田渡の過度の謙遜《けんそん》と老詩人たちの昔話――武勇伝やら性的な戯《おど》け話――に脱線しがちで、羽良多平吉の「月に赤猫」のマッチ棒ほど燃え上がらなかったのが心残りである。

酒を嗜《たしな》まなかった光晴さんは、モーゼルの勝ちゃんのように、ぐゎらん堂に通って私たちと酒杯を重ねるという関係にはならなかった。この午後の出会いは半日かぎりの交友録、一瞬だけすれち

＊20＿「常連さん回想録」より。

がった「♪ ハロー・グッドバイ（"Hello, Goodbye" by The Beatles）」の邂逅《かいこう》だった。それでも、ぐわらん堂の少年少女に強烈な印象を残したのは、「戦争を知っている爺さん」のしたたかな存在感《リアリテイ》のなせるワザだったか。

一同が席を立った帰り際、私は金子光晴に聞いてみた。以前から、彼と同時代を生きた詩人のひとりが気になっていたのだ。

「光晴さん、北原白秋をどう思いますか?」と私。

「ああ、ありゃダメだね」と真顔で金子光晴。「やつの詩は、読む人間に負担をかけるだろ?」

ひとことそういうと、麩馬良くんは下駄を鳴らして帰っていった。負担をかける……って、どういう意味だったのか。北原白秋の叙情的な詩が読者に添い寝を迫るからか? 寄れば疲れる深情け? いや、やっぱり、あのことだろうか?

昭和10年代、日本とナチス・ドイツはただならぬ関係にあった。少なからぬ日本人がヒトラーに共感を覚えていた。芸術家、文学者たちはこぞって政府の思惑を忖度する。麩馬良くんが尻を向けていた方角へ、上目づかいのヒラメ顔を向ける連中が続出したのだ。

昭和13（1938）年11月、アドルフ・ヒトラーは満面の笑みを浮かべ、日本から招いた振り袖姿の踊り子を出迎えた。〈固く結ばれる盟邦ドイツに日本の美しい踊《おど》りと唄を贈らうという可憐《かれん》な使節、宝塚少女歌劇女生徒三十名〉がベルリンに到着したのだ。日の丸とハーケンクロイツ（鉤十字《かぎじゅう じ》）の小旗を手にしたタカラジェンヌ。〈花のやうな姿はベルリン子たちの熱狂的な歓迎を受けた〉——日本政府内閣情報部の『写真週報』はそう書き立てた[*21]（P279の写真）。それは、近衛文麿《このえふみまろ》内閣が誇示したある政治的パフォーマンスに対するナチスからの返礼だった。

同じ年の8月、日本政府は「ヒトラーユーゲント（ナチス党員の青少年組織）」一行三十名を日本に招待していた。彼らは八十九日間にわたって滞在し、首相の近衛をはじめ主要閣僚の歓待を受け、「富士」に登山し、全国各地を歴遊する。金髪碧眼《きんぱつへきがん》、筋金入りのヤング・ナチス。そのファシスト集団を讃え、諸手《もろて》を挙げて国民に「万歳」をうながしたのが北原白秋だった。

♪ 燦《さん》たり、輝く　ハーケンクロイツ。
ようこそ遥々《はるばる》　西なる盟友、
いざ今見《いままみ》えん、朝日に迎へて
我等ぞ東亜《とうあ》の青年日本《につぽん》。
万歳ヒツトラーユーゲント
万歳、ナチス　〈繰り返し以下同じ〉

（作詞＝北原白秋「万歳ヒツトラー・ユーゲント―独逸青少年団歓迎の歌」1938年）*22

そういえば、あの歌も白秋だったかな？

♪ この道は　いつかきた道
ああ　そうだよ

*21　内閣情報部編輯『写真週報』昭和13（1938）年12月14日号。
*22　詞・北原白秋、曲・高階哲夫。日本放送協会「国民歌謡」（昭和13［1938］年8月）。国立情報学研究所（CiNii）データベース。

あかしやの花が咲いてる

この道は　いつかきた道
ああ　そうだよ
お母様と馬車で行ったよ

（作詞＝北原白秋「この道」1927年）

♪　万歳ヒットラーユーゲント？　ヒトラーのナチズムもニッポンの大東亜共栄圏も、世界の人びとに致命的な負担をかけた。なのに、21世紀、「いつかきた道」を懐かしむ勢力が蠢《うごめ》く。「戦争を知らない子どもたち」の子どもと孫たちよ、聞いとくれ。それは恐ろしげな顔では訪れない。ファシズムは、あかしやの花や、スミレの花咲くころ、お母様の馬車に乗って、笑顔をふりまきながらやってくるのだ。

この年――座談会の数ヵ月後、ながいと私は光晴さんに招かれて自宅を訪ねた。吉祥寺本町四丁目、大正文化住宅風の平屋だった。門扉《もんぴ》の右手に表札があった。カマボコ板ほどの倹《つま》しいサイズだったが、しかし、水茎《みずくき》の跡もうるわしく、異なる二つの姓が記されていた。

金子光晴
森三千代

✣『うむまあ』と明治生まれのカップル

左✣同人誌・詩と詩評『うむまあ』8号。題字：金子光晴、表紙絵：田島征三、編集人：梅田智江（1974年7月発行）。
右✣金子（左＝1975年5月撮影）と森（1947年頃撮影）。『金子光晴・森三千代自選エッセイ集／相棒』蝸牛社（1975年）より。

その表札からは、作家・森三千代と詩人・金子光晴がいかにも対等に並び立ち、同床異夢《どうしょういむ》の転変があったにせよ、分かちがたいカップルとして生きてきたぞ——というメッセージが伝わってきた。文壇詩壇に尻を向け、赤貧に甘んじた金子の経済生活を支えていたのは、人気小説家＝森三千代の原稿料だった。

通されたのは洋風の書斎だった。床がたわむほど積み上げられた書籍や資料は、ゆらゆらと、トランプの城のように危うかった。書棚や机のまわりには、若き日の放浪時代の名残りだろうか、エキゾティックな蒐集品《コレクション》があふれている。その陽気な混沌のなかで詩人はいった。

「あんたにゃ、これね」ながいに古ぼけた欧州土産を差し出した。

「あの、これって……？」と、いぶかしげに彼女。

「ロシアの漆器、ホフロマ塗りですよ」

黒漆《くろうるし》の下地に艶やかな紅い花と金泥《きんでい》の蔓草紋様《つるくさもんよう》、大振りの木製スプーンだった。あれは形見分けのつもりだったのか？　ほどなく、金子光晴の訃報を聞く（75年6月、三千代のベッドサイドで枕に顔を埋めて大往生を遂げた）。

25 舞台はまわる?
「水曜コンサート」の真相——中篇

1975年某月某日

こんばんは、こんばんは! 聞こえますか? こちら、75年のぐゎらん堂! 毎週水曜日には、♪Let the Midnight Special! 70年代を代表する出演者たちの名曲が鳴り響いておるぞ。

この年はあの店が開店5年目を迎えた節目の年だったが、良いニュースと悪いニュースがある。悪いニュースとは、私の手帳が見当たらないことだ(まる一年分、出演者の詳細が不明)。良いニュースのほうは、ある夜の水曜コンサートの音源(オープンリール・テープ)が中坊ひろしの手元に残っていたことである。しかも、喜べ! 音響関係のプロ集団が友情出演してくれていたので録音機材もプロ仕様、音質が完璧なのだ。

1975年12月3日

「ぐゎらん堂開店5周年記念コンサート」(録音テープより抜粋)

出演　ヤス(朝比奈逸人)/ジミー矢島/シバ/堀《ほり》礼《れ》文《もん》(堀弘一)
佐藤GWAN博/佐久間順平/中川五郎/村瀬雅美

録音　「舞台音響・囃《はやし》組《ぐみ》」(西川照峰/原島正治)

機材　ミキサー二台(TAMURA TS-4000)、テープデッキ(TEAC A-2300SX)

＊23＿中坊ひろしの手元にあったテープが、音響のプロ集団「舞台音響・囃組」の配慮で、CDアルバム『ぐゎらん堂開店5周年記念コンサート』（非売品）として保存されている。
＊24＿〈♪　淋しい街じゃ…〉＝小坂一也の「ハートブレーク・ホテル」（原曲＝エルヴィス・プレスリー）に想を得たシバが編曲、カバーした「淋しい街で」。

このライブは午後五時の開演から四時間半にわたる長丁場で、客は立錐の余地もない満席だった。出演者が八名（全五十一曲）、録音テープを焼き直した四枚のＣＤ盤[23]を聴いてみると、あの時代の空気感——自由で、ゆるく、でも、尖《とんが》った解放感が伝わってくる。

この年、中川五郎は「フォークリポートわいせつ裁判」を大阪地裁で係争中だった。彼の一曲目は、翌年にリリースされることになるアルバムのタイトル曲「25年目のおっぱい」。二曲目に、そのアルバムには収録しなかった「26年目のおちんちん」を熱唱している。

♪　淋しい街じゃ／誰でも淋しい！　シバが「淋しい街で」[24]を唄い終わると、俳優の堀礼文がステージに乱入、三橋美智也の「星屑の街」を唄い上げて満場の喝采を浴びた。

大トリは佐藤ＧＷＡＮ博だった。フルメンバーをバックに、シンガーソングライター＝青木ともこに捧げた「私の自転車」を華やかにシングアウトして……とフィナーレを迎えるのだが、なんといっても特筆すべきは、このテープに、いまとなっては得がたい「幻の名曲」が収録されていたことである。「ヤス」こと朝比奈逸人の演奏と歌声だった。

朝比奈逸人こそ70年代の音楽史に留めておくべきアーチストだと思う。三島由紀夫原作の東宝映画『潮騒《しおさい》』（1971年）に主演した俳優であり、油彩画や銅版画を手がける気鋭の現代美術家であり、シンガーソングライターだ。彼が自分のレコードを一枚も残さなかったのは、人生半ばに病《やまい》を得たからだと聞いている。

その夜、ヤスはいつものようにクールでシャイ、いつもより上機嫌だった。ステージに立つと「ライウイスキー」「もう終わりさ」——テキサスに吹く空っ風を思わせるブルースを日本語で唄った。ギブソンのアコースティックギターが、土ぼこりを上げて転がる回転草《タンブルウイード》のようにスウィングする。そして、聴く者に鮮烈な印象を残したのがあの歌だった。ぐゎらん堂で唄われた数々の名曲の中でも、とびきり胸を打たれた曲……いま、2020年代、ひんぴんと、70年代を共に過ごした友人たちの訃報に接するが、その歌は「旅の歌」だったのかとあらためて気がつく。

人はだれもが旅をする。生まれ故郷を遠く離れ、人と出会い、別れ、当所《あてど》もなく流浪する「人生」という旅だ。旅路の果ての最期の日——もし、この世の別れになにか一曲だけ好きな歌をリクエストできるとしたら、私は、閻魔《えんま》さまに、迷わずこの曲をお願いするだろう＊25。

♪　こんな長いトンネルってあるだろうか
もう　前にも後ろにも行かないよ
最後の汽車から降ろされて
もう　あの娘《こ》にも会えないな

（詞・曲＝朝比奈逸人「トンネルの唄」1973年？）

気がつけば、トンネルの中にいた。好きで入ったわけじゃない。なのに、果てしなくつづく深い闇、人生の最終駅で下車したらしい。いま、このとき、もう一度会っておきたい人がいるっていうのに、前にも進めず、後ろにも戻れない。

♪　昔　プラットホームの上

灰色の　煙の天使が浮かんでた
でも　今になって思うんだ
あいつら流されて来たんだって

そういえば、昔、汽車が陽光《ひかり》を浴びて地上を走っていたころ、停車場の空に灰色の煙が群れていたよ。けど、あれは蒸気機関車が残したんじゃない。はぐれた夢の吹き溜まりだったんだ。

♪

朝は明日《あした》の後ろ姿
夜は夜で思い出を繕《つくろ》う
ねえ　トンネルってため息なのかい
ねえ　トンネルってため息なんだろ

空も地面もなにもなくて
長い長いトンネルの中
呼び合う声だけが聞こえるよ
だれも姿は持ってないからさ

昨夜《ゆうべ》も今朝《けさ》も闇の中、時計の針が止まりそうだ。いまはいったい何時《いつ》なのか？　思い出だけが止

＊**25**＿「トンネルの唄」。高田渡が持ち歌に加え、いまも田中研二、松倉如子、そして「チーム・トンネル」（“team Tunnel”＝辻井貴子、やなぎ、よしだよしこ、いとうたかお、中川五郎、瀬川信二、宮下広輔。2020年に結成されたセッションバンド）らが唄い継ぐ不滅の名曲だ。

めどない。あの娘はどこにいるんだろう？　煙の天使やため息みたいに、触りたいけど触れないよ。暗くて長いトンネルの中、だれかがだれかを探してる。呼び合う声がこだまする。

♪　こんな長いトンネルってあるだろうか
もう　前にも後ろにも行かないよ
最後の汽車から降ろされて
もう　あの娘にも会えないな

1976年某月某日

1976年3月〜12月（手帳から抜粋／ライブ料金二百〜二百五十円）

3・24 佐久間順平　4・21 友部正人　4・28 ボロ
5・5 ヤス　6・9 ジミー矢島　6・16 古川豪《ふるかわごう》
7・21 田代友也（田代ともや）　8・4 シバ
8・18 柳家小《やなぎやこ》菊《ぎく》（新内《しんない》、端唄《はうた》、都々逸《どどいつ》）　11・10 高田渡
11・17 仲田《なかた》修子《しゅうこ》　12・1 佐藤GWAN博&朝比奈逸人
12・7 古川豪
12・8　昼の部（早稲田大学大隈講堂にて）「わいせつ裁判支援コンサート」

中川五郎&吉祥寺オールスターズ
青木ともこ／高田渡／友部正人／古川豪／佐藤GWAN博
佐久間順平／後藤雅広《ごとうまさひろ》／キヨシ小林／大庭珍太《おおばちんた》
ANNSAN《アンサン》／シバ／ジミー矢島／須田優ほか
夜の部（ぐゎらん堂にて）「中川五郎わいせつ裁判勝利報告会」

この年、ライブ料金は基本的に二百円になっている（この数字に来場者の人数を掛けた額が出演料。遠来の出演者の場合は二百五十円）。開店当初の五十円に比べれば四倍に増えたが、あいかわらず貧弱な額であることに変わりはなかった。一計を案じた。

ぐゎらん堂は一万円札には縁が薄い店だった。しかし、零円札とは深い絆で結ばれていた。そこで、出演料とは別に、時代的意味と付加価値が「∞（無限大）」と思われた大日本零円札をボーナス・チャージとして支払うことにしたのだ。私は「大日本零円札発行所」――ゲンペーさん（赤瀬川原平）が暮らす練馬区の木造アパート、私たちのアパートから徒歩五分――を訪ね、二十五枚の千円札を五十枚の零円札に両替した（このころ、零円札一枚の相場《レート》は五百円だった）。

ぐゎらん堂の出演料は、ライブの打ち上げが終わった後に即日払いだった。この時期の毎週水曜日、ながいと私は、ギャラを入れた封筒に零円札を一枚ずつ忍ばせてミュージシャンに渡した。安い出演料の埋め合わせのつもりだったが、同時に、櫻分子《さくらぶんし》（『櫻画報』の熱烈な支持者）としてはささやかな芸術的行為《パフォーマンス》でもあった。

「ハルキさん、このお札って使えるの？」頓珍漢な反応をする出演者もいた。

「ほかの飲み屋で試してみたら？」

一方、さすがの対応を見せたのは友部正人と小野由美子のカップルだった。

「これが零円札!?」とトモ、「素敵だよね！」とユミ——打ち上げが終わった帰り際、封筒を開けると目を輝かせた（ふたりはいまもあのお札を持っているだろうか？　零円札の近年の相場は国内でン十万円、海外ではン百万円になっているみたいだよ［P267参照］）。ぐゎらん堂では、大日本零円札が通貨として流通していたのだ。

先の「出演者リスト」を見ると、ミュージシャンの顔ぶれが少しずつ変化していることに気がつく。デビューする者、姿を消す者。草創期のフォーク界とその後のブームを牽引した高田渡、中川五郎、古川豪、友部正人、シバのほかにも新しい才能が台頭し、その多くが水曜日の常連メンバーになっていく時期である（リストからは漏れているが、このころ、中川イサト、村上律、加川良、大塚まさじ、斎藤哲夫、あがた森魚、三上寛、友川かずき、なぎら健壱、いとうたかお、アーリー・タイムス・ストリングス・バンドらが水曜の夜を賑わせた）。

8月出演の小菊姐《ねえ》さんは寄席で活躍するうら若き音曲師《おんぎょくし》、♪丸髷《まるまげ》に結《ゆ》われる身をば持ちながら……三味線の撥《ばち》さばきも鮮やかに江戸の粋曲《すいきょく》（ラブソング）を聴かせてくれた。

11月、あの店は素敵な女性と出会うことになる。仲田修子——他に類を見ないブルーズウーマンである。彼女の自伝小説『ダウンタウンブルース』（私家版）と本間健彦の『高円寺／修子伝説』によれば、1960年代後半、修子は極貧のどん底にいた。高校を中退して工場労働者となり、四畳半の木造アパートで暮らす母と弟の生活を支えていた。

♪ 暗い巨《おお》きな　海のそばで
風に吹かれて　暮らしていた
朝と夜とに　新聞読んで
昼には　いつも　レタスを食べた
しおれたレタス　一人で食べた

誰か教えて下さい　私たちの不幸は
何処《どこ》からやって来るのでしょうか

（詞・曲＝仲田修子「暗い巨きな」）＊26

修子は恐れる。明日もあさってもその次の日も、自分は工場の屋根の下で回りつづけるベルトコンベアの前に座り、同じことを一日中繰り返しながら一生を終えていくのではないか……。だが、音楽《ミューズ》の女神は彼女を見捨てなかった。ある日、勤め帰りに寄った喫茶店に流れていた曲が、一瞬で、仲田修子を覚醒させたのだ。

♪ There is a house in New Orleans
ニューオーリンズのあの女郎屋《じょろや》

＊26＿本間健彦著『高円寺／修子伝説──Tokyo blues band story』第三書館（1998年）。

They call the rising sun
その名は朝日《あさひ》楼《ろう》[27]……

（アニマルズ「朝日のあたる家」1964年）

デルタブルースの泥臭さが匂い立つブリティッシュ・ロックの名曲だった。♪ 哀れな男は身を持ち崩し／女郎屋の娘は野垂れ死ぬ／私もそんな女なの……。〈この曲を聴いた瞬間——〉と仲田修子が語る[28]。突然、ブルースに感電したのだ。〈とっても暗い歌なのになんだか身体がジーンとしびれてしまい、今まで自分の知らなかった未知の世界がパーッと開かれるような感覚に襲われましたね〉。

修子は工場通いを辞め、サラ金で借りた三万円を元手に「弾き語りの歌手」を目指す。ビンボー少女のガッツを見せる。友人にもらったギターを手に歌の練習に没頭した。公衆電話から電話をかけまくり、唄える場所を探した。彼女の歌手生活は東中野のスナックからはじまり、銀座の会員制クラブ、埼玉や錦糸町のナイトクラブ——レズビアンクラブのホストやバニーガールにもなった。表現者《アーチスト》としての研鑽を積むつもりじゃなかった。ひたすら、月々の食費、家賃、電気代を稼ぐためだった。だが、その生活が仲田修子のソングライター（作詞・作曲家）としての腕を磨くことになった。代表曲がぞくぞくと誕生する。

♪ 昔新宿と呼ばれた所に
今はうらぶれて立っている　国立第七養老院

昔イカレてイキがっていた　手のつけられない
ジイさんバアさんだけを集めて入れてある　国立第七養老院
朝から晩までドンチャン騒ぎ　喧嘩口論いがみ合い
だけど楽しい　だけど楽しい　国立第七養老院
（詞・曲＝仲田修子「国立第七養老院」）＊29

彼女の老後の夢はコレだ。だれかがつくった老人施設や貧民病院に収容されるなんてまっぴらさ。まばらな白髪の長髪に「デニムの服なんか着て、震える指でギターを弾くジイさん、バアさん」が集まる養老院を開設したかった。お迎えが来るまで、みんなでドンチャン騒ぎするのだ。

70年代中盤、修子はナイトクラブの仕事から徐々に身を引き、シンガーソングライターの世界へ舵を切った。「両国フォークロアセンター」、「屋根裏」（渋谷）、「ルイード」（新宿）、「曼荼羅」（吉祥寺）ほかライブハウスのステージに登場し、強烈な余韻を残す。ぐゎらん堂にも数多く出演し、後に良き盟友であり共演者となるジミー矢島と出会う。

彼女の第一印象は、失礼ながら「東京の田舎娘」。長い髪にツッパリ風の偏光サングラス。痩せた身体の背中を丸めてギターを弾き、ヤサグレ少女の世界をJASSY《ジャズイー》（JASSはJAZZの古語、「猥雑」の意）に唄った。卓越した歌唱力と声量に驚いた。

その歌からは、温室育ちのシンガーソングライターの作品とはほど遠い切迫感が伝わってきた。このころ、メディアでは、時代の風に乗る「翔んでる女」がもてはやされようとしていた。だが、彼女は唄う。♪　ここは下町　誰も翔べない／ここは下町　ダウンタウンブルース（詞・曲＝仲田修

＊27＿私訳。
＊28＿、＊29＿本間健彦著『高円寺／修子伝説——Tokyo blues band story』。

子「ダウンタウンブルース」）――演歌の底流に通じるルサンチマン（憤《いきどお》り、怨嗟《えんさ》）を感じさせた。この娘、メシが食えているのだろうか？　と心配したのを憶えている。

しかし、じつは――私は見かけに騙されて気づかなかったのだが――彼女は聡明でタフ、常に旺盛な生活力とリーダーシップを発揮して音楽仲間を束ねる女性族長《ビッグ・ママ》だった。修子は豪華なアゲハチョウのように変身していく。月々八十万円を稼ぐ「営業バンド」を率いて資金を蓄え、地下酒場（「猫屋敷」）のママとなり、音楽スタジオを起業して仲間たちの生活基盤を固めた。

1983年、仲田修子は養老院を建てる前にライブハウスを開いた。自分たちの自立拠点――東京・高円寺駅北口に立ち上げた「ペンギンハウス」である。満を持《じ》して、ノリノリに弾《はじ》けたブルースバンド「仲田修子＆ミッドナイトスペシャル」を結成する。

かくて、1980年代〜2010年代、高円寺の「ペンギンハウス」は日本のカウンターカルチャーの音楽シーンと中央線文化を担う重要な拠点となっていく。

仲田修子がぐゎらん堂にデビューしたこの年――1976年は、ながいと私、それにあの店にとって大きな節目を予感させる年になった。

4月、ながいは二人目の息子を出産した。最初の子の飛礫《タブテ》は五歳十ヵ月、私たちは彼とゼロ歳児、二人の子どもを育てながら店を切り盛りすることになる。妊娠がわかったとき、私はながいから分娩室へ招待された。「出産に立ち会ってみない？」――現場を見ていてほしい、あるいは見せてあげるというわけだ。その日、私は8ミリカメラをポケットに入れて産院へ出かけた。分娩に

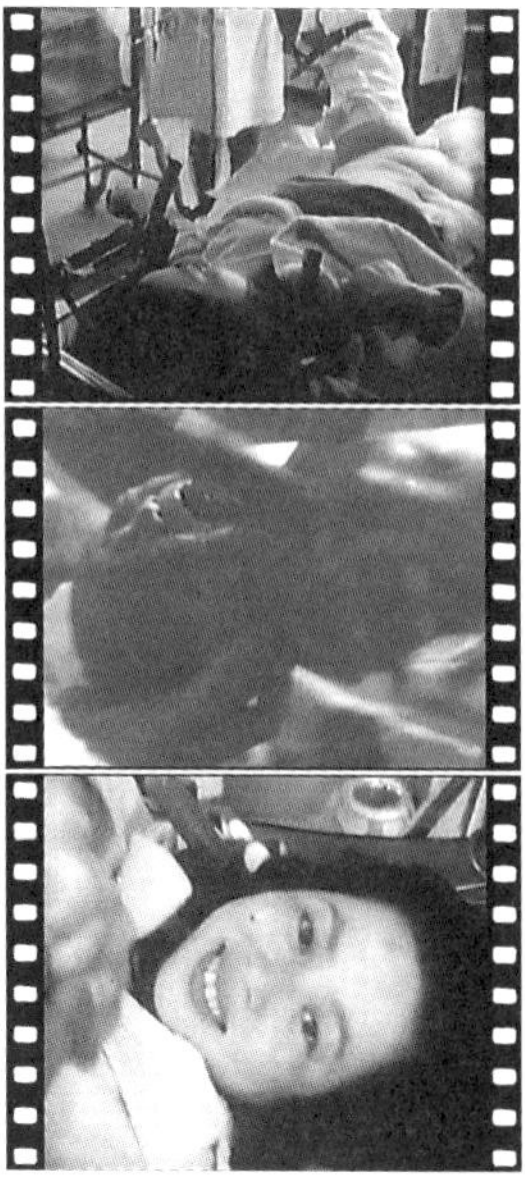

✣記録映画『あたりまえの国の不思議』

✣1976年4月28日、ゆみこ・ながい・むらせは二人目の子を産んだ。**上**：額に脂汗、規則的に襲う陣痛に腹式呼吸で間（ま）を合わせて力むゆみこ。**中**：生まれた瞬間のハテナ。ハテナはゆみこを脱ぎ終わったのだ。**下**：出産の後、「ありがとう！」といって撮影中の筆者に手を伸ばすながい。

効果音楽に使ったのは “The Beatles and World War II”（1976年）。当代の人気ミュージシャンがビートルズ・ナンバーをカバーした2枚組アルバムだった。

立ち会い、カメラを回して記録映画を撮影した。大いなる生命誕生の不思議！　ながいは、その子に「不思議《ハテナ》」という名前をつけた。

5月、物書き稼業が恋しくなっていた私は、ながいと相談し、中川五郎、青木ともこ、鈴木翁二、店の用心棒の「チュージ」に声をかけて同人誌『深夜少年』を創刊する。

11月、私は分娩室で撮影したフィルムを編集し、全編カラー・十三分、無修正のドキュメント映画を制作する。タイトルは『あたりまえの国の不思議《ハテナ》』。BGM（効果音楽）には、ビートルズ・ナンバーで構成された最新アルバム（映画『ザ・ビートルズと第二次世界大戦』のサントラ盤＝20世紀フォックス・レコード）を拝借した。

ある日曜日、この映画を店で公開した。ぐゎらん堂のママの出産ライブ・フィルムである。好奇心もあらわに、高校生、大学生の男たちと時代の新しい風に敏感な女子高生たちが押し掛け、会場は超満員になった。後年、この作品は映画監督＝大島渚の目にとまり、テレビ朝日系の全国ネットで放映される（1987年5月、ワイドショー『こんにちは2時』）。

この年——76年は、やたらと慌ただしい年だった。私たちが「二つの裁判」に集中していたからだ。そのうちの一つが「ぐゎらん堂明け渡し裁判」――ビルのオーナー「A氏」から「お前たちは出て行け！」と通告されたのだ（3月、突然「契約更新拒絶通知」が郵送される）。

ぐゎらん堂は家賃を滞納したことがなかった。建物を無断で改造したり、目的外に使用したりとか契約違反もない。しかし、オーナーの言い分はこうだった。同じビルの一階で自分が経営する「サロン・A（美容室）」の事業に使うので三階から立ち退け、と。借地借家法でいう「退去請求における貸主《かしぬし》の正当な事由」ということらしい。二階のテナント「だんらん（インド料理を出すスナックバー）」も同じ通告を受けていた。さて、どうする？

ながいと私は早大全共闘時代の友人――弁護士の内田雅敏《うちだまさとし》（後に日弁連憲法委員会委員。「戦争をさせない1000人委員会」事務局長）に相談した。「ひとり全共闘」が三人、話が早かった。私たちは二階の「だんらん」と連携して法廷闘争に臨むことにした。

裁判の厄介な点は、バカバカしい事柄に膨大な手間と時間をかけなければならないことだ。私は、月末ごとに、武蔵境にあった登記所（東京法務局武蔵野出張所）へ自転車を走らせて家賃に相当する現金を供託した。継続的に賃料を支払う意思を証明するためである。証人尋問や口頭弁論の当日には、中央線に乗って、東京地裁八王子支部まで出かける。

ある時は、ながいの提案で、神奈川の実家で療養中だった父に法廷への立ち会いを依頼した。彼は松葉杖を突いて上京し、腰の曲がった母が付き添った。私は保育園児の手を引き、ながいはゼロ歳児を抱いて地裁の傍聴席に座る。店の従業員たちにも何度か同行してもらった。担当の裁判官の目に絵で見せたかったのだ。ぐゎらん堂は「病身の親への仕送り」という切実な理由のために開いた店であること、それに、ビルを追われれば、従業員を含めていかに多くの人間が路頭に迷うかということを。

審理が進むうちに、A氏がいう「貸主の正当な事由」のウソがバレてきた。彼の主張は「二階、三階のテナントが退去したら、二階も美容室に、三階は客の待合室にする」というものだった。だが、私が彼の身辺を調査してみると、一階の「サロン・A」は明らかに客足が減っていた。吉祥寺駅周辺では美容室の競合が激化し、最先端のサービスを提供する新しい店に客を奪われていたらしい。二階に新店舗？　三階に待合室？　ジリ貧の事業を拡大してどうする？

このころ、吉祥寺はすでに大規模店舗が林立し、六年前の「さびしい町」は買い物客でごった返すアコギな商業圏に変貌していた。ぐゎらん堂周辺の地価も高騰し、賃貸ビルの家賃相場が跳ね上がる。なんのことはない。ビルのオーナーは、「さびしい町」のころに安い家賃で契約した二階、三階の旧テナントを追い出して、新しいテナントからおいしい賃料を稼いでボロ儲けしたい――そういうことだったのだ。

六ヵ月後――契約更改を控えた76年9月、この裁判は「和解（当方のほぼ全面的勝利）」で終わった。契約は継続され、更新料なし。契約満了の時期も定めなかった。悪は滅びるのだ。それまで六万円だった家賃が七万二千円に値上げされてしまったけど。

そのように、あの店の民事裁判は半年でクリアした。だが、ぐゎらん堂はもう一つの裁判に関わっていた。そちらは「刑事裁判」だった。

26

プロテストする「金髪のロカビリアン」――中川五郎

1976年3月29日(月)

憶えているかな？　一審の起訴から最高裁の結審まで七年十一ヵ月を要したあの法廷闘争を。

「フォークリポートわいせつ裁判」

原告は国家（大阪地検）、被告は中川五郎と『季刊フォークリポート』発行人の秦政明《はたまさあき》。「刑法一七五条」（わいせつ物頒布等の罪を規定）と「憲法二十一条」（表現の自由、検閲の禁止等を保障した条項）をめぐる攻防である。この裁判では、京都の「ほんやら洞」が支援本部となり、吉祥寺の若者たちが呼応したのである。

中川五郎という男は――最大級の賞賛を込めていうのだが――類《たぐ》い稀《まれ》にも、好ましき露悪趣味を発揮するリアリスト（正直者）である。当時二十一歳だった彼が『フォークリポート70年冬の号』に発表したのが短編小説『ふたりのラブ・ジュース』だった。この作品は、１９６０年代に沸騰した「性と文化の革命（sexual revolution）」――その中川五郎的表現だと思う。

主人公は、亘《わたる》とかすみ――十七歳の高校生の男女である。ふたりは、あるコンサートの帰り道、自分たちを「不自由な性愛観（多数派《マジョリティ》社会の大人たちの抑圧された性意識と性行動）」から解放しようと、ホテルに泊まって愛を交わす。

＊30＿中川五郎著『裁判長殿、愛って何?』晶文社（1982年）。文中の『ふたりのラブ・ジュース』から抜粋。

〈かの女は、今まで本を読んだりして、ペニスの大きさを知っているつもりだったが、実際こうして亘のペニスを前にしてみると、その大きさ、たくましさに驚かざるをえなかった。それがわたしのからだの中にはいってくる……〉と、正直者の中川五郎は、高校生の初々しい性体験を大らかに描写した。[*30] こうして二人が求め合うことは〈この世で一番美しいことなんだ。それは一番自然なことなんだ〉〈親たちは、自分の子どもたちがそれをしているのを知ったら、どうしてあんな嫌な目つきをしておこるのだろう〉

この小説が「刑法一七五条」に触れ、「わいせつ物頒布等の犯罪」だとして大阪地検から起訴されたのである。当初、検事は「略式裁判」（公判を省略し、検察官が提出する書面のみで審理。被告は被疑事実を認めることになる）でケリをつけようと持ちかけたが、五郎はこれを拒否、法廷闘争を選択する。かくて、73年5月、大阪地裁で一回目の公判がはじまった。

そして、この年のこの日――76年3月29日、彼は「判決」の日を迎えて大阪へ向かう。初公判からおよそ三年、「わいせつ容疑」で手入れを受けてから五年が経っていた。ぐゎらん堂発行のニュースペーパー『深夜スポーツ』は、この日のデキゴトを次のように伝えている。

中川五郎　無罪！
猥褻タイトルマッチ一回戦／凄絶！　判定勝ち!!

〈吉祥寺発＝午後十一時、その日勝利をおさめた中川五郎が大阪から帰って来た。……（中略）……見慣れぬ丸眼鏡が皆の目を引いた。それについて中川氏は、「これはね、マス・コミに対して作家として通すためのものなの。きょう初めてかけて行ったら裁判長も驚いてたよ！」と語っていた〉

その夜、店に居合わせたのは高田渡、佐藤GWAN博、佐久間順平たち。「無罪！」と、五郎本人の口から報告を聞き、裁判を支援してきた多くの若者たち——応援団長の「ミヤドー」「鈴木K《ケイ》」「清水くん」「チビクロ」「チュージ」、奄美大島出身の亜熱帯少女——「朝子」「ピノコ」らが歓声を上げる。さっそく祝勝会が開かれた。「あの曲をかけないか？」と渡が気を利かせた。それは、中川五郎の当時のパートナー・青木ともこへの愛を唄った話題の新曲だった。

♪

25年目の夜に　きみのおっぱいは
ぼくのてのひらの中で　ぐっすりおやすみ
25年目のおっぱいは　とっても小さいけれど
ぼくのてのひらにぴったりで　とっても柔らかい
おもえばきみが少女の頃
ふくらみ始めたおっぱいが
とっても痛くて

深夜少年下請新聞社
添田唯文 責任編集
毎晩不定期発行

深夜スポーツ

号外
1976.5.1 発行

中川五郎無罪！

猥褻タイトル
マッチ一回戦
凄絶！判定勝ち!!

去る3月29日大阪地裁特設リングで開催されたフォーク・リポート猥褻タイトル・マッチ一回戦最終日は、グレート・トーキョク（大日本プロ）の善戦むなしく、赤コーナージャントニオ・中川（深夜ジム）の一方的な判定勝ちに終った。この対戦は一九七〇年行われた深夜スポーツの華！男女混合レスリング「ふたりのラブジュース」興行に端を発した、実に六年余にわたる遺恨試合である。なお、トーキョク側はこの判定に不満を持ち再度コミッショナーに提訴することが決定した。

傷だらけの勝利を喜びあうジャントニオ中川とタッグ・メイトの青木とも子選手。

待望の珠玉短篇集！
鈴木翁二作品集
予約出版 ¥2000 〒300 限定500部

毎週々末珍品バザール
ART・CRAFT & ACCESSORY
JOIN YAMA
ジョインヤマ

❖ぐゎらん堂発行のスポーツ新聞『深スポ』

❖1976年5月、同人誌『深夜少年』の付録として発行されたパロディ・ニュースペーパー『深夜スポーツ』。発行は「深夜少年下請新聞社」「責任編集・添田唯文（チュージのペンネーム）」。「わいせつ裁判」をプロレスに見立て、リードには〈去る3月29日、大阪地裁特設リングで開催されたフォークリポート猥褻タイトル・マッチ一回戦最終日は、グレート・トーキョクの善戦むなしく、赤コーナー ジャントニオ・中川（深夜ジム）の一方的な判定勝ちに終わった〉とある。

❖写真は、当時の中川五郎（左）と青木ともこ。裏面に勝訴直後の五郎へのインタビュー記事と鈴木翁二の連載3コマ漫画「山中くん」が掲載され、ヴァン・ダイク・パークス、細野晴臣、中川イサトが参加した高田渡の最新アルバム『FISHIN' ON SUNDAY』（1976年）の広告も。

つらかったんだってね
25年目のおっぱいは
いまぼくのてのなか
ぼくはひと晩じゅうずっと
こうしているつもり
（詞・曲＝中川五郎「25年目のおっぱい」1976年）

店内は否応なく盛り上がった。私は厨房の戸棚から「祝杯用の盃《さかずき》」を取り出した。それは、特別な祝い事——だれかの誕生日、結婚記念日（もしくは離婚記念日）の祝宴、あるいは、ぐゎらん堂恒例の「ソフトボール大会」の祝勝会に使われるガラス製のビールジョッキだった。

この取っ手付きの大ジョッキ、じつは食器店では売られていない品で、薬局へ行かないと手に入らない。なぜなら、食器ではなく便器だからだ。容量一リットル超の女性用尿瓶《しびん》（注ぎ口の縁が朝顔の花弁のように開いている）。女性《にょしょう》好みのリアリストにこれほどぴったりの酒器はない。おめでとう、ゴローちゃん！ 私は尿瓶の筒口を大きなピンクのリボンで飾り、泡立つビールをなみなみと注いで中川五郎のテーブルに運んだ（大阪でも祝杯を挙げてきたようで、五郎はたちまちへべれけになってしまった）。

中川五郎にとって、あの勝利はどんな意味をもっていたのか？

先の『深夜スポーツ』にインタビュー記事が掲載されている。「勝訴の虚妄《きょもう》なること、敗訴の虚妄なるが如し！」——中川五郎はそう総括する（1976年4月13日収録）。

深スポ　一審無罪の心境をどーぞ。

五郎　ぼくは少しもいやらしいことをしたという気持ちはないし、実際していないし、あたりまえの判決だと思います。でも判決の前の日はよく眠れませんでした。これがもし「死刑か無罪か」というような判決だったら被告はどんな気持ちなんだろうかと切実に思いました。

深スポ　判決を聞いた瞬間はどーでしたか？

五郎　ぼくは判決っていうのは裁判官が居並ぶ前に被告がしょんぼりと引き出されておもむろに言い渡されるんだと思っていたら、あの時はぼくが椅子に座るか座らぬうちに裁判長が「判決主文、被告は無罪」って言ったらしくて、ぼくは無罪判決を聞くっていう一生に一度のチャンスを逃してしまいました（笑）。

深スポ　特におもしろかったことは？

五郎　裁判長がぼくの小説を引用するのに、おまんこっていう言葉を三回も言ったので、これが国家の公式の記録としてずっと残るのはスゴク面白いことだなあって思いました。

深スポ　大阪地検から控訴状は届きましたか？

五郎　四月九日に来ました。それから新聞に住所が載ったので、今朝脅迫状が一通届きました。

厭ですねぇ、両方とも。一審の判決も刑法一七五条を認めた上での判決ですから手放しで喜んでいるわけでないのはもちろんです。今後は、最低、一審の無罪判決を後退させないようにがんばるつもりですが、日本の裁判所は、アノ、ぼくの肉体と同じなので困っているところです。

深スポ　それはどういう意味?

五郎　上へ行くほど悪くなる——。

「無罪」は、やっぱり虚妄だった。つかのまの「勝利」だった。76年4月、検察側が上級裁判所へ控訴、中川五郎への支援はつづいた。

1976年12月8日(水)

この日、水曜コンサートは「拡大版(昼の部)」として、早稲田大学大隈講堂で「中川五郎わいせつ裁判支援コンサート」を開催する。店の常連客だった早大生たちがボランティア(「勝手連」)としてコンサートの中枢を担い、会の冒頭、挨拶に立った「チュージ(添田忠伸)」が、来場した音楽ファンと早大生たちに法廷闘争の支援金《カンパ》を募った。

出演者は「中川五郎&吉祥寺オールスターズ」——豪華な顔ぶれだった。青木ともこをはじめ、高田渡、シバ、佐藤GWAN博、友部正人、ジミー矢島など十数名が集結し、古川豪は京都から駆けつけた(P293の出演者リスト参照)。

✣ カウンターカルチャー系アーチストはプロテストする!
at 早大大隈講堂

上段✣左上：楽屋風景。左から中川五郎、青木ともこ、佐久間順平。**左下**：同。左からジミー矢島、シバ、古川豪。**右**：この日の主役、中川五郎が熱唱する。
下段✣左：ステージ上の友部正人。**右上**：「レジェンドの息子」は双葉より芳（かんば）し。楽屋でバンジョーを手にご機嫌な高田漣（当時3歳4ヵ月）。**右下**：時代の風は新宿（「リブ新宿センター」）方面から吹いてきていた。子連れじゃ、ライブに参加できないの？　この日のコンサートは「託児所」を開設する。保育係は次の3人と筆者が担当。左から「吉岡さん」「ふみこさん」「鈴木K」。大隈庭園で子どもたちと遊ぶ。1976年12月8日、早大大隈講堂にて。写真：中坊ひろし。

ジャズ・クラリネットの第一人者＝後藤雅広が、渡、佐久間順平、キヨシ小林、大庭珍太――ヒルトップ・ストリングス・バンドと競演、「ヴァーボン・ストリート・ブルース」を華やかに演奏して会場を沸かせた。

二年後の78年1月、大阪高裁で「わいせつ裁判控訴審」がはじまった。79年3月、判決が言い渡される。〈主文・原判決を破棄する／被告人秦政明を罰金七万円、中川五郎を罰金五万円に各処する〉――払えなければ、一日の労賃を二千円として労役場に留置するってさ。

中川五郎のいうとおりだった。日本の裁判所は上へ行くほどお粗末になる。だったとしても、五郎は最高裁へ上告した。

80年11月28日、最高裁判決の当日、五郎を支援するぐゎらん堂の若者たちは最高裁判所第二小法廷の傍聴席にいた。判決は五秒で終わった。〈主文・本件各上告を棄却する／裁判官全員一致の意見で、主文のとおり判決する〉。傍聴席にざわめきがひろがった。

最高裁、高裁の判事たちは、脇目もふらずに法律書をベンキョーした法務のプロかもしれないが――というより、そうであったがゆえに――はなはだしいベンキョー不足であり、知見不足だった。ボブ・ディランやジョン・レノンを聴いていない連中だったにちがいない。「25年目のおっぱい」が聴けるライブ会場へ足を運んだり、自分自身のセクシュアリティ（生と性）にきちんと向き合っていれば、人生観も法解釈も変わっていただろうに。

「ナンセンス！」「ふざけるな！」――最高裁法廷に怒声が飛んだ。ながいと私だった。廷吏《ていり》がバラバラと駆け寄ってきた。中川五郎の「有罪」が確定した。

そして、いま、２０２０年代。あれからすでに四十数年が経過した。中川五郎という人物のスゴイところは、いまも、ぜんぜんメゲていない点だ。彼が唄うライブ会場や反戦集会に行ってみればわかるだろう。最近の彼の芸風は、勇気凛々《りんりん》！　金髪のロカビリアン。ぞくぞくと、ニッポンの近・現代史の恥部をハダカにする新曲を発表して……

「１９２３年 福田《ふくだ》村《むら》の虐殺」*31　（詞＝中川五郎／参考曲＝アメリカ民謡“The lakes of Pontchartrain”、２００９年）

大正12（１９２３）年9月1日に発生した関東大震災――その直後、「朝鮮人が暴動を起こした」「井戸に毒を投げ込んだ」などとするデマが拡散され、ヘイトクライム（差別、偏見が生む憎悪犯罪）が各地で発生する。

千葉県福田村（現・野田市）では、猟銃や日本刀、竹ヤリで武装した在郷軍人、青年団らによる「自警団」が、香川県出身の被差別部落の人びと（薬売りの行商人一行十五名）を襲い、乳飲み児、妊娠した女性を含む九名を虐殺した。いわれなき差別と憎悪によるジェノサイド。しかし、この事件

＊**31**＿中川五郎は、森達也著『世界はもっと豊かだし、人はもっと優しい』（晶文社、2003年）を読んだのをきっかけに福田村事件に直面し、この歌をつくる。演奏時間が25分を超える大作、ライブ・アルバム『どうぞ裸になって下さい』コスモスレコーズ（2017年）に収録。
後に、この歌は森達也が監督した劇映画『福田村事件』（2023年）制作のきっかけの一つとなり、企画に協力する。

は、なにごともなかったかのように現地（事件が発生した地元）でも語られず、長いあいだ近代史の闇に葬られる。なんてことだ！　偏見に支配される人びとよ、ホントのことに臆病な日本人よ！
♪　それがよその土地の人であれ／よその国の人であれ……と五郎は唄う。信じることからはじめよう／人はみんな同じ、と。

「トーキング烏山神社《からすやまじんじゃ》の椎《しい》の木《き》ブルース」[*32]
（詞＝中川五郎／曲＝アメリカの「Talking Blues Style」を踏襲、２０１４年／２０２３年）

中川五郎は、１９８０年代～90年代の一時期、千歳烏山《ちとせからすやま》で暮らしていたことがある。２０１０年代のある日、彼がその街を歩いていると足元に奇妙な違和感を感じた。見ると、アスファルトの路面の下から何者かの手が伸び、彼の足首をつかんで離さないのである。それは――後になってわかったことだが――大正12年9月の精霊《しょうりょう》だったのだろう。歴史の暗部に埋もれた浮かばれない怨念？「ぼくは自分が住んでいたところで……」と彼は書く[*33]。「こんな事件があったのかと初めて知ってとても衝撃を受けた」

事件とは、そう、関東大震災下の混乱にまぎれて多発したヘイトクライム殺人事件だった。「福田村の虐殺」を唄っていた彼は、関連の書籍――加藤直樹著『九月、東京の路上で――１９２３年関東大震災　ジェノサイドの残響』（２０１４年）と出会う。この本は、東京府千歳村字《あざ》烏山（現・世田谷区）で発生した惨劇に触れていた。大震災から一夜明けた9月2日、この村でも竹ヤリ、鳶口《とびくち》、

＊**32**＿CDシングル盤『トーキング烏山神社の椎ノ木ブルース』C.R.A.C. Recordings（2017年）にファースト・バージョンを収録。この時の演奏時間は18分だったが、新たな歌詞で唄うニュー・バージョン（2023年）は20分以上の長編となっている。

＊**33**＿中川五郎のブログ日記「DIARY—GORO NAKAGAWA 2023/02/24」。

＊**34**＿区長室広報課編『区制50周年記念・世田谷、町村のおいたち』（1982年）。この郷土史は、烏山の隣の粕谷村に住んでいた徳冨蘆花（とくとみろか。1868 ～ 1927年）の短文集『みみずのたはこと』中にある記述〈隣字の烏山では到頭労働に行く途中の鮮人を三名殺してしまいました。済まぬ事羞かしい事です［電子書籍サービス「青空文庫」、村瀬が転載］〉のくだりの一部を引用した後、〈［殺されたのは］実際は十三人で…（中略）…今も烏山神社に十三本の椎の木が〉とつづけている。この数字の根拠は不明。

日本刀で武装した「自警団」が結成され、朝鮮人労働者の一団をリンチにかけた。そのうちの一人——ホン・ギベク（洪其白）を死に至らしめる。この事件は当時の検察によって五十人以上が取り調べを受け、十二人の容疑者（著者・加藤直樹の注＝十三人という資料もある）が殺人罪で起訴されたという。

そして「椎の木」の話なのである。『東京の路上で』は別の文献——世田谷区の広報誌『世田谷、町村のおいたち』[*34]を引用、その郷土史にはこんな美談が記されていた。〈今も烏山神社（南烏山二丁目）に十三本［後述の証言では、十二本とある］の椎の木が粛然《しゅくぜん》とたっていますが、これは殺された朝鮮の人十三人の霊をとむらって地元の人びとが植えたものです〉と。

でも、ちょっと待てよ……資料によって異なる数字が飛び交うややこしい話なのである。十三人の霊を弔うのなら、十三本植えなくてはならないはずなのに、なぜ十二本？　それに、命を奪われたのはホン・ギベク一人なのに、なぜ十三人を追悼するのか？　どう考えてもヘンだった。

ひょっとして……？　中川五郎はニッポン社会が抱える凶々《まがまが》しい現実に突き当たる。いまも罷《まか》り通る「歴史修正主義」だ。都合の悪いことは無かったことにいたしましょう。歴史の恥部にはパンツを穿《は》いてもらいましょう。

『東京の路上で』が告発する。現時点での信頼すべき情報として、旧甲州街道沿いに残る石碑「武州《ぶしゅう》烏山村／大橋場《おおはしば》の跡」——その建立《こんりゅう》記念の栞《しおり》に残された古老の話が紹介される[*35]。

〈［十二人の容疑者が起訴されたとき］千歳村連合議会では、この事件はひとり烏山村の不幸ではなく、千歳連合村全体の不幸だ、として12人にあたたかい援助の手をさしのべている。千歳村地域とはこのように郷土愛が強く美しく優しい人々の集合体なのである〉。Ｗｏｗ《ワオ》！

あたたかい援助の手とはなんだったのか？　地元の古老はさらに証言する。〈そして12人は晴れて［釈放されて］郷土にもどり関係者一同で烏山神社の境内に椎の木12本を記念として植樹した〉。憎悪犯罪とそれを是認した日本人たちのダークサイド（暗然たる本音《ホンネ》）が露《あらわ》になる。〈日本刀が、竹槍が、どこの誰がどうしたなど絶対に問うてはならない……〉

激しい憤りに背中を押され、中川五郎は一気に新曲を作詞した。それが「トーキング烏山神社の椎の木ブルース」のファースト・バージョン（2014年）だった。

♪　烏山神社の参道に植えられた十二本の椎の木は／起訴された十二人の自警団員の男たちが／晴れて村に戻れたことを祝って植えられたものだった／地元の人間はこう言った／どこの誰が何をしたかなど決して問うてはならぬ……。

だが、そもそも、彼自身が古老の発言を直《じか》に聞いたわけではない。五郎は、丸浜昭《まるはまあきら》――かねてから「烏山事件」をフィールド調査し、当時の目撃者の体験を証言集として編んだ「歴史教育者協議会」の研究者――から話を聞き、提供された資料を読み込む。

しかし、事件の核心に迫れば迫るほどややこしさが増す一方だった。恥ずかしい真実の数々は公文書に記録されることもなく、修正主義やら擁護論、不知《しらず》の森の藪《やぶ》の中――烏山神社の境内に植えられたあの椎の木たちは、いったいどんな歴史を目にしてきたのか？
中川五郎は「フェイクニュース」を信じるつもりも、「フェイクソング」を唄うつもりもなかった。彼は試行錯誤を厭《いと》わず、自分がつくったトーキング・ブルースを推《お》し敲《たた》きつ、歌詞と格闘する。やがて書き上げたのが「トーキング烏山神社の椎の木ブルース２０２３」である。
旧バージョンでは「この木をぶった切ってやりたい！」と唄った彼だったが、ほんとうは大きな樹木が大好きな中川五郎は、烏山神社にそびえ立つ椎の木――ニッポンの近代史の生き証人たちに唄いかける。おいおい、真相はどうだったんだ？　コトの黒白を教えておくれ！　真っ赤なウソを許さないでおくれ！
いま、ギターを狼藉者《ろうぜきもの》のふるまいで掻き鳴らし、五郎が言《こと》問う。

♪　残った椎の木よ、黒くなれ／残った椎の木よ、白くなれ／残った椎の木よ、真っ赤に真っ赤に燃え上がれ！／あ〜あ〜ああ、あ〜あああ……。

(詞・曲＝中川五郎、２０２２年)

「２０２１年１月22日 石原伸晃《いしはらのぶてる》さんが入院した」 *36

笑顔でギターのチューニングを済ませると、五郎が唄い出す。♪　誰もがすぐにＰＣＲ検査を受けられない時／石原伸晃さんは東京医科歯科大学病院で／誰もがすぐに受けられないＰＣＲ検査をすぐに受けた／陽性だった……。
２０２１年――コロナ禍拡大の緊急事態宣言下、ひとりの国会議員が有名国立大学病院で検査を

＊**35**＿下山照夫編『武州烏山村史跡／大橋場の跡 石柱碑建立記念の栞』石柱碑建立協賛会（1987年）。
＊**36**＿中川五郎の直近のヒット曲。2023年6月に開催された「ぐゎらん堂／また会えたね!!――2023ライブ」（於・下北沢「ラ・カーニャ」）でも熱演、大喝采を浴びていた。

受け、即座に入院を許可される。陽性でも、一般人が自宅待機を強いられているさなか、に。

♪ 誰もがすぐに入院、治療できない時
2021年1月22日、石原伸晃さんが入院した
東京医科歯科大学病院に入院した
救急要請の受け入れを断られて／九十代の女性が亡くなった
苦しんでいる人をみんな等しく助けられない
この国はほんとうに終わっている／リセットしよう、声を挙げよう！
2021年1月22日、石原伸晃さんが入院した
トーキョー医科歯科大学病院に入院した！
2021年10月31日、石原伸晃さんが落選した
第四十九回衆議院選挙で落選した

この手のシリアスなメッセージソングを、短い巻き毛を金髪に染めた五郎が、ロカビリー歌手のように派手なアクションで唄うのだ。ピックを持った右手を跳ね上げ、振り回し、シャウトするや飛び上がり、地団駄、ダンダ！　床板を踏み鳴らしながら。
中川五郎というシンガーソングライターは、これから最盛期を迎えようとしている。空の彼方のパウロ・高田渡は、さぞや驚いていることだろう。

——と、それやこれや、裁判を二つ抱えた1976年という年は、ぐゎらん堂にとって慌ただしい年だった。だが、単に忙しいだけではなかった。私は小さな異変を肌で感じはじめていた。なにかが変わろうとしていたのだ。

三年前——フォークブームのころ、毎日のように姿を見せていた高校生、大学生たちは学業を終え、ぐゎらん堂からも卒業し、就職、進学、漂泊の旅《ドロップアウト》、それぞれの道へ歩みはじめる。これは「店」の宿命なのだが、お客さんたちは代替わりする。しかし、馴染みの客が退場した分、新たな客が増えるわけでもない。折りしも「若者の街」には、同業他店——音楽を聴かせる店の進出が目立っていた。「曼荼羅」（74年開店）、「のろ」（76年開店）。それぞれの「場」で、フォーク＆ロックのファン——お客さんたちの棲み分けが進んでいるようだった。

ミュージシャンたちも新たなライフステージを迎えていた。高田渡とふみこさんの息子——高田漣は楽器を玩具《おもちや》代わりにする三歳児となり、中川五郎、シバ、友部正人も家庭を持ち、娘や息子が生まれる。時代の回り舞台が目に見えない速度でまわっているようだった。

70年代も後半、なにかが終わろうとしていた。背中に、なにやら忍び寄る気配がある。あれは80年代の足音だろうか？

この年、モーゼルの勝ちゃん、心筋梗塞で倒れて入院する。

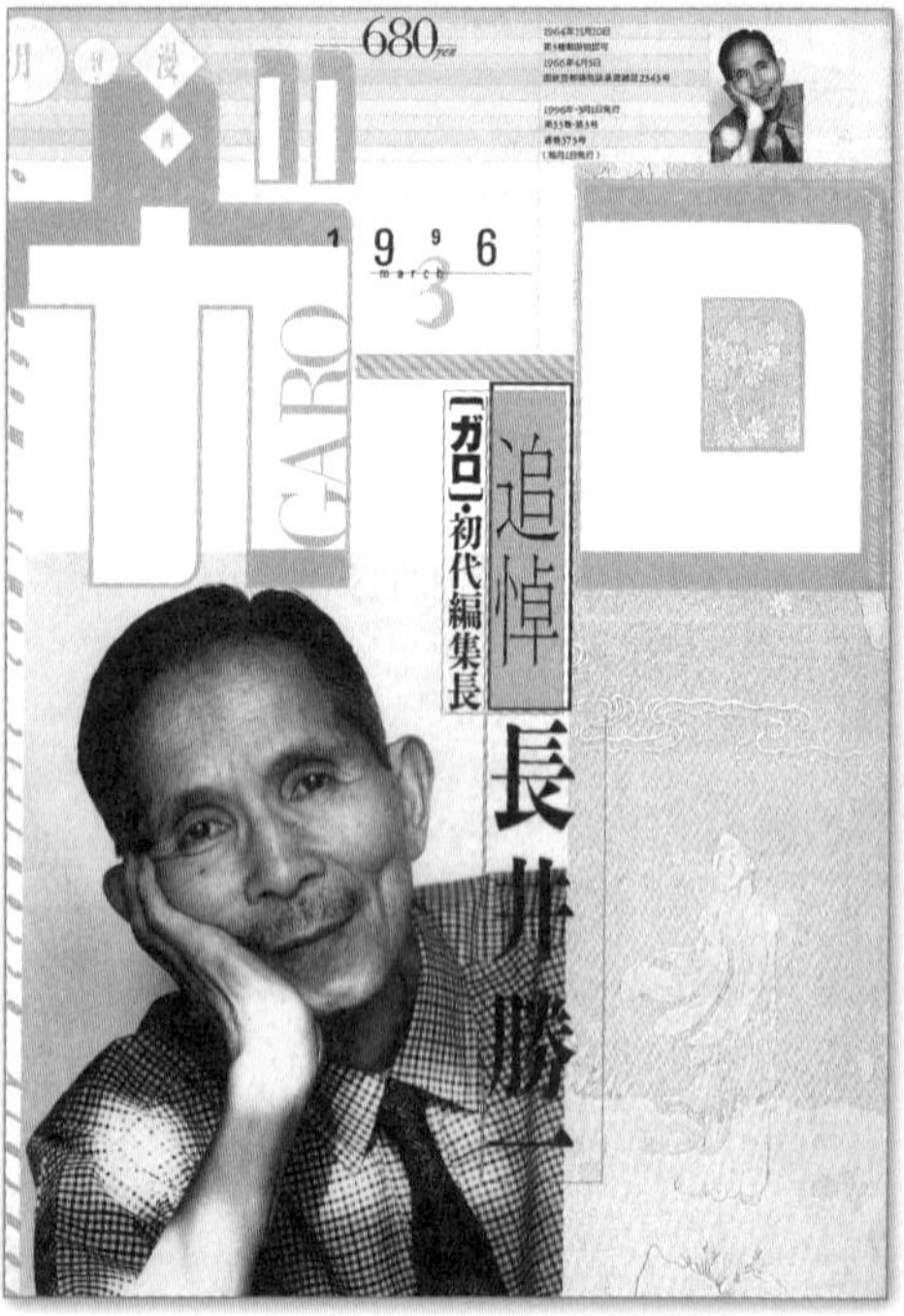

✣ 青林堂 月刊漫画誌『ガロ』1996年3月号。
表紙写真：荒木経惟。
表紙デザイン：羽良多平吉＆EDIX。

6.

飽きの日はつるべ落としでやってくる

——「解散パーティー」の夜、形見分けして

27 WAR IS OVER！

裸電球に揺れる白い乳房

1975年4月30日（現地時間）

この時期、東アジアの島国――ニッポンでは時代の変化がゆるやかだったかもしれないが、東南アジアでは歴史の劇的な転換点を迎えようとしていた。

この日――75年4月30日、南ベトナムの首都サイゴン（現・ホーチミン市）は晴れていたが、郊外の北部一帯は昼過ぎから驟雨《スコール》に見舞われる。北ベトナム人民軍の兵士＝キエンは、明け方までつづいた激戦で本隊からはぐれ、自分の小隊を探すために木陰に潜んで雨が上がるのを待っていた。ベトナムのドイモイ文学（刷新文学）を代表する作家バオ・ニンが著した『戦争の悲しみ』[*1]の一シーン……米国が露骨に介入したあのベトナム戦争、最後の一日の話である。

やがて、硝煙がたなびくインドシナ半島に太陽が顔を出した。

〈キエンは、ほんの一週間前までエール・フランスなどの民間機が発着していた滑走路の北端からタンソニュット空港に入った〉。彼はそれまでもうんざりするほど異様な光景を目撃してきたが慣れることはなかった。この午後も、空港ビルのいたるところにサイゴン軍の兵士たちの死体が雨に打たれたまま転がっていた。キエンはAK47（ソ連製自動小銃）を手に、死体をまたぎながらビルに入る。〈若い女性の裸体が、税関の入り口をふさぐ形で横たわっていた。鋏《はさみ》のように開いた両足。堅く上を向いた乳房。顔にかかった長い髪。なかば閉じた両目……〉[*2]

＊**1**＿バオ・ニン（Bao Ninh）著、井川一久訳『戦争の悲しみ（The Sorrow of War)』めるくまーる社（1997年、原著は1991年）。作家自らの戦闘体験を、北ベトナム人民軍MIA（作戦行動中行方不明者）捜索隊の兵士＝キエンに託して描いた秀作。

＊**2**＿バオ・ニン著『戦争の悲しみ』、「サイゴン、血まみれの勝利」の章より。

✣ ベトナムで発行された「ネコ年」の記念切手
✣ ジャングルに仕掛けられたトラップ（罠）

上✣2011年――対米勝利から36年目の「ネコ年」の新年を迎えるにあたり、国営企業の「VN Post（ベトナム郵便公社）」が発行した記念切手だ。額面は1万500ドン（日本円で60円程度）。

下✣北ベトナムの兵士がつくった「捕鼠器（ほそき＝ネズミ獲り器）」である。ベトナムの人びとはコメを主食とする稲作民族だ。大昔から、ネズミ対策には知恵を絞った。たとえば、彼らは身近にネコを飼ってきた。十二支暦にウサギ年の代わりに「ネコ年」が入るのは、ネコたちがそれだけ生活に密着した動物だったからだろう。

この写真は、ネコを同伴できないジャングルの戦線で、携行したコメを守るために兵士たちが手づくりしたバネ式捕鼠器だ。素材は、米軍からぶん捕ったAMMO-BOX（鋼鉄製弾薬ケース）の側板である。敏感なセンサー（針金）の先に付けたエサをネズミがかじると、バネが跳ねて侵略者を打ちのめす。非常に念の入った造りで、鋼鉄板をえぐってバネの受け口を立ち上げ、周囲には恐ろしげなギザギザの歯がヤスリで削り出してある（いずれも村瀬のコレクションより）。

前夜、南ベトナム軍の兵士が連れ込んだサイゴンの娼婦だろうか？ 裸体は死体だった。この空港ロビーで、なにか現実離れしたことが起きていたようだ。しかし、キエンは深く考えるつもりはない。最前線の兵士たちは知っていた。この朝、南ベトナム政府最後の大統領ズオン・ヴァン・ミンが政府軍全軍に無条件降伏を命じたことを。南ベトナム軍は総崩れになったのだ。政権が打倒され、サイゴンが陥落したことこそ、なにものにも代えがたい現実だった。

すでに、二年前、アメリカ合衆国はサイゴンの傀儡《かいらい》政権に見切りをつけ、米軍本隊をベトナムから撤退させていた。前日からこの早暁にかけ、残留アメリカ人と駐在官らは米軍空母から発着するヘリコプターに殺到し、先を争ってサイゴンを脱出する。タイのウタパオ米軍基地には、米国本土向けの輸送機に乗り遅れまいと、サイゴン軍の将兵と親米派ベトナム人の群れが押し寄せていた。沈船逃亡的老鼠（沈む船から逃げ出すネズミ）。

この年――1975（昭和50）年、日本の干支《えと》では「ウサギ（卯）年」だったが、ベトナムの十二支《じゅうにし》暦《れき》は「ネコ（mão）年」を迎えていた。そして、この日――4月30日、ベトナムの国土を荒らしまくった米国という大ネズミが、ネコ年の国のジャングルの罠にかかって潰走したのだ。

♪ WAR IS OVER!

東アジアの日本列島——吉祥寺・ぐゎらん堂では、年末でもないのに、ジョン・レノンとヨーコ・オノの曲「ハッピー・クリスマス／戦争は終わるよ（"Happy Xmas-War Is Over"）」が大音量で流れていた。1971年、ふたりが予告したとおりの結末になったのだ。「DIRTY WAR（汚い戦争）」が終わった。まちがいなく、時代は次のステージを迎えようとしていた。

1977年4月15日(金)

その日、開店前の午前中、私はラワンの棚板をノコギリで切っていた。これを暗褐色の塗料《ステイン》で仕上げ、鋳鉄製の棚受け《ブラケット》に載せて壁に固定する。ウイスキー瓶を並べる棚だった。夜の部のお客さんたちがボトルをキープしたいと言い出したのだ。

ぐゎらん堂では、開店以来、酒の提供を基本的に「一杯売り」で通してきた。ボトルの管理が厄介だったので馴染みの客にも丁重にお断りしてきた。わずかな例外はあった。洋画家の高以《たかい》良基《らもとい》（後に林武《はやしたけし》賞優秀賞受賞）、「早飲みクン」ことエッチング作家の漆山正美《うるしやままさみ》、安西水丸、「先生」こと日本画家の鳥屋《とや》尾亮《おりょう》。みんな大酒飲みの絵描きだった……あとはだれだったっけ？

「ボトル、置けますか？」と、何年か前、最初に言い出したのは「モーゼルの勝ちゃん」（青林堂の長井勝一社長）である。勝ちゃんは若い女性を連れて来店することが多かった。ワンレングスのボブヘアー、ベレー帽をかぶったショートヘアー、だれと決まっているわけではなく、その日によってちがう娘を同伴してこういうのだ。

「サントリーの角瓶、この娘《こ》の名前でキープしてくれる？」

「『長井さん』……じゃなくて？」

「わかるでしょ？　ほっほっほ！」

彼は、前年、心筋梗塞で倒れて入院したがしぶとく復活を果たしていた。ぐゎらん堂にもカムバックする。だが、時のうつろいは目に見えて正直だった。青林堂『ガロ』の編集長は、実質的に南伸坊が担っていた。ぐゎらん堂の客足は引き潮だった。常連客をつなぎ止めるために、私は「ボトルキープ」の棚板に塗料を塗りはじめた。

1977年4月19日（火）

遊びをせんとや生まれけむ！　胸に抱くココロザシ、姿かたちはちがっても、ぐゎらん堂に集う遊民たちの心意気は同じだった。みんな、よく遊んだ。春には花見、秋にはソフトボール大会、酒を飲み、汗を流し、笑い転げた。そして、この日は——

——　恒例！　お花見ハイキング／高尾山もみじ台（雨天翌週）

願ってもない快晴だった。新緑の山腹をケーブルカーに揺られて「高尾山駅」下車、そこから徒歩で目的地を目指す。山頂の見晴し台から西へ数分ほど下ったもみじ台の一角に、人知れず咲き誇るソメイヨシノの老木があったのだ。私たちは「高尾の天狗の隠し桜」と呼んでいたが、樹下の饗宴、そこが遊民一座の定席《じょうせき》だった。美酒をあおり、満開のソメイヨシノの花陰で「春花乱心！だるまさんが転んだ大会」を開催するのである。熊本の地酒「美少年」の一升瓶を肩にかつぐ中坊ひろしを先頭に、「まみ」と「川村くん」のカップルが山道を登る。

1977年——時代の風はちゃぶ台返しの花嵐。「この店じゃ、まだビートルズを聴いているのか!?」とPUNK ROCK REVOLUTION。〈女の性を抑圧することによって男の性は……〉とWOMEN'S LIBERATION。

その風を反映し、参加者は百花繚乱の二十名だった。パンク系ロック・マガジン『ZOO《ズー》』の編集人「クロ（黒田義之《くろだよしゆき》）」。奄美大島からやってきたEve《イヴ》たちはLib《リブ》だった——「朝子（蘇圭《いけるけい》子《こ》）」と「ピノコ（大野律子）」。後にピノコの伴侶となる「ミヤドー（宮堂譲《みやどうゆずる》＝「わいせつ裁判」応援団長。馬並みの長身長顔の持ち主で、ぐわらん堂の「馬オジサン」といわれていた）」は、敷物《ゴザ》の運搬係。虹色科学の羽良多平吉博士は『夜間飛行』のサン＝テグジュペリ!?　白いつなぎの飛行服に身を包んで登場、すれちがう人びとの目を引いていた。

賑々しくも長髪族の花見行、ふみこさんは高田漣（三歳八ヵ月）の手を引き、ながいは飛礫《タブテ》と、「よっこ（シバの当時の伴侶）」は娘の「あかねちゃん」をおんぶして坂道を昇る。私は不思議《ハテナ》（生後十一ヵ月）を背負子《ベビーキャリア》に背負って……。

この日は、酒宴のスペシャリストが同行していた。吉祥寺ダイヤ街にあったマグロ専門店に勤める「魚屋サン」が、山上で本マグロの刺身をふるまってくれたのだ。ぶっとい中トロの柵。晒《さらし》の手ぬぐいにくるんだ柳刃包丁を取り出し、鮮やかな手さばきで切り分けて大皿に盛る。一陣の山風が頬を撫で、天に舞う花吹雪。散りぬる花びらを盃に受け、飲み干す冷や酒は美少年。みんな元気だった。白髪の目立つやつはだれもいなかった。

三十年後の2007年、じつは、このシーンが再現される。ニューヨーク在住の「メグ」の一時帰国を祝う宴会の席で、だれかが言い出したのだ。「あの隠し桜って、まだあるのかな?」「行ってみるか?」。桜はあった。みんなは白髪だらけだった（Icon Zone / Special Thanks Pages 参照）。

1978年〜1979年某月某日

78年のある日、私は自転車を走らせて店へ向かっていた。出がけにラジオから聞こえてきたコマーシャルソングが耳の底で鳴っている。♪あ、風がかわったみたい（1978年「伊勢丹」春のキャンペーン）。このコピーを書いた土屋耕一がそれを意識していたかどうかは定かではないが、その風はすぐれてフェミニンな風だった。

女ヨ、もう男の便所になるのはやめよう!

70年代初頭、ぐゎらん堂のトイレの壁に書かれた幽《かそけ》き落書き。あのころ、その思潮（ウィメンズ・

リブのラディカルな理念）は、少数派文化《カウンターカルチャー》のなかでもそのまた少数派だったかもしれないが、数年の時が流れ、この時期になると、大きなうねりとなってニッポンの男社会を根底から揺るがそうとしていた。多くの女性たちが、日々、モヤモヤと、肌で感じている無数の「?」があったのだと思う。

なぜ、男たちは女を怒鳴《どな》るのか？　なぜ、女たちは男のラヴドール（性的人形）に甘んじるの？　なぜ、「主婦」は「娼婦」を蔑《さげす》むのか？　夫や恋人に殴られてできた目の下の青タンを、なぜ、女たちは「階段で転んじゃって……」とか言い訳するのか？　役所に「結婚届」を出すとき、なぜ、妻と夫は同姓にしなければならないの？　そもそも、なぜ、女がメシをつくり、皿を洗わなければならないのか？　ホント、なぜなんだ？

すでに、ジェンダーとはなにか？　セクシズム（性差別）とはなにか？　リブの女性たちやフェミニスト、女性学研究者が執筆した書籍がぞくぞくと刊行され、全国各地で多くの学習会、討論集会、合宿が開催されていた。「女たちの場」の開設が呼びかけられる。ぐゎらん堂にも、70年代初頭から、彼女たちからのっぴきならぬメッセージが届いていた。

♀　リブ・センターを全てのグループ、全ての女たちの闘う拠点にしようではないか。どんなささいな疑問もイメージも、この際徹底的にぶつけ合おう！（リブ・センター世話人会準備委員会＝埼玉県和光市・○○番地○○荘）

♀　7・30　カンパの金もってかけつけよう！　中絶禁止法反対打合せ会（千駄ヶ谷区民会館）

♀　8・3　優生保護法その他の報告＋討論（渋谷・大向区民会館）

＊3__SUPER HEAD MAGAZINE『ZOO』No.21
（編集人＝森脇美貴夫、黒田義之、相川和義、曽我修衛、中村圭子）1979年4月、ZOO発行。

♀ 8・19〜21 みんな行こう！ 第2回全国リブ合宿準備中。場所＝積丹《しゃこたん》半島、連絡先＝札幌市北三十条△△荘（いずれも「名まえのないしんぶん」1972年7月25日号より）

1978年、あの店には「ランブリング・ゴシップ・マザーズ（さまよえる井戸端の母たち）」と名乗るグループがあった。日ごろ聞き込んだ男たちの醜聞《ゴシップ》をなんでも話題にしちゃおうという女たちの結社で、メンバーは青木ともこ（ミュージシャン）、ふみこさん（高田漣の母）、そして、ゆみこ・ながい・むらせ（ぐわらん堂のママ）たち。それぞれ、娘や息子をもつ母である。青木とながいは、パンクロック系マガジン『ZOO』に「トモコとユミコの井戸端会議」というコラムを連載していた。ある号に、ながいが「花咲くオニギリ部隊はどこへ行ったの？」と書く[*3]。

〈アニエス・ヴァルダの近作『歌う女・歌わない女』〔フランス映画、1977年〕の紹介記事を見ていて、興味を覚えた。68年の五月革命の頃「フランスで滑稽だったのは、革命を論じる集会で、男たちが女たちに『ちょっとカフェをいれてくれ』『この書類をタイプして』と命令していて、女はつねにアシスタント的役割しか演じさせてもらえず、革命を口にする若い世代の間でも、こと女性問題に関しては、まったく体制側と同じだった」というヴァルダの発言をのせた箇所を発見したからだった。「フランスよ、お前もか！」といった気持ち……〉

〈これは、私が証言するんだけど〉と、ながいは学生時代の自分と彼女たちを思い出す。あれか

ら十年、あの心やさしい女性たち——花咲くオニギリ部隊はどこへ行ったの？＊4

〈1966年、第一次早大闘争で、大学本部を占拠して籠城した男子学生に運ぶオニギリを、大量につくったのは、オニギリの数と同じくらいたくさんの女の子たちだった。それ以後、68、69年の全共闘運動、斗争の戦術やスタイルは変わったけど、そのことだけは変わらなかった〉

　そのように、ニッポンの男社会のうるわしき「伝統」を確認しておけば、大日本帝国の軍隊では下級兵士、初年兵らが部隊のメシをつくり、皿を洗った。日本相撲協会の相撲部屋では幕下以下の力士と新弟子たちがメシを炊き、ちゃんこ鍋をつくる。甲斐甲斐《かいがい》しく給仕し、食後の後片付けをする。なぜ、兵卒や褌担《ふんどしかつ》ぎ（関取衆の従者）たちなのか？　彼らは階級が低いからだ。男だけの生活集団では、その群れの中で地位が低い者がメシをつくる。

　いま、日本の大多数《マジョリティ》の家庭では母、妻、娘——女たちが台所で立ち働く。共働き夫婦でも、妻がキッチンでメシの支度に忙殺されているとき、夫は居間でゴロゴロとゴマフアザラシのぬいぐるみ。

　男と女が暮らす生活集団（日仏の「革命集団」を含む）では女がメシをつくる。

　なぜ、女なのか？　それは、男と女がいる集団の中では、女の地位が低いから——だ。差別社会では、メシづくりは、社会的地位や階級がより低い者が担当する（担当させられる）。これが、男社会のロコツな秘めごとだった。昔も今も、女たちは下級兵士……？

　だが、70年代、あれもバレバレこれもバレ。宙に浮かんでいた女性たちのモヤモヤが、はっきりと、決定的に像を結びはじめたのである。私は、あの店の日常のなかで、なにか有無を言わさぬような時代の節目を感じていた。そのひとつの象徴がブラジャーだった。

見た目も嫋《たお》やかな女性の専用具──「BRA《ブラ》」。

ブラジャーの話、ちょっとだけ深入りしてもいいかな? 興味あるだろ?

昔むかし、たとえば、19世紀の大英帝国。上流・中流階級の女性たちが身に着けるブラは「コルセット(体型補正用胴着)」の一部だった。ヒップ(腰部)の上にあった胸当てである。別の言い方をすれば、コルセットとは女性の胴体全体を締め上げる巨大なブラジャーだった。生地は厚手の亜麻布《リネン》や皮革《かわ》、下地に堅い補強材*5が縫い込まれた物々しい装具である。女性の身体は呼吸が困難になるほど拘束され、血行不良や酸欠になって卒倒する者もいた。

さらに、彼女たちの下半身──腰や脚線は、鋼鉄のフープ(輪)が入ったクリノリン(釣り鐘状の骨組み)とロングスカートに覆われ、胸元には襟のフリル、うなじは長い髪と複雑な髪飾りで隠された。背後には、頑迷なオヤジ帝国主義の思惑があった。

なぜなら、ヨーロッパの家父長たちは、自分の妻や娘の胸、腰、脚、肌──つまり、女としての性的記号をよその男たちの視線にさらすのを極度に警戒していたからだ。自分が、隙あらば、他家の女性の肌を覗き見したいと思っていたとしても、である。

コルセットをはじめとする、ヨーロッパのヴィクトリア朝(1837〜1901年の大英帝国)的ファッションは、女性たちにとって「物理的なシバリ」である以上に、男性社会の利害に沿った道徳、宗教、処女崇拝といった目に見えない「多数派文化《メインカルチャー》のシバリ」だった。当時の女性は〈一生の間で

＊4__SUPER HEAD MAGAZINE『ZOO』No.21。
＊5__たとえば、木骨(もっこつ)、鋼鉄線、鯨のヒゲなどで補強されていた。

✣ブラジャー誕生！ 女性たちの「胸算用」

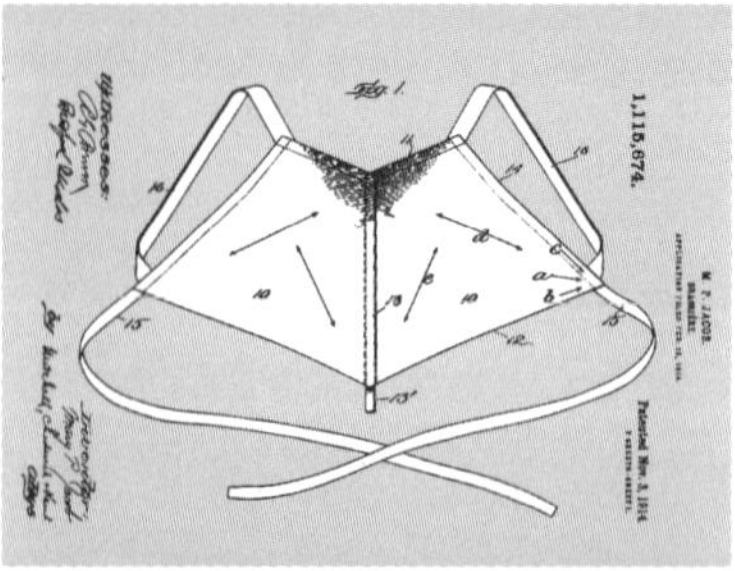

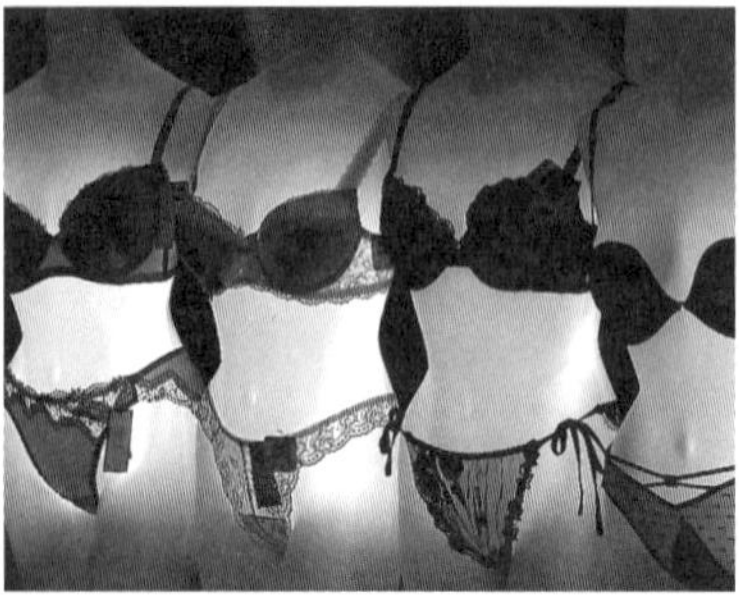

上✣1914年11月、米国商務省に奇妙な特許申請書が提出された。図面にはゲイラカイトをひろげたような絵が描かれている。世界初の「BRA」——メアリー・フェルプス・ジェイコブのバックレス・ブラジャー（背中見せブラ）だった。写真：Jacob's brassiere, from the original patent application。

下✣2006年、東京・新橋の地下街で見かけたブラのディスプレイ。戦後、日本の下着業界はブラジャーが全く売れずに悩んでいた。1949年、ワコールがバストを大きく見せるための「ブラパット=針金をお椀型の円錐状に巻き、綿で包んだ胸当てパッド」を発表したところ「胸を目立たせたい！」という若い女性たちの間で爆発的な人気商品になる。その売れ行きに引っ張られるようにしてブラジャーが売れはじめ、広く普及した。

1952年、ワコールは大阪・阪急デパートで男性入場禁止の“下着ショー”を開催。会場は超満員！ ブラは「見せるためのインナーウェア」へと変貌していく。

自分の肉体を見せる人は、たった三人しかいないとされていた。つまり、産婆と夫と屍体を洗う人と、これだけである〉。*6

世界最初の「BRA（BRASSIERE）」は、1914年、アメリカで誕生する。ニューヨーク社交界の花形=メアリー・P・ジェイコブが特許申請した「バックレス・ブラジャー」。図面に描かれた胸当ては、二枚のやわらかなハンカチーフとリボンの吊りヒモだけでつくられており、恐ろしげな拘束具の面影はどこにもない。ブラはついにコルセット帝国から独立を果たしたのだ。

1920年代〜30年代、欧米では、ピンクのサテン（繻子《しゅす》）とリボン飾り、絹のレース編み、1940年代には「夢の新素材=ナイロン」と、軽く、フェミニンな意匠のブラジャーがぞくぞくと発売される。女性のボディラインを整えるファウンデーション——ブラ、パンティ、スリップ、ストッキングがファッションの重要なアイテムになっていく。

体型を美しくしたい！ 身体の線からお洒落したい！

だが、その「女性美」は、たとえコルセットから独立を果たしたとしても、ブラジャーが胸を締め付ける装具であるかぎり、女性が自分の身体を自分自身で解放した美しさではなかった。それは男たちの目を意識し、その視線を反射させた合わせ鏡。女の胸はこうあらまほし……と求める男性社会からの「期待される女性美」でもあった。

そんなブラに強烈な「NO！」を突きつけたのがウィメンズ・リブの女性たちである。

TAKE ♀FF Y♀UR BRA!

女の胸からブラジャーを外せ！

1960年代のアメリカ合衆国、リブの女たちは男たちの目の前でブラを外し、火を点けた。胸をはだけてこういった。「でも、この胸はあんたのものじゃないよ！」

日本では、1971年8月、信濃平《しなのたいら》の山荘で三泊四日の「第一回リブ合宿」が開催される。全国各地から、学生、アルバイト、会社員、公務員、ジャーナリスト、未婚の母、子連れの主婦——三百人を超える多様な女性たちが集まった。作家の林郁《はやしいく》は、当時の情況をこう記録する*7。

〈その夏、ひとりでリブ合宿に参加した。郷里に子どもを預け、飯山まで電車、そこから徒歩で合宿場に着く。モンペや上半身裸の女たち、その若さ！　フォークやロックの響き！　騒々しい中で女たちの正直な話に耳を傾け、性の反問にうなずいた。これまでの婦人解放運動は性の問題を正面から論議しなかった。日本の女が自身の性を正直に大勢の前で語るのは画期的なことだった〉。

彼女が出会った女たちは、メディアが揶揄するような「ブス」で「過激派」で「汚れた女」ではな

*6＿青木英夫著『風俗史からみたベル・エポックの時代——女性らしさと男らしさの時代』源流社（1989年）。

*7＿林郁「行動の季節、女たちと」、女たちの現在（いま）を問う会編『銃後史ノート戦後篇8／全共闘からリブへ——68・1〜75・12』インパクト出版会（1996年）。

かった。〈最後の夜、丘の上の焚火のまわりで女たちは踊った。ブラジャーを火に投げ込み、裸になって踊る。躍る。丘の下にはたくさんのパトカーが並び、農民の支度をした私服が坂を登ってくる……〉

燃え盛る焚き火を囲み、ブラを焼き捨てる女、裸で踊る女。彼女たちを摘発しようと、闇にまぎれて警察車輛が配備され、農民に変装した公安刑事が迫ってくる!? それはもう大騒ぎだったのである。女性がブラを外すことが、女が裸になることが、女自身が自分の性《セックス》を語ることが、男性社会にとっては、国家権力を動員して阻止しなければならないほどの一大事だったのか？

――――♪ あ、風がかわったみたい！

その風は「ぎんぎら通り13番地」へも吹いてきた。ある夜――この時期の土曜日だったと思う――ぐゎらん堂の客は八分の入り、店内にはハードロックバンド「アイアン・バタフライ」の「ガダ・ダ・ヴィダ（"In-A-Gadda-Da-Vida" 1968）」が流れていた。

ノリノリでラリラリ、エレキギターがサイケデリックに泣きわめき、濁声《だみごえ》でシャウトするボーカルにからみつ、離れつ、エレキベースの重低音。その一方で、教会のオルガン弾きのようにとりすましたキーボードが旋律をリードする。やがて、♪ DING DONG GADDA DA! 激しいドラム・ソロが腹の底を揺さぶって……と、そのドラム演奏が最高潮に達したとき、ひとりの女性客が席から立ち上がった。赤い丸首襟のセーターにスリムなブルージーンズ、高校生のころから常連だったN子だった。

彼女は長椅子《ベンチ》の上に乗って足を踏ん張ると、着ていたセーターの裾に手をかけ、身をよじるようにしてそれを脱ぎ捨てた。ドラムスのビートに合わせ、肩を揺すって踊りはじめる。彼女はブラを着けていなかった。ビューティフルな光景だった。裸電球にまぶしく映えるノーブラの胸と腹。揺れる、揺れる、ふたつの白い乳房。N子にとって、その自己表現《パフォーマンス》はちょっとした覚悟が必要だったのか、目は笑っていなかった。セーターを脱いだとき、襟に引っかかったショートヘアーが乱れている。アイアン・バタフライの曲が終わった。

マッチョで女好きのあの店のマスターは、レコードリストの【S】の項を思い出す。サム・テイラー（Sam Taylor）の「ハーレム・ノクターン」（1953年）——針を落とすと、サビの効いたテナーサックスが、妖しく、物憂げに、セクシーなムードを盛り上げる。すかさず、店内の灯りを落とし、ピンクのゼラチンを挟んだスポットライトを踊り子に向けた。

N子はこのパロディ空間（逆説的設定）が気に入ったようだった。豊かな胸を、誇らしげに揺すり、笑顔で踊りつづける。けど、この胸はハルキさんのものじゃないよ。高田渡が拍手して場を煽《あお》り、「やるもんですね！」と鈴木翁二が嬉しそうに驚いていた。

28 終末の予感？「水曜コンサート」の真相―後篇

1977年某月某日

70年代終盤の水曜コンサートである。この年の手帳を開いたが、スケジュール欄が1月から3月まで空白。出演者の詳細が不明だ。前年の慌ただしさが尾を引いていたようだ。

別の資料に当たってみると、一例だけ手掛かりを見つけた。佐藤ＧＷＡＮ博が贈ってくれたＣＤアルバム『月の歌』（2022年）――ディスクに添えて、収録された十三曲を解説した「覚え書き」が同封されていた。その十一曲目の記述にこうある[*8]。〈『あかんぼ殺しのマリー・ファラーについて』1977・2・21／最初に歌ったのは吉祥寺「ぐゎらん堂」の水曜コンサート、朝比奈逸人と二人のライブ。曲ができたのはライブの十日ほど前だ〉［傍点＝村瀬］。

本人に問い合わせると「2月21日は曲を完成させた日で、ぐゎらん堂に出演したのはその十日ほど後のこと――ってことは、逸人とのライブは3月2日の水曜日かな？」

1977年（『月の歌』の覚え書きより）

3・2　ガンさん&ヤス（佐藤ＧＷＡＮ博&朝比奈逸人）

佐藤ＧＷＡＮ博は、そもそも役者だった。劇団「自由劇場」の創立メンバーであり、ＴＶ俳優、放送作家（雁田昇《かりたのぼる》）でもある。シンガーソングライターとしてぐゎらん堂にデビューしたのは73

年ごろだったと記憶する。劇団仲間のバンド「JAM（jam）」――吉田日出子、大津彰、堀礼文、朝比奈尚行、その弟の「ヤス」らと水曜日の夜を賑わせてくれた。

70年、佐藤は〈高田渡の歌に衝撃を受けた〉という。この曲だった[*9]。

♪ どうもどうもいやどうも
いつぞやいろいろこのたびはまた……

（原詩＝谷川俊太郎、曲＝高田渡「ごあいさつ」）

演技者《アクター》である佐藤はその驚きをこう記す[*10]。〈初めて聴いた高田渡の歌は胸に刺さり、情景をはっきり見せて笑わせてくれ、演技にしろ歌にしろ表現はこうでなくちゃ！　と感動した〉

そう、人生にはこういう素敵なことがときどき起きる。けれど、それは必ずしもミュージシャンだけの手柄ではない。詩の力に与《あずか》るところが少なくない。

「詩」は人類が発明した最もすぐれた表現形態のひとつだ。卓越した詩はこれ見よがしに「文意」を脱ぎ捨てる。詩の本質は「音韻は意味より重し（言葉の意味より、その響きに重きを置くべし）」。詩は韻《いん》律《りつ》、詩は詩歌《しいか》。詩とはリズムであり、歌であり、もともと「音楽」なのだ。

♪ そんなわけでなにぶんよろしく
なにのほうはいずれなにして
そのせつゆっくりいやどうも

＊8＿、＊9＿、＊10＿佐藤GWAN博のCD盤『月の歌』（Funyalala Records、2022年）に添えられた「覚え書き」より。

ほら、とりわけまとまった意味もなくひらがなを並べただけで、文字がもう唄い出している。この場合は、高田渡の歌声の波間に谷川俊太郎が跳ね回っている。

さらに、詩は「詩画《しいが》」の域に達することがある。♪なにのほうはいずれなにして……目に浮かぶサラリーマンのおじさんたちのヒラメ目線。文字だけで、すでに「絵」になっている。

詩は「詩歌」にして「詩画」——これを自作の詩と曲で、しれっと演じているのが佐藤ＧＷＡＮ博だと思う。たとえば「忘れ物」という曲がある。

♪あんまり急いで　飛んだものだから
ツバメは道路に　影の忘れ物
空を飛ぶのに　影なんて
なくっても全然　困りはしない
ツバメが落とした　影の忘れ物
丸めてたたんで　ポケットに入れた

（詞・曲＝佐藤ＧＷＡＮ博「忘れ物」１９７３年）


五月、雨上がりの街、忙《せわ》しげに低空飛行するツバメたち。急旋回したはずみに、あ？　なにか落としたぞ。アスファルトの路面に残された燕尾服のシルエット。もしもし、忘れ物ですよ。

この曲は「歌」ではなく、ほとんど「絵本」だ。古来、詩画とは詞書《ことばがき》が添えられた一枚の「静止画」のことだ。ところが、この絵本は「動画」になっている。ギターサウンドにのって物語が進んでいくと、ページをめくるように絵が動いていく。

♪　あんまりせわしく　ポンポンはぜるので
ほうせんかの殻《から》に　音の忘れ物
種をはじくのに　音なんて
なくっても全然　困りはしない
ほうせんかの音　そっと包んだ
すきとおるセロファン　ポケットに入れた

彼は二つの忘れ物を上着のポケットにしまって海辺へ行った。すると、そこで三つめの忘れ物に出会う。たったいままで水平線で燃えたぎっていた太陽が、海面に真っ赤な夕焼けを残したまま沈んでしまったのだ。波に貼りついた夕焼けの忘れ物、彼はビンに詰めてポケットに……。
そして、この寓意に富んだ絵本は、映画でいえばエンディングを迎える。

♪　ポケットに入れた　みんなの忘れ物
上着と一緒に　どこかに忘れた

四つめの忘れ物は、みんなの忘れ物をしまってあった上着だった。いや、エンディングといったけど、これは予告編《トレーラー》かもしれない。観客に予感と期待を抱かせるのだ。この男、次になにを忘れるのだろう？　今度はどこかにズボンを脱ぎ忘れる？　人は忘れ物の達人だ。愛しい人に出逢ってワレを忘れる。至福のひとときに時間を忘れる。やがて、なにを忘れたのかを忘れてしまう時が来る。だとしても悔いることはない。忘却とは解放のことだ。そろそろ、肩の荷を降ろさないか？　人よ、寛《ゆる》かなれ（金子光晴の至言のひとつだ）。やさしい男なのである。

「絵本」とか「やさしい」とかいうと乙女チックなメルヘンおじさんを連想するが、佐藤の場合は、たじろぐことなく現実を直視するリアリストでもある。たとえば、ぐゎらん堂で初披露してくれた「あかんぼ殺しのマリー・ファラーについて」はこんなトーキング・ブルースだ。

♪　マリー・ファラー／生まれた月は春四月だが
みなしごで未成年、賞罰なしクル病／ふしだらとは見えなかったという噂
「この通り殺しました赤ん坊を」と／自供して彼女は語る。
二ヶ月ばかりの頃に／怪しげな女の　注射二本で堕《おろ》そうとしたが
駄目だった、ただひどく痛かっただけ

だけど君たち待ってくれ　怒るのは早い
生きるものはみんな　助け合わなければ生きられない

（原詩＝ベルトルト・ブレヒト、訳詩＝野村修、曲＝佐藤ＧＷＡＮ博。１９７７年）

この歌は、どんなに大規模なコンサートであっても、会場の雰囲気をがらりと変えてしまう。我々の社会が身にまとったフォーマルドレスの脇の下から、♪ Ｏｈ マリー・ファラー！ 伏せられた現実を暴く「コト告げ虫」が百足《ムカデ》のように這い出してくるのだ。襟元、裾の下からも。

♪ マリー・ファラー／生まれた月は春四月でも
最後死んだのは監獄の中／私生児を生み、殺し、罰せられた
でも、もろくない命なんてあるんだろうか？
君たち、妊娠をめでたいと言い
君たち、生まれるベッドはいつも清潔
だから彼女をロクデナシと呼ばないでほしい
罪は重いが、苦しみもまた

だから君たち待ってくれ　怒るのは早い
生きるものはみんな　助け合わなければ生きられない

佐藤ＧＷＡＮ博という男をひとことで表現するなら「奇妙な果実（“Strange Fruit” by Billie

Holiday）」か。その果物を実らせる木の学名は定かではないが、とても奇妙なフルーツだ。表皮はつるりと富有柿《ふゆうがき》、果肉はとろとろの完熟メロン。お、甘そう、やわらかそう！　と思ってがぶりと齧《かじ》ると前歯が折れる。果芯に、アボカドの種子に似た堅い異物を隠しているのだ。鋼鉄製《ハガネ》のＤＡＮＧＷＡＮ!?　それが、この男の「核」なのだと思う。

１９７７年４月〜７月（手帳から抜粋／ライブ料金三百円）

４・20　ジミー矢島　　４・27　仲田修子
５・11　高田渡＆ヒルトップ・ストリングス・バンド　　５・18　シバ
５・25　三上寛　　６・８　仲田修子＆ペーパーナイフ
６・15　さかうえけんいち　　６・22　友部正人
７・６　中川五郎＆青木ともこ　　７・27　高木たかし

――ここからが、77年の私の手帳に残されていた出演者の記録だ。

５月11日、「高田渡＆ヒルトップ・ストリングス・バンド」。渡を中心に、ディキシーランドジャズに取り憑かれたキヨシ小林（バンジョー、ウクレレ）、佐久間順平（弦楽器全般《ストリングス》）、大庭珍太（ベース）、後藤雅広（ジャズ・クラリネット）らがニューオーリンズの街角を賑々しく再現する。四ヵ月後、高田渡はバンドの名義で通算七枚目のアルバム『ヴァーボン・ストリート・ブルース』をリリース。小室等がプロデュース、三浦光紀がディレクターをつとめた70年代後半を代表する名盤である。

＊11＿、＊12＿高田渡著『バーボン・ストリート・ブルース』。
＊13＿座談会「アマチュアが世界を変えるとき——フォークソングが提起したもの」
（出席者：三上寛、中川五郎、友部正人、司会：村瀬）、
『流動』1979年5月号 ＝特集「同時代宣言」、流動出版。

しかし、この後、渡のディスコグラフィ（アルバム制作歴）は六年間の空白がつづく。彼は自伝『バーボン・ストリート・ブルース』に、自身の1980年代を評してこう書く*11。

〈この時代の僕のことを、人はよく「沈黙の一九八〇年代」と形容する。／たしかに八〇年代には『ねこのねごと』（一九八三年）というアルバムを一枚しか出していない。次にアルバムを出すのは、その十年後の一九九三（平成五年）のことだ。／しかし、僕は沈黙など一度たりともしていない。だいたい十年間も沈黙していたら、食えずにとっくに死んでいるはずである〉

その80年代が近づいていた。高田渡はレコーディングよりライブ活動に明け暮れ、日本全国をツアーする。だが、このころの渡は精彩を欠いていた。「いせや」のカウンターで見かけることが多くなる。自伝で深くは触れていないが、数年前から〈奥さんとはうまくいかなくなっていた〉と書く*12。〈『ヴァーボン・ストリート・ブルース』の〉レコーディングを終えたあと、僕は家を出た。／離婚したのは、僕のわがままだったと思う〉（P082参照）。

同じく5月、三上寛が出演。彼は「津軽が生んだAマイナーの怪人」だ。この男と私は、棒磁石に喩《たと》えればS極とN極——正反対の存在ではなかったかと思う。三上の髪型はヤクザの舎弟風《しゃていふう》角刈り、私は肩まで届く長髪。三上の体型は胸が厚い固太り、私は痩せたロング・トール・サリー。そもそも、彼は青森県北津軽郡小泊村《こどまりむら》（現・中泊町《なかどまりまち》）の生まれで、私は横浜生まれの湘南育ちだ。ある月刊誌の座談会でこんなやりとりがあった*13。

三上　あの横浜とかさ、あの近辺にいる連中の「オレよゥ」ってのはサ、なんていうか、実に、都会っていう感じなんだなあ。
村瀬　オレ、横浜。（笑）
三上　ああいうの、真似できないね。ほんとにトッポイのね。おれたちは、ヤクザっていうか、東北言葉っていうかナ。

だが、対極にある陰陽も時に反転して相通ずる？　なぜか気脈の通じるところがあった。

「おれなんか、Aマイナー一筋でもう八年……」と、ぐゎらん堂のステージでギターの棹《ネック》を客に見せながら三上のライブがはじまる。フィンガーボード（コードを押さえる棹の表面）の一部が黒ずみ、凹んでいる。Am《エーマイナー》のポジションを押さえつづけた指の跡だった。

「でも、なぜ、Aマイナーなの？」客席から女子高生が質問する。

「やっぱり、アキラ（小林旭）って感じかな。わかる？」

三上寛もまた比類なきリアリストなのだが、彼の表現は『カリガリ博士』（ドイツ表現主義の無声映画、1920年）の背景に登場する舞台美術《セット》のようにシュールリアリズムだ。自ら「三上工務店」を名乗るこの男は、♪　ひびけ電気釜〜！　身のまわりのリアル（日常）をシュールな大工道具をふるって別物に加工してしまう。彼の曲のタイトルや歌の一節を手当たり次第に切り貼り《コラージュ》すると、この時期、三上はすでに余人の及ばぬ表現者《アーチスト》の境地で遊んでいたのがわかる。

〈♪　小便《しょんべん》だらけの湖に〜／パンティストッキングのような空／オートバイは失恋し／キンタマはときどき叙情的だ／輝け納豆！／わめけガスコンロ！／燃えろふしあわせ！／殺すな俺を！／洗濯バサミにはさまれた太陽で／俺たちあしたを何で決める／あしたのジョーなんかきらいだ！／正義は歴史の水鉄砲よ／だれにも知らさず磨いたナタで／おれたちいったい何を壊す!?／ああ、なんてみっともない人類の平和なんだ／風がデタラメに吹くなかを／三上工務店、三上工務店、三上工務店が揺れる！　揺れる！／乾いたサルマタが青空にはためき／カツ丼はさらにさらに重く運ばれてきた……（コラージュによる「三上寛ヒットパレード」）〉

そして、なんといっても、極めつけはコード・Aマイナーのあの歌だ。

♪　質《しち》に荷《に》をたしゃ　苦《く》になるが
　苦になりゃ　まだまだいいほうで
　死《し》に死《し》をたしても　苦になって
　夢は夜ひらく

　サルトル　マルクス　並べても
　明日《あした》の天気は　わからねえ

ヤクザ映画の　看板に
夢は夜ひらく

（詞＝三上寛、曲＝曽根幸明《そねこうめい》「夢は夜ひらく」、1971年）*14

歌はいきなり崖っぷちの足し算からはじまる。「質《しち》（質屋）」を「七《しち》」、「荷《に》（質入れする荷物）」を「二《に》」と読ませる掛け言葉。質屋に預けた家財は流れ、最後の蒲団《ふとん》を入れなきゃ食えぬ。「九《く》」が「苦《く》」になれば、「四《し》」に「死《し》」がよぎり……追い詰められるビンボー人、その絶望の方程式だ。♪いくら足しても足りやせぬ、夢は夜ひらく。

実存主義やらマルクス主義も腹の足しにはならないのだ。当てなく歩く映画街、泥の絵の具の看板にゃ、抜き身をかざす高倉健。いっそ一花咲かせるか？

♪　生れ故郷の　小泊《こどまり》じゃ
今日もシケだと　云っている
現金書留　きたといい
走る妹よ

捨てたつもりの故郷《ふるさと》だけど、今日も漁師が食い詰める。窓が震える台所、母が数える一円玉に、郵便局員の声がした。駆け出す妹はお下げ髪なんだろうか？

＊**14**__責任編集・田中汪臣／AD・柴村ムニ『'71全日本フォークジャンボリー』協楽社（1971年）に収録された楽譜及びその時点で唄われた歌詞から採録。

♪八百屋の裏で　泣いていた
子供背負った　ドロボーよ
キャベツひとつ　盗むのに
涙はいらないぜ

そうだよ。涙もいらなきゃ、憐れみもまた……1970年代、ぐゎらん堂で初めてこの歌を聴いたときにも思ったが、いまもやっぱりそう思う。Aマイナーの怪人さま、そのとおりだよ。

1977年8月〜12月（手帳から抜粋）

8・10 高田渡&ヒルトップ・ストリングス・バンド
8・17 児島鉄兵／原山康弘　9・14 消防団（村瀬雅美+α）
9・21 中村順一／明石憲志　10・5 佐藤GWAN博　10・12 古川豪
10・26 小林清（キヨシ小林）　11・9 田中研二
11・16 くつわだたかし&山口呆介　11・23 シバ　12・7 友部正人
12・21 こじこじ・だうんほーむ・ばんど　12・28 中川五郎&青木ともこ

9月出演の「消防団」は「武蔵野タンポポ団」のベーシストだった村瀬雅美が率いるセッション・バンドだ。吉祥寺の音楽シーンから消えていたマサミがカムバックする。71年、高校生のアマチュア・バンド「世情半《よじようはん》」でデビューした小林清はすでにプロ。8月に「ヒルトップ・ストリングス・バンド」のメンバー、10月にソロのシンガーソングライターとしてステージに。11月23日、シバのステージは、サードアルバム『夜のこちら』（ベルウッド）の発売をお披露目する記念コンサートだった。12月に「こじこじ・だうんほーむ・ばんど」が登場。絵本作家の長谷川集平と相棒《パートナー》の「クン・チャン（白髭《しらひげ》くみ子）」、長谷川光平（長谷川集平の弟）たちが結成したブルース&カントリー・バンドだ。以後、水曜コンサートのレギュラーになっていく。

1978年某月某日

1978年1月〜6月（手帳から抜粋／ライブ料金三百五十円）

1・11 高田渡&ヒルトップ・ストリングス・バンド
1・18 シバ　1・25 佐藤龍一&佐久間順平　2・15 三上寛
2・22 知《ち》念良吉《ねんりようきち》　3・15 中川五郎／青木ともこ
4・5 くつわだたかし／安田《やすだ》雅司《まさじ》郎《ろう》　4・12 スカイドッグ・ブルース・バンド
4・19 友部正人　4・26 津和《つわ》のり子
5・10 アーリー・タイムス・ストリングス・バンド
渡辺勝《わたなべまさる》、村上律、竹田裕美子（金《きん》ちゃん）、今井忍、松田ａｒｉ幸一
6・7 消防団　6・14 田中研二

6・21 北京一のパントマイム・ショー
6・28 歌とトーク&詩の朗読=青木ともこ／ゆみこ・ながい・むらせ／グリコ（江崎泰子）

70年代も九年目に入った。フォークブーム以降に頭角をあらわした新世代の出演が目立つ。佐藤龍一、くつわだたかし、安田雅司郎、スカイドッグ・ブルース・バンド。

2月に登場した知念良吉は「憂鬱なるオキナワンボーイ」だ。沖縄本島中部の街=コザ（現・沖縄市）で生まれたブルース・シンガーである。

沖縄の対抗文化は、日本本土のカウンターカルチャーと同列に語ることはできない。沖縄人《ウチナンチュー》の「パラレルワールド」は、日本人《ヤマトンチュー》のそれとは異質で、独自に形成されている。あの南の島々がいまもなお嘗《な》めている辛酸の歴史と、やり場のない「くやしさ」が深く関係しているのだろう。なにしろ、ぐゎらん堂開店時（70年10月）には、亜熱帯の空に星条旗がはためき、渡航するときにパスポートが必要なOKINAWAだったのだから（P023参照）。

OKINAWAのフォーク&ロックには独特のしたたかさがある。虚空に突き抜けてしまった悲しみ。うらはらに、底が抜けたような明るさ。なかでも、コザは、米軍基地の街の混沌《カオス》と種々雑多な音楽のチャンプルー鍋が生んだオキナワン・ミュージックの聖地だ。この街は数々のアーチストを輩出し、新しい島唄を誕生させる。

ベトナム戦争下、米軍兵士たちの耳を驚かせたハードロック・バンド「紫」（70年）、「コンディション・グリーン」（71年）。照屋林賢《てるやりんけん》と上原知子《うえはらともこ》が率いる「りんけんバンド」（77年）、オキナワンロックの女王＝喜屋武《きやん》マリー（71年）とキラ星のごとく。そして、♪ハイサイおじさん！（72年）の「喜納昌吉《きなしょうきち》&チャンプルーズ」。♪イーヤーサーサー！　ハーイーヤ!!　その音楽性の背景には、嘉手苅《かでかる》林昌《りんしょう》（島唄の父、1920〜99年）や大城美佐子《おおしろみさこ》（沖縄民謡の伝説的女性歌手、1936〜2021年）らの存在があるのだろう。

佐渡山豊《さどやまゆたか》もまたコザが生んだシンガーソングライターだ。72年、まよなかしんや、知念良吉らと「沖縄フォーク村」を立ち上げる。彼は「異国による沖縄支配」をこう唄う[*15]。

♪唐《トウ》ぬ世《ユー》から大和《ヤマト》ぬ世《ユー》（中国王朝の支配から日本による併合）／大和ぬ世からアメリカ世《ユー》（日本の支配から米国統治）／アメリカ世からまた大和ぬ世（米国統治からまた日本の支配下に）／ひるまさ変わゆるくぬ沖縄《ウチナー》（くるくる変わる宗主国、いつまでつづく植民地時代！　この沖縄よ……）。

エメラルドグリーンの美《ちゅ》ら海《うみ》を横目に、オキナワンボーイ、オキナワンガールの憂いは尽きない[*16]。知念良吉は、反基地闘争の最前線――辺野古《へのこ》ゲート前でいまも唄う。

♪おれの心に沈んでいる
あの娘《こ》のいじらしい瞳
灼けた白い砂浜に
悲しみを洗い流しただろうか
あゝ何処《どこ》へ行く　オキナワンボーイ

＊**15**＿詞・曲＝佐渡山豊「ドゥチュイムニィ（独り言）」1973年。
＊**16**＿知念良吉のCDアルバム『オキナワンボーイの憂鬱』
TOKUMA JAPAN COMMUNICATIONS（1998年）に由来する。
このレコーディングには、佐久間順平やアーリー・タイムス・ストリングス・バンドの竹田裕美子も参加、
「何処へ行くオキナワンボーイ」（1982年頃の作か?）もこのディスクに収録されている。

都会のホコリを食べながら
あゝ何処へ行く　オキナワンボーイ
悔《くや》しさの爪跡を残して
（詞・曲＝知念良吉「何処へ行くオキナワンボーイ」）

4月26日、ぐゎらん堂は新たなブルーズウーマンと出会う。津和のり子――彼女はアフロ・ブルースの真髄を極めたアーチストだ。

この年の前年――77年に、津和のり子は日本映画界の脚光を浴びる。舘《たち》ひろし、内藤やす子、入《いる》鹿《か》裕子《ゆうこ》らが出演する東映映画『地獄の天使／紅い爆音』。女たちの暴走族の非情な生きざまを描いたこの映画に「やさぐれ怨歌《えんか》の星」としてキャスティングされ、劇中歌を唄った。米軍基地の港町――横須賀でスナックを経営するママの役だった。

♪ 運が悪いのさ　またも筋書き通り
嘆きのラブストーリー　クレイジーダンスの後は
ハート破れて　財布ノーマネーさ
ドジふんじゃったよ
ほれてふられてブルース　ほれてふられてブルース
ラリルレロラブ　バビブベボ　バイバイ

シャバラシャバラ　シャバノカゼ　やけに冷たすぎて
ミーのハートは　ダークブルーさ
さよなら　マイラブ　ノーリターン
ほれてふられてブルース　ほれてふられてブルース
ほれてふられてブルース　ほれてふられてブルース
（詞＝津和のり子・鈴木史郎、曲＝津和のり子『ほれてふられてブルース』1977年）

この歌を、津和のり子は圧倒的な歌唱力を発揮し、知的な情感を漂わせながら唄うのだ。緩急自在、グルーヴする（心地よい波動で波うつ）メロディーライン、歯切れのよいビート。思わず身体を揺すり、ステップを踏みたくなる。もし、日本の歌謡界で「ブルースの女王」を選ぶファン投票があったら、淡谷《あわや》のり子は別格として、私は迷わず彼女に一票を投じるだろう。

心残りなのは、彼女と深く知り合えなかったことだ。いつかお近づきになろうと思っていたのに、果たせぬままに時が流れてしまった。

70年代末期、〈津和のり子はいいやつだ〉と三上寛が書いている。*17 〈あたたかい感じが幻舟《げんしゅう》［花柳幻舟＝日本舞踊界のアナーキーな反逆児］と似ている。いつか二人を会わしたいものだ。津和は「もう一度アンダーグラウンドに戻るの」と言って夜の雨の新宿に消えていった〉。

そう、このブルーズウーマンには、夜ごとに歌舞《かぶ》くあの街がよく似合う。明け方のゴールデン街、夜露に濡れた路面にうねって光る都電の鉄路。彼女のジャケット写真を見るたびに、あのころの新

＊17　三上寛著『子供の頃 僕は、優等生だった』話の特集（1982年）。
＊18　、＊19　座談会「アマチュアが世界を変えるとき
――フォークソングが提起したもの」、『流動』1979年5月号。

宿のにおいがよみがえる。

80年代まであと二年――時代の風向きが変わるなか、友部正人が意欲的だった。[18] この時期、自分が唄う「場」を自分でつくりはじめる。折りしも、各地でライブハウスの乱立が進んでいた。ミュージシャンにとって、「唄いたい歌」があるのに「唄う場」が少なかった70年代初頭とは隔世の感があったはずだ。だが、トモは自前のイベントをユミ（小野由美子）と企画し、自分たちでチラシを配り、チケットを売って歩いていた。なぜ、わざわざ、そんなことを？

村瀬　自分で場を作るってのは、どういうところから出てきたの？
友部　自分がやったっていう実感がないと駄目なんだよね。
村瀬　それは歌うってことだけじゃ、得られないものなの？
友部　たとえばライヴ・ハウスから電話かかってきて、今月は何日にしますかって聞かれて、そんなのじゃ、ぜんぜん実感なんて得られないね。

〈コンサートってのは同窓会、あるいは気の合った者同士の宴会っていうか、あんまり面白くないんだよ〉と彼はいう。〈歌う本人の方がさ、どんどん外へ出ていくっていう危機感がないと歌う必要がないと思うんだよね〉。[19]
危機感がない!?　フォークブームから五年――ミュージシャンたちにとって、ライブハウスやコ

ンサートへの出演が他人まかせの安楽椅子になっていたということか？

この年、友部正人とユミは、渋谷の「アピア」で一ヵ月間にわたるビッグイベント「ぼくの献立表」を開催する。ふたりが用意した献立《メニュー》は、歌や演奏はもちろんのこと、映画、舞踏、詩の朗読から落語まで――お決まりのフォークコンサートから大きくはみ出した異種格闘技の「場」だった。ながいと私も招聘《しょうへい》されたので、概要を記しておこう。

1978年6月11日〜7月9日（於＝渋谷・アピア）

企画構成＝友部正人＆ユミ「ぼくの献立表」（友部正人、毎回ジョイント出演）

【映画】『ゴッド・スピード・ユー！ BLACK EMPEROR』柳町光男《やなぎまちみつお》監督
『あたりまえの国の不思議《ハテナ》』ゆみこ・ながい・むらせ＆村瀬春樹

【舞踏】「踊りとパントマイム」マライカ／北京一（大阪から）

【詩の朗読＆トーク】吉増剛造《よしますごうぞう》／加藤一夫／正津勉《しょうづべん》（詩のはなし）／八木忠栄《やぎちゅうえい》

【歌】田中研二／青木ともこ／佐藤GWAN博／中川五郎／中川イサト（大阪から）／
シバ（歌とマンガ）／友部正人

【落語】桂べかこ（大阪から。［現・三代目桂南光《かつらなんこう》］）

この年の6月21日、ぐゎらん堂の水曜コンサートで上演した北京一の「パントマイム・ショー」も友部正人の尽力によるものだった。

1978年7月〜12月（手帳から抜粋）

7・5 古川壬生《ふるかわみぶ》　7・11 中村よお
8・2 歌と詩の朗読会＝友部正人&ゆみこ・ながい・むらせ
8・23 ちゃんがらブルースバンド　9・20 猫屋敷（仲田修子）
9・27 こじこじ・だうんほーむ・ばんど（長谷川集平と彼の仲間たち）
10・11 ヤギとハモニカ（八木のぶお）　11・8 佐藤GWAN博&ラリー・フラムソン
11・12 日曜映画劇場＝柳町光男監督『BLACK EMPEROR』　11・15 シバ
11・22 黒川つねみ　12・6「わいせつ裁判結審前夜祭！」
12・20 田中研二　12・27 友部正人とアピアBAND

78年の後半である。「店」がくたびれていた。客席《フロア》と手洗い場を仕切るアコーディオンカーテンは酔客に引きちぎられ、トイレのドアが丸見えになっていた。ビルの三階の踊り場──「マキちゃん（ながいの妹のマキコ・シュフナー、パリ在住）」が描いたジョルジュ・ルオー風のステンドグラスがだれかに叩き割られた。二週にわたり、外廊下に面した非常口のドアの錠が破られ、店に窃盗犯が侵入する。レジの引き出しに入れてあった釣り銭用小銭が消えていた。あっちもこっちもキズだらけ、ガムテープが忙しい秋だった。

9月25日、私は開店前のぐゎらん堂で、金槌《かなづち》と額縁用フック（吊り金具）を手にしていた。二日後に開催予定の「長谷川集平原画展」の準備作業、「シューヘーくん」こと長谷川集平とパートナーの白髭くみ子が展示空間のレイアウトを相談している。

ぐゎらん堂が開店した1970年、シューヘーくんは十五歳（中学三年生）だった。この年、彼は二十三歳。「森永ヒ素ミルク中毒事件」をモチーフにしたデビュー作『はせがわくんきらいや』が創作絵本新人賞を受賞する絵本作家になっていた（彼自身も森永のヒ素入りミルクを三缶飲んでいたと聞いた）。

瘦身、長髪、揺るがぬ反抗心を秘めた優男《やさおとこ》――シューヘーくんの第一印象は「十年遅れてやってきた全共闘世代」だった。彼は、全共闘の学生が取り散らかした廃墟の残り火を横目で見ながら、自分で独自の表現を確立した新世代のアーチストである。しかも「絵」と「歌」の二刀流。彼が私淑した「絵」の師匠は横尾忠則、田島征三《たしませいぞう》、谷内こうただった。「歌」の先達と仰ぐのはウディ・ガスリー、ボブ・ディラン、そして高田渡である。

〈いなかの一中学生が、あの頃、何とか時代の中に食い込もうと思った時、道はふたつしかなかった。ひとつは、関西フォークを中心とするいわゆる反体制フォーク・ソングを一曲でも多く仕入れること。もうひとつは、横尾忠則などのイラストレーションをまねて、学校文集のカットなどに、これ見よがしに載せること。とにかく、オレは時の流れを見ているぞということを表明するには、そのふたつが一番手っとり早い手段に違いなかった〉[*20]

＊**20**＿長谷川集平「自己表現としての絵本の創出――一世代遅れの伴奏者のメッセージ」、『流動』1979年5月号。

長谷川くん　もっと早うに走ってみいな。
長谷川くん　泣かんときいな。
長谷川くん　もっと太りいな。
長谷川くん　だいじょうぶか。長谷川くん。（長谷川集平『はせがわくんきらいや』すばる書房、1976年）

9月27日の水曜コンサート――自身の絵本の原画とイラストレーションを背景《バック》に、長谷川集平が率いる「こじこじ・だうんほーむ・ばんど」が出演する。大盛況だった。

12月6日の「わいせつ裁判結審前夜祭!」は、「フォークリポートわいせつ裁判」の二審判決（大阪高裁）を控えた激励ライブ。中川五郎をはじめ、古川豪、三上寛、友部正人、ちゃんがらブルースバンドが出演。ゆみこ・ながい・むらせが詩を朗読、田川律、室謙二が連帯の挨拶をする。

判決当日の12月8日午後、京都の古川豪から電話があった。すごく怒っていた。例の「逆転有罪」――その報告だった。

このころ、ながいがぐゎらん堂のステージに立つ機会が多くなっている。ある夜、店へやってきた中山ラビ（シンガーソングライター、後に東京・国分寺「ほんやら洞」店主）がながいにこう聞いたのを思い出す。「ゆみこさんは唄わないの?」

ながいはすでに唄っていた。何年か前の水曜コンサート、薄化粧して登場したあがた森魚に指名されてマイクを握り、石原裕次郎の「銀座の恋の物語」をあがたとデュエットした。女子高生たちからやんやの喝采を浴びたが、彼女がぐゎらん堂で唄ったのはそのとき一度だけである。

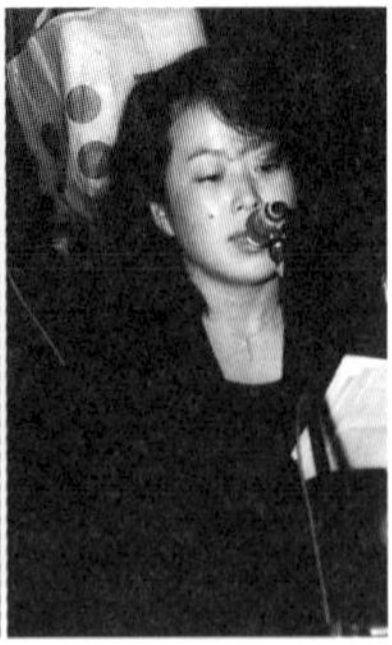

✣友部正人の歌と現代詩の朗読はよく似合う

左✣「詩人すぎる歌手」——友部正人の歌は、華麗に、容赦なく、時代の傷口のカサブタを剝がして見せる。写真：中坊ひろし。

右✣ゆみこ・ながい・むらせは、ジェンダーバイアス（差別的な女性観）にがんじがらめになった男たちの鈍感さを暴く。そんな男たちに囲まれた多くの女性たち、主婦たち、そして自分自身の痛みと同性への愛しさを詩の韻律にのせ、声を張って詠じた。彼女はシスターフッド（姉妹愛）あふれるエッセイやセクシュアリティ・リポートをぞくぞくと発表していく。『わたしは女』（JICC出版局、1977年）、『別冊宝島・女のからだ』（同、1978年）、『モア・リポート』（集英社、1983年）——etc

この時期——78年の後半、友部正人が企画した「ぼくの献立表」（「渋谷・アピア」のマスター＝伊東哲男がプロデュース、パンフレットは村山恵一郎が担当）の余韻がぐわらん堂に残っていた。11月12日、『ゴッド・スピード・ユー！　BLACK EMPEROR』を上映。12月27日には「友部正人とアピアBAND」が出演する。メンバーを紹介しておくと、友部を中心に小野由美子（キーボード）、佐藤令（バイオリン）、石谷幹雄（パーカッション）、森順治（フルート、サックス）、三輪まさかつ（エレキギター）、山崎秀夫（ミキサー）、青木茂（子守り担当）。このバンドは、後にパンクロック・バンド「ザ・スターリン」のリーダー＝遠藤ミチロウや佐藤GWAN博がゲスト参加するフリースタイルのユニットだった。

8月23日出演の「ちゃんがらブルースバンド」は、長身、リーゼントヘアー、ブルースハープの名手——店の夜番を勤めていた「Shaky Oyamada」こと小山田祐司が率いるシカゴブルース系のグループ。70年代末期の水曜演奏会を担う人気バンドだった。現在、彼はデルタブルース（ミシシッピ川流域で誕生した初期のブルース）に立ち返り「Delta Magic Blues Band」を結成して活動中だ。

彼女のステージは「詩の朗読」。金子光晴に出会って以来、ながいはプロのライターへの第一歩として詩作に熱を入れていた。この年の8月2日、友部正人とながいのジョイント・イベント「歌と詩の朗読会」を開催する。ながいは「主婦症候群《ハウスワイフ・シンドローム》」の女を詠《うた》った。

「マダム・トワレの単純な生活」

時の流れに浴《ゆあ》みする
この朝をふんだんに吹きつけろ
スプレー式マダム・オゥ・ド・トワレ
押し入れの中は
欲しくなかったものでいっぱいだ
欲しくなかった時間が
欲しくない沢山の言葉が
あなたの鼻腔《はな》を苦しくし
やわらかい脳ずいの蝶つがいを壊すのも
もう　時間の問題。
おお　あなたは慈善マダム

＊21＿ゆみこ・ながい・むらせ「不思議（はてな）集にむけて」、同人誌『深夜少年』、発行・武蔵野火薬庫／ぐゎらん堂（1976年）。
＊22＿座談会「アマチュアが世界を変えるとき――フォークソングが提起したもの」、『流動』1979年5月号。

希望あふれる風船マダム
この街の空の上
おお　もうあなたがパンクするのは
時間の問題。
（詩＝ゆみこ・ながい・むらせ、1976年）[＊21]

パンクしそうなのは風船マダムだけではなかった。70年代初頭、はち切れそうに膨《ふく》らんだカウンターカルチャーが凋《しぼ》みかけていた。そちこちに穴が空きはじめていたらしい。大事なものが失われようとしていた。たとえば、フォークの世界。友部正人が数年前を振り返り、こう語る[＊22]。

友部　今は誰のものでもない歌がサ、ゴロゴロ街の中に転がってんのヨ。で、結局、それを誰も拾わない…（中略）…あの頃聴いた歌ってのはそうじゃないんだよね。…（中略）…最近は、ほんとうの歌の聴き方もしてないし、歌い方もしてないと思うんだ。歌そのもののセンスは良くなってきてるけどサ。だけど当たらず触らずのことを探してるだけだなって思うの。ぜんぜん傷つかないんだよネ。

唄うほうが傷を隠せば、聴くほうも痛みは感じない。衛生無害、目黒のサンマ・ミュージック、差し障りのないソンタク・ソング？〈こんなの、ぜんぜん面白くないよ〉と友部はいう。
誰も拾わない歌が転がっている街には、あの音があふれていた。♪ブッ・ブッ・ブ！　ピュンピュン、パヒューーン！　インベーダーゲームのシューティング・サウンドである。78年の夏、異界からの来訪者を撃ち殺すこのゲームが爆発的に流行する。遊技場《ゲーセン》、スナック、喫茶店。街を歩けば、あの電子音が絶えず聞こえてきた。百円玉を呑《の》んでは欲しがる電気仕掛けの黒い箱《テーブル》。ピュンピュン！　パヒューーン！　それは時代のうつろいを先触れする警報音《アラーム》だった。

銀ピカの百円玉がやけに忙しくなった時代の背中に、金ピカの80年代が迫っていた。

ぐゎらん堂の収支が退潮期に入ったのは明らかだった。開店から九年、窓のない店内はあくまでも暗く、壁の塗料は剝げていた。テーブルの脚が錆びている。ベージュ色だったカーペットは若者たちの泥靴で擦り減り、こぼれたビールや電気ブラン、酔客が吐いたヘドが染み込んで、農家の土間のような土留色《どどめいろ》に変わっていた。テーブルの下でキラキラ輝く光の粒子《つぶ》は、殴り合いの喧嘩で砕けたウイスキーグラスの名残りか？「モーゼルの勝ちゃん」が吉祥寺の路上で吐血、胃潰瘍で入院する。

「若者の街」はいよいよにぎわっていた。多くの少年少女が、明るいガラス張りの喫茶店を好むようになる。陽当たりの良い窓辺の席、テーブルの上にストロベリー・パフェ。キミもシアワセ、ボクもシアワセ、ふたり合わせてハチアワセの時代がはじまっていた。

29

「ぎんぎら通り」のパーティーが終わる

1978年某月某日

その雨の夜、店内は閑散としていた。私は厨房の食器棚に背を預け、オーダーが途切れたまま手持ち無沙汰だった。非番の従業員「清水くん」が客席でくつろいでいる。

〈私の膝枕で寝ていた清水さんの隣に……〉と、短大生だった「ｈｉｒｏｋｏｎｅｅ」が書く[*23]。〈高田渡さんが座っていて、清水さんの鼻の穴にピーナッツを詰め込んでいました〉。

鼻の穴に豆!? ヒマをもてあましていたのは私だけではなかったようだ。渡の指先が皿の上から次の一粒をつまみ上げたとき、清水くんが大きなくしゃみをした。二個のピーナッツが宙に放たれ、床に転がって湿った音を立てた。

武蔵野市吉祥寺ぎんぎら通り13番地──「武蔵野火薬庫／ぐゎらん堂」

あの店を開店した八年前、私は駆け出しのライターだった。1978年、私はライブハウスのベテラン・マスターだった。ロックやフォークの門外漢がいっぱしの音楽通にもなっていた。延床面積十二坪の「音楽を聴かせる店」──なにをどうすりゃいいのかわからなかったころ、わからないことに対処するのは楽しかった。パズルかなにかを解くような遊び心でコトに当たれたからだ。しかし、どうすりゃいいかがわかってから、それは日常業務となった。いってみれば、オブリゲーシ

＊23＿「常連さん回想録」より。

ヨン（義務、苦役）に近かったのではないかと思う。

このころから、ぐゎらん堂を覆う空気がある種の倦怠感だったのを思い出す。私自身がそうだったのでよく憶えているのだが、自分の現状《いま》に飽きが来ていたのだ。なにかいいことないか、子猫ちゃん？　ココロ浮き立つなにかを待っていた。

もしかしたら、経済学でいう【限界効用逓減の法則《げんかいこうようていげん》】が働いていたのかもしれない。たとえば、天下に名だたる美酒の味も、最初の一杯目には身が震えるほど感動しても、二杯目はさほどでもなく、三杯、四杯と盃を重ねても決して一杯目の愉悦《よろこび》を超えることはない。酒を飲むこと、歌を唄うこと、鳴り物入りで浮かれ騒ぐこと、ライブハウスを主宰すること——どんなに強い刺激も、どんなにキモチ良い行為《いとなみ》も、同じことを繰り返していれば快楽の収穫量はやがて逓減（目減り）する。この時期、中川五郎は「歌」を一時的に中断し、別の悦びを求めてライター稼業（音楽評論、翻訳、エッセイ執筆）へ軸足を移しつつあった。「ワタルが責めるんだよ」と五郎がぼやいていた。「あの人は、一つのことをやりつづけないのは悪いコトだと思う人だから」

十年ひと昔というが、80年代まであと二年、70年代の若者たちは「昔の若者たち」になろうとしていた。湿ったピーナッツが床に転がる店のスピーカーから、「いまどきの若者たち」の歌が流れている。山口百恵の「イミテイション・ゴールド」。[*24] 彼女がロンドンで収録したアルバム『GOLDEN《ゴールデン》 FLIGHT《フライト》』（1977年）の中の一曲だ。シャワー上がりの若い女が濡れた髪をタオルで拭きながら、同棲している今年の彼と去年の元彼を比べている。

どこがちがうのかというと、声がちがう、癖《くせ》がちがう、ほくろの場所も汗のにおいもちがうというのだ。♪ ア、ア、ア、イミテイション・ゴールド！『源氏物語』――光る君と頭中将《とうのちゅうじょう》らの「雨夜《あまよ》の品定め」からおよそ千年、女が男を品定めする時代の到来こそよろしけれ。

1979年某月某日

アレもこのころではなかったかと思う。私がはっきりと憶えていないのは、その夜は店にいなかったからだ。コトの発端は、ぐゎらん堂のビルの前に駐《と》めてあった一台の小型バイクだった。〈まさか、あんな騒ぎになるとは……〉と、その当事者でもあった「ちーぽん」こと村山千賀子が回想する。彼女は高校一年生のころからの常連で、この時期は日本の対抗文化《カウンターカルチャー》の揺籃《ゆりかご》「文化学院」を卒業して写真製版の仕事に就いていた。彼女の証言をもとにその晩を再現してみよう。

「あれ、だれのバイク？」事件はこの一言からはじまった。高田渡が、ドアを開けて入ってくるなりそう聞いたのだという。

「店の前に置いたオートバイ、だれのやって？」夜番の「チビクロ」が客たちに聞く。

「私のだけど……？」ちーぽんが手を上げていう。

彼女は、ふだんは浜田山（東京・杉並）の自宅から井の頭線に乗ってぐゎらん堂へ通っていたのだが、この夜にかぎってバイクを飛ばしてやってきたのだった。ヤマハGT50――通称「ミニトレ」、排気量五十ccクラスの可愛い二輪車だ。

「あのバイク、借りてもいい？」渡がちーぽんにいった。〈ミニトレを見たワタルが、おっ？と

＊24＿詞＝阿木燿子、曲＝宇崎竜童。

思って乗ってみたくなったんだと思います〉と彼女が振り返る。♪　自転車にのって／ベルをならし……[*25]みたいな軽いノリだったようだ。〈で、私も軽い気持ちで言いました〉

「いいよ！」ちーぽんが鍵《キー》を渡すと、渡は足早に店を出て行った。

「私も乗りたい！」と「朝子」が渡を追う。もとより、高田渡は運転免許証とは縁がなかったし、ドライバーの遵守義務とか交通法規には疎《うと》かったはずなのだが、どういうつもりだったのか？　なにか面白いことないか、子猫ちゃん？　この歌唄い、自分をゾクゾクさせるような変拍子《へんびょうし》でも探していたのだろうか。その夜、渡が酩酊していたかどうかは定かではない。ぐゎらん堂では席に着く前だったが、あるいはどこぞの店に寄ってからあらわれたのかもしれない。

このころ、端《はた》から見ていても、高田渡の酒量は増えていた。彼が酒の味を覚えたのは吉祥寺にデビューする直前——京都時代のビアホールだったようだ。渡に酒を指南した藤村直樹《ふじむらなおき》（渡の主治医でありシンガーソングライター）がある雑誌にこう書く[*26]。

〈一九七八年頃から、京都でのライブで、いっしょになることが多くなった。その頃の渡は、売れていないが、体力・気力に満ちて、酒もぼくより強くなっていた。ある日など、ライブの後ぼくの部屋で、夜中から朝にかけウィスキーを一本とブランディーを二分の一ボトル飲み干して、次のライブがある九州に平気で出かけたものだ〉

やがて、こんな酒仙《しゅせん》伝説が生まれることになる。長年、公私にわたって渡の身辺で過ごした佐久間順平が、なぎら健壱の取材に応えて苦笑する[*27]。

佐久間　ステージで寝ちゃったのは何回もあるからね。あるとき、『ブラザー軒』を歌っていて、2番くらいまで歌ったんだけど、だんだん静かになって、そのまま寝ちゃったんだよね。

なぎら　落ちたのね。

佐久間　僕は横にいたから「ああ、寝たな」と思って、もうなにもしないで待っていたのよ（笑）。そうしたら、途中でふっと起きて、すぐ歌い出すの。だけど、また2番から歌い始めた。それで2番を歌い終わったら、「あ、これさっき歌いましたね」って（笑）。

なぎら　すげぇ（笑）。

佐久間　みんなもびっくりしちゃってさ。これが高田渡のパフォーマンスかみたいな（笑）。

なぎら　まあ、計算してやったわけじゃないだろうけどね…（中略）…吐いちゃったのは見たことない？

佐久間　何回かあるね。わざわざソデ［客から見えない舞台の脇］まで行って吐いて、それでまた出てきてすぐ歌ったっていうのもあるしね。

そのとき、ちーぽんが手にしたコーヒーカップから顔を上げた。店内に響くハードロックの曲間《きょくま》にサイレンの音を聞いたような気がしたからだった。

「レコード、止めてみて……」席を立って、彼女はチビクロにいった。

＊25＿「自転車にのって」（1971年）、高田渡のヒット曲のひとつ。
＊26＿藤村直樹「ぼくと渡と酒とマーチンD―28」、『高田渡読本』音楽出版社（2007年）。
＊27＿なぎら健壱著『高田渡に会いに行く』駒草出版（2021年）。

✣ツアー先の食堂、ひとりでコップ酒をすする高田渡
✣漫画界vsフォーク界の酩酊談義、鈴木翁二と高田渡

上✣1970年代後半、宵闇せまる古都の裏街。その飲み屋の看板には「労仂會舘食堂は京都一安い、うまい」。旅とは、飲んでいる場所をただ変えること——とワタルはいう。「いつもとは違った場所で飲み、そこに集う人々を見る。実は自分のことも見つめている」(『バーボン・ストリート・ブルース』)。店の壁に貼られたお品書きに「いかの天婦羅七十円」「青唐辛子五十円」「うにあい五十円」「冷やしうどん百二十円」と。写真：秋山昌弘。
下✣70年代のどん詰まり？　アブナイふたりが飲んでいる。いつものように、他愛なくもややこしい議論に深入りしてしまったのか、なにやら剣呑（けんのん）な雰囲気だ。翁二（左）もワタルも目が据わっている。ぐゎらん堂はまだ黒字、常連客がキープしたボトルがフロアの一角にまではみ出している。翁二の背後の棚が「青林堂漫庫」。写真：中坊ひろし。

チビクロがレコードルームに入って音量を下げるのと同時に、今度ははっきり聞こえた。店のビルの外、間近な距離にパトカーのサイレン。なにやら騒がしい人の声もする。

「行かなくっちゃ！」ちーぽんがドアを跳ね開け、階段を降りて行った。

騒ぎの現場は、ぐゎらん堂から駅へ向かって二軒目——自然食カフェ「春風堂」の角を左に曲がり、北へ進むと五日市街道と交わる道路（現・西三条通り）の一画だった。ブロック塀の脇に武蔵野署のパトカーが停まり、制服警官が二人、周辺に人だかりができている。勤め帰りの通行人、子犬を連れた中年女性、ジャージ姿の近隣住民、長髪の若者たちが数人。その中心に、小型バイクに跨《また》がった高田渡がいた。かたわらに、憤然とした表情の朝子が立っている。ちーぽんが駆け寄ると、朝子が「来るな！」と目で合図をした。

「この通りは一通《いっつう》（一方通行）だよ」と警官のひとりが渡にいっている。

「一通逆走、二人乗り、両者ともノーヘル……だよな」もうひとりの警官が念を押す。だとしたら、事故って大ケガしたり、だれかを撥《は》ねたりしなかったのは運がよかったというほかない。

春風堂の角から走ってくる人影が見えた。チビクロと「村山くん」、ほかにも店にいた常連客が何人か。村山くん——とは「渋谷・アピア」のスタッフで、後にちーぽんの伴侶となる村山恵一郎である。〈たしか、ワタルさんは〉と彼が述懐する。〈「そもそも、走ってなんかいない。エンジンを吹かしていただけだ」とかいってましたね〉

「これはおたくのバイクなのか？」と警官が聞く。

「……」高田渡は答えない。

「免許証を見せてもらえる？」と別の警官。渡はこれも無視、バイクから降りてサイドスタンドを立てた。ちーぽんが回想する。〈そのとき、朝ちゃんが近寄ってきて……〉。

「免許証、絶対に見せちゃダメ！」朝子は彼女にそう耳打ちした。ウィメンズ・リブの洗礼を受けている朝子は、警官への対処法を心得ていたようだ。「交番にも行っちゃダメ！」

ふたりの顔を、パトカーの屋根で旋回するランプが赤く染めている。いつのまにか、路上には物見高い連中の数が増え、騒然とした雰囲気につつまれていた。単なる人だかりからモノ言う群衆へ。『櫻画報』の主筆＝赤瀬川原平がいう「蒼ざめた野次馬（ちょっとしたハズミで世の中を変える勢力になるかもしれないし、ならないかもしれない無責任で元気な集団）」に変化《へんげ》していた。

「だから、いったでしょ？」渡が口を開いた。「試しにエンジンを吹かしただけだって」

「そりゃ、ちがうだろ！」警官が気色《けしき》ばむ。「おたくが一方通行の道を逆走しているのをこの目で見たんだぞ」

「なにいってんだ！」と警官の背後から声が上がった。

「どこに目をつけてるんだ！」「ウソつくな！」野次馬たちは尻馬に乗る。

「ワタルさんは、そんなことをする人じゃなーい！」だれかが大声で叫んだ。そんなことをしたのかもしれない歌唄う酒仙は、ポケットから取り出したショートホープに火を点けている。

「ケーサツの横暴を許すな！」「そうだ、そうだ！」——しだいに警官二人では手に負えない状況になってきた。「カエレ！　カエレ！」と帰れコールの大合唱。パトカーのドアを荒々しく閉めると、警官たちはサイレンを鳴らして帰って行った。「武蔵野警察署」vs「蒼ざめた野次馬軍団」、騒ぎ倒して野次馬の勝ち。まだ、街にはなにがしかのエネルギーが残っていたらしい。

1979年1月〜6月

ここで、この年にぐゎらん堂が開催したイベントを紹介しておこう。私の手帳に残された「水曜コンサート」の最後の記録でもある。

1979年1月〜3月（手帳から抜粋／ライブ料金三百五十〜四百円）

1・24　ヤギとハモニカ
1・27　土曜映画劇場＝山谷哲夫《やまたにてつお》監督『うりならまんせい——1977韓国から』
1・31　高田渡＆ヒルトップ・ストリングス・バンド　　2・7　ラリー・フラムソン
2・10　土曜映画劇場＝山谷哲夫監督『生きる——沖縄渡嘉敷島《とかしきじま》集団自決から25年』
同時開催「沖縄の三線《サンシン》を聴く会」新里愛蔵《しんざとあいぞう》

2・14 津和のり子　2・21 佐久間順平　2・28 ちゃんがらブルースバンド
3・7 キヨシ小林　3・14 中川五郎「わいせつ裁判報告ライブ！」
3・21 なぎらけんいち　3・28 ジミー矢島

この時期、「土曜映画劇場」として話題の映画をひんぱんに上映する。1月に山谷哲夫監督の『うりならまんせい―１９７７韓国から』。「うりならまんせい」とは韓国語で「わが祖国、万歳」の意味だ。山谷は民族差別、性差別、戦争犯罪にカメラを向ける映像作家で、この作品は、朝鮮半島を植民地支配したニッポンを、戦後の韓国人はどう見ているのか？　現地取材を通して、日本国民のココロの奥座敷に潜む根深い闇を問うドキュメント映画だった。

前月につづき、2月に山谷監督の作品『生きる―沖縄渡嘉敷島集団自決から25年』を公開。タイトルにある「集団自決」とは、沖縄戦のさなか、日本軍が沖縄の住民を自死に追い込んだ一連の事件だ。沖縄本島をはじめ渡嘉敷村、座間味村《ざまみそん》など島嶼部《とうしょぶ》を含む広範囲にわたって発生した。

この惨事は、「沖縄フォーク村」のアーチストたちの憂いと深くつながっている。

２００９年、ながいと私が訪ねたのは読谷村《よみたんそん》（本島中部）に残る集団死の現場「チビチリガマ」だった。１９４５年4月1日、米軍は読谷村の西海岸に上陸。このガマ（鍾乳洞）に避難した村民を発見した米兵が「デテキナサイ、コロシマセン」と呼びかける[*28]。

しかし、「鬼畜米英」と教えられ、米兵の残虐行為を恐れた村民は竹ヤリを手に反撃に出た。米

＊28　引用・参考：當山正喜「チビチリガマでの『集団自決』」、読谷村史編集委員会編『読谷村史第5巻　資料編4「戦時記録」上巻』読谷村（2002年）。

軍はガマに機関銃を掃射し、手榴弾を投げ込む。翌2日、壕内は騒然としていた。村民のあいだで「自決」の賛否を巡って激しい対立が起こったが、「天皇陛下バンザイ！」と叫んで自死を選ぶ者が続出。肉親相互が殺し合う凄惨な絵図がくりひろげられ、けっきょく、避難民百四十人のうち八十三人が「自決」する。その約六割が十八歳以下の子どもたちだった。

知ってるかい？　沖縄の「集団自決」に、日本軍の「強制」があったのか、なかったのか？　その証拠や証言の適否について不毛な論争がつづいてきたのを。

でも、考えてもみろよ！　この場合、日本軍から具体的な「強制」や「命令」があったかどうかは決定的なモンダイではないのだ。

いつの世も、恐ろしいのは「マインド・コントロール」だ。戦前〜戦中、大日本帝国が国内に放出したカーキ色のエアロゾル――ウルトラ愛国主義（民族の優越性を強調するイデオロギー）、皇民化教《こうみんか》育（日本は現人神《あらひとがみ》が統治する国だとした教育）、はたまた「鬼畜米英」「一億玉砕」「生きて虜囚《りょしゅう》の辱《はずかし》めを受けず（捕虜となって恥をさらすより、いっそ自死を選べ）」といったマッチョな訓《おし》えに、日本列島、琉球弧《りゅうきゅうこ》を問わず、多くの人びとが汚染され、洗脳されていたのだ。「集団自決」とは、このマインド・コントロールが必然的にもたらした戦争犯罪だ。

自らの動脈に刃筋《やいば》を立て、あるいは死にきれない家族を手にかける。この惨劇は沖縄の人びとにしてみれば――具体的な「命令」があろうとなかろうと――圧倒的な武力を背景にした日本軍による優越的地位の乱用であり、人を死に追いやる、国を挙げてのパワーハラスメントだった。この「集団自決」を、沖縄の人びとが「強制集団死」と表現するのはあたりまえだと思う。

＊29　『新譜ジャーナル』1980年2月号、自由国民社。

この日は終夜「OKINAWA NIGHT」だった。映画のあと、沖縄のミュージシャンによる島唄のライブ——新里愛蔵が陽気な沖縄三線《ウチナーサンシン》の音《ね》を吉祥寺の夜に響かせる。

1979年4月〜6月（手帳から抜粋）

4・4 ちゃんがらブルースバンド
4・11 高田渡&ヒルトップ・ストリングス・バンド　4・25 黒川つねみ
5・2 ラリー・フラムソン　5・9 津和のり子
5・23 備前／みちろう（遠藤ミチロウ）　5・30 ヤギとハモニカ
6・6 佐藤GWAN博　6・13 ちゃんがらブルースバンド
6・27 友部正人（以下、空欄）

この時期の水曜コンサートのラインナップが、当時の音楽業界の潮流《トレンド》を必ずしも反映しているとは限らない。『新譜ジャーナル』がまとめた同時期のアーチストの動向を見ておこう[*29]。

「'70→'79タレント年表」（構成＝三《み》橋《はし》一夫《かずお》。79年4月〜9月を要約。資料提供＝高山富士子）

4・25 出産のため休養していたイルカが「海岸通り」発売、活動を再開する。
4・25 フォークデュオ「風」の伊勢正三・大久保一久が、別々にレコーディングした二人の最後のアルバム『Old Calendar〜古暦〜』をリリース。

4・26 大久保一久、ソロ・デビュー・コンサート。
5・3〜5・6「春一番'79」開催〔天王寺野外音楽堂での春一番コンサートは最後となる〕。
7・10 さだまさしが「関白宣言」発売〔日本レコード大賞金賞を受賞、紅白歌合戦出場〕。
7・21「センチメンタル・シティ・ロマンス」が音楽を担当した角川映画『金田一耕助の冒険』のオリジナル・サントラ盤が発売される。
8・21 永井龍雲「道標《しるべ》ない旅」発売〔グリコアーモンドチョコのCMソングになりブレイク〕。
9・21 ばんばひろふみ「SACHIKO」発売〔80年代の幕開けを告げるヒット曲〕。
9・25 イエロー・マジック・オーケストラが『ソリッド・ステイト・サヴァイヴァー』発売〔オリコンLP部門一位、日本レコード大賞優秀アルバム賞、国内売り上げ百万枚超〕。

ご覧のように、日本の音楽シーンの有為転変《ういてんぺん》が見てとれる。子どもを産んだ後、見事に返り咲きを果たす女性シンガー、♪今　春が来て　君はきれいになった／出産前より　ずっときれいになった。ラスト・アルバムを発売して活動を休止した人気デュオ。翌日にソロ・デビューするそのうちのひとり。大規模野外コンサート「春一番」が、惜しまれながら幕を下ろした（1995年から会場を変えて再開、2006年から「祝春一番」として開催）。

また、TV業界、広告業界からのリクルート（青田刈り）が活発になり、金ぴかの80年代を予感させている。そして、Y・M・O《イエロー・マジック・オーケストラ》がミリオンセラーとなるセカンドアルバムを発売。翌月、ワールドツアーに発《た》ち、世界から絶賛を浴びる……と、ごく限られた期間の動静だが、人気稼業の浮沈は斯《か》くの如し。音楽市場の売れ筋に大きな変化があったということだろう。

　そして、こちらはぐゎらん堂。4月に高田渡&ヒルトップ・ストリングス・バンドが出演、「私の青空」、「シグナルは青に変わり汽車は出てゆく」（キヨシ小林の名曲だ）他を熱演した。ディキシーランド・ジャズのサウンドは人を軽々とハッピーにするが、時のうつろいは容赦ない。数年前（1973年）に『新譜ジャーナル』が別冊特集を組んだフォーク界のレジェンドを、盟友の藤村直樹が〈その頃の渡は、売れていないが……〉と評する時代を迎えていた。

　世の中には、ホオジロザメより凶暴で、性質《タチ》の悪いサメがいる。興醒《キョーザメ》というやつだ。こいつに襲われると人はたちまち活力を失ってしまう。79年、「いまどきの若者たち」は「昔の若者たち」のちょっとばかり面倒くさい歌に興味を失い、醒めてしまったということなのか。

　ぐゎらん堂という店もまた売れ筋から外れはじめていたようだ。客足が目に見えて鈍っていた。サンロードやダイヤ街には若者たちの群れが絶え間なく回遊している。なのに、なぜ、ぐゎらん堂には来ないんだ!?　桜の樹の下には屍体があり、柳の木の下にはドジョウがいる。二匹目、三匹目のドジョウを狙って、吉祥寺界隈にも似たような店が引きも切らず、さして大きくもないパイを分け合っていたようだ。それよりなにより、ガラス張りのベイ・ウィンドウ（張り出し窓）、陽射しを浴びる鉢植えのアレカヤシ――例の「ふたり合わせてハチアワセ」の西海岸風カフェがにぎわっていたのを憶えている。

　客が減ったとはいえ店を畳むつもりはなかった。幸いなことに、赤字経営には転落していない。常連客がキープしたボトルはカウンターの上の棚に収まりきらずフロアの本棚へはみ出していたし、水曜コンサートにも固定ファンが詰めかけていた。

6月27日、友部正人が出演する。だが、この記述を最後に、私の手帳から水曜コンサートのスケジュールが完全に姿を消している。「以下、空欄」……なにがあったのか？

じつは、一年数ヵ月前——1978年の春先だったが——ながいとのあいだでこんなやりとりがあった。

「ハルキは、ぐゎらん堂をずっとやっていくつもり？」と、彼女。

「どういう意味？」と私。

「もう、そろそろ自分たちの生活をはじめていいんじゃないの」

「いまのコレがおれたちの生活じゃないのか？」

「人のために企画を考えるんじゃなくて、自分のための計画を立てたくない？」

「どうするつもりなんだ？」

「お店、若い人にあげちゃって、なにもかも新しくはじめるのよ」

「そんなバカな！　どうやって食っていくんだ？　子どもを二人もかかえて……」

「仕事を探せばいいじゃない。私も働きに出るわ」

ながいは、私には見えないなにかを見ているようだった。そういわれればそうだった。あの店を開店して以来、私がやってきたことといえば、月末の収支決算やら勤務表《シフト》づくり。ミュージシャンとの出演交渉にマイク、アンプのセッティング。スルメを炙《あぶ》ったり、ビールの栓を抜いた

*30__「常連さん回想録」より。

り、酔っぱらいの反吐《へど》を片づけるのは、ま、八、九年もやればじゅうぶんだろう。私は思い出す。ぐゎらん堂は物書きだった人間がはじめたのだ、ということを。高田渡、中川五郎、シバや友部正人がマイクに向かったときに本領を発揮するように、自分は原稿用紙に向かって本分を果たさなくっちゃ！　スイッチが入った。私は本が書きたくなっていたのだ。

水曜コンサートはつづけていたが、その記録がぷっつり途絶えたのは、ながいと私が「なにもかも新しくはじめる」ための準備に忙殺されていたからだ。

1979年6月——この時点で、私たちは吉祥寺にいなかった。新たな生活プランの手はじめに、ながいと私は神奈川県の郡部からぐゎらん堂へ通勤していた。

1979年6月某日

「メグ（＝矢島恵《やじまめぐみ》〔ニューヨーク在住〕）」の回想*30

〈ハルキさんの手帳の最後にある水曜コンサートだけど、トモ〔友部正人〕が出演した79年の6月は、私がアメリカへ発った月です。「ダンナ」と「江田くん」が成田空港までクルマで送ってくれました。そのころ吉祥寺の近くには住んでいなかったのに、なんであの二人が来てくれたのかなぁ。その後、二人には会ってないです。会いたいな〉

「ダンナ」と「江田くん」とは、ぐゎらん堂で長らく夜番を担ってくれた男たち——いわば彼女の兄貴分だった。「ダンナ」はシバの最も古い朋友である。

〈私がアメリカへ渡ったのは――〉とメグがつづける。〈自分に行き詰まってしまったからだった。何かを求めて旅立ったんだろうけど、まあ、状況を変えればなんか見えてくるかな？　って。私は24歳、みんな、落ち着きはじめた頃だよね。子どもが生まれて、家族ができて、1979年あたりがそれぞれのターニングポイントだったのかも。

ぐゎらん堂のパーティーは終わってしまった。ニューヨークに着いた翌日、私はグリニッジ・ビレッジにある「カフェ・レッジオ」[Caffe Reggio＝1927年、ニューヨーク市で最初にオープンしたコーヒーハウス]へ行きました〉

そうなのだ。飽きの日はつるべ落としでやってくる。ぎんぎら通り13番地のパーティーは終わろうとしていたのだ。

30

最後の夜、♪GOWANG GOWANG……と鐘が鳴り

1980年1月某日

時代は1980年代を迎える。その朝、私はテーブルに並べた小銭を数えていた。百円硬貨三十枚、五十円硬貨二十枚、十円玉を五十枚

ずつ包んだ五百円棒を二本……店で使う釣り銭用の小銭である。ここは湘南の西の外れ――二宮町《にのみやまち》（神奈川県）。ながいと私はこの町で暮らす私の両親の家の一室を間借りし、二宮から吉祥寺まで片道二時間半、ぐゎらん堂へ通勤していた。

十一年前に脳溢血で倒れた父は、リハビリの甲斐もなく左半身に麻痺が残り、再び教壇へ立つのは困難だった。母は長年の介護がたたって脊椎側彎症《せきついそくわんしょう》に悩まされている。「できることなら、近くに住んでもらえないか？」と望まれ、私たちは、彼らが三十年前に農家から借りた敷地の一角に自宅を建築中だった。予算は一千万円、北米から資材を直輸入した山小屋タイプの2×4（ツーバイフォー）住宅である。住宅金融公庫と銀行でローンを組み、それでも資金が不足したので、全工程の四分の一ほどを自力建設《セルフビルド》する。

私はテーブルの上の小銭をまとめ、封筒に入れてホチキスで閉じた。手帳と財布、文庫本を二冊ほど見つくろい、愛用の小型トランクに収めてフタを閉める。出勤の準備ができた。

店を切り盛りしてもらう「ママさん」の段取りはついていた。ある日、従業員会議を開き、私たちの計画を説明すると夜番の「シモエミ」が手をあげてくれた。数年前、彼女は相手がだれであろうと、臆することなく、男コトバのため口で物を言う女子高生だった。彼女の人物像を、漫画家のいしかわじゅんがこう書く[*31]。

〈シモエミは、なにせ態度がデカかった。／誰に対しても威張っていた。／分けへだてない、というあたりが、まあスガスガしいといえばいえるが、そういう感想を持つ客は少く、おおむねは怒

＊**31**＿いしかわじゅん著『吉祥寺気分』双葉社（1986年）の「一、夢の時代／従業員スター目録」。

っていた。本人がそれに対して、まるで平気だった所は、大人物である〉ながいと私が勤務当番《ローテーション》に入るのは五月末まで、十周年の「記念ライヴ」が終わるまでは必要に応じて顔を出す約束だった。「サタデー・ナイト・フィーバー」が予想される土曜日には午後六時に店に入る。お客さんたちと深夜までフィーバーし、翌日曜日の明け方、中央線の一番電車に飛び乗り、東海道線に乗り換えて帰宅する日々がつづいた。

1980年11月1日(土)～8日(土)

〈木製のテーブルの塗料がはげ、油じみている〉と、このころのぐゎらん堂を『朝日新聞』の記者が描写している[*32]。見出しはこうだ。〈何を生んだ「ぐゎらん堂」10年〉——。

〈若者の街、東京都武蔵野市吉祥寺にある、生のロックやフォークを聴かせるライブハウス「ぐゎらん堂」が、今月で十周年を迎えた〉。記者が、開店の動機を〈村瀬春樹さん(三六)〉に質問する。あれから十年、二十六歳だった男が三十六歳になっていた。私が答える。〈「音楽、絵画、イラスト……なんでもいい。何か真剣に表現したいという人に拠点を与えよう」[ま、実際には、そんな偉そうな言い方はしなかったが]〉。記事はこれまでの店の活動に触れる。

〈毎週水曜のライブコンサートは、もう五百回を超えた〉〈七〇年代のはじめ、若者の間で爆発的にヒットした「赤色エレジー」のあがた森魚は、ここで初めてあの歌を発表した［実際には、自主制作盤『うた絵本／赤色エレジー』のお披露目会を開いたのだったが］。そのあがた、三上寛、友部正人など、この十年間何度もこの狭い空間で歌ってきた仲間が、一日から八日まで連夜、十周年を祝福して出演している〉

――と、記事はぐゎらん堂の「10周年記念ライヴ」を案内する。新品だったテーブルの塗料が剝げ、ベージュ色だった天井をヤニ色に変えた歳月。その濃密な時間を共にしたシンガーソングライターが各地から参集してくれた。古川豪、田中研二、ラリー・フラムソン、それに、津和のり子も。連日、ライブは超満員。連夜、打ち上げが深夜まで盛り上がった。

1980年11月「ぐゎらん堂開店10周年記念／熱烈デスマッチ・ライヴ」

1日（土）青木ともこ／友部正人　2日（日）津和のり子／ちゃんがら
3日（月）あがた森魚／なぎら健壱　4日（火）（休演日）
5日（水）田中研二／三上寛　6日（木）ラリー・フラムソン／古川豪
7日（金）佐久間順平／中川五郎　8日（土）佐藤GWAN博／シバ／高田渡

〈そして、いま――〉と、最後に、新聞記事は私の言葉を引用した。〈「歌う場所はふえた。だが、歌う側に歌うべきものがなくなってしまった」とロック、フォークの現況を憂える〉

＊32＿『朝日新聞』1980年11月4日、川上湛永記者（東京社会部）による記事。

10年に1度の
[M8]ライヴへ!!

みんなは地震を

✣ GWARANDOH 10th Anniversary Live
✣ 10年間を支えてくれた面々がぞくぞく結集！

左✣“ライヴ”のポスター。羽良多平吉に依頼、
WXY（ダヴレクシィー）+Katsumasa TANABEが制作。
右✣左から、高田渡、グラフィックデザイナーの「せっちゃん」こと沢田節子、
三上寛。写真：中坊ひろし。

〈歌う側に歌うべきものが〉……これは私の実感だった。

80年代に入ってからの音楽シーンを見渡せば、少なからぬアーチストがひところの輝きを失っていた。【限界効用逓減の法則】が、カウンターカルチャーの世界にも作用していたのだと思う。

この「デスマッチ・ライヴ」を最後に、ながいと私はぐゎらん堂から完全にリタイアする。

じつをいえば、半年前に店の勤務《シフト》から外れ、私たちは失業者だった。利の薄い商売を足かけ十年間、ふたりの貯金通帳の残高はゼロだった。これって、開店前のフリーター時代と同じじゃん？　あはは……とか強がっていたが、フリダシに戻る、である。すぐにも仕事を探さなければならなかった。

ある日、新聞をめくっていると「編集者や〜い！」というキャッチコピーと連絡先しか書いてない奇妙な求人広告を見つけた。「日本ヘルスメーカー（後の「カタログハウス」）」という会社だった。応募したら、入社試験の最高点と最低

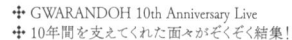

点を獲得した二名が採用された。最低点が私だった（社長の斎藤駿《さいとうすすむ》は慧眼《けいがん》の持ち主だった）。

1984年3月11日(日)

この時期、ながいと私はぐゎらん堂にノータッチだった。店の経営は「シモエミ」から「マサミ」――武蔵野タンポポ団のベーシストだった村瀬雅美――へ引き継がれていた。

この日、吉祥寺バウスシアターで「武蔵野フォークジャンボリー'84」が開催される。出演者は、高田渡、シバ、佐藤GWAN博、斉藤哲夫、武蔵野タンポポ団、佐久間順平。それに、友川かずき、サスケ、英浩《ひでひろ》ブラザース、森千代子ほか多彩なメンバーがステージをにぎわせた。三ヵ月後、二枚組のアルバム『武蔵野フォークジャンボリー'84／吉祥寺発ぐゎらん堂EXP《エクスプレス》』（RCAビクター）がリリースされる。村瀬雅美のプロデュースによるものだった。〈80年以降のぐゎらん堂に関しては……〉と、当時の状況をマサミが語る[*33]。

〈1ヵ月に2、30本のオリジナルテープが来てたから、それを俺の価値観で選んで、2ヵ月に1回のペースで生演奏の公開オーディションを開催してたんだ。俺がOK出すにしても音楽プロデューサーとしての感覚で若手の出演者にアドバイスしてた〉

しかし、時代のうねりは「若者の街」の空気を変えていた。彼はこう振り返る[*34]。

＊**33**＿、＊**34**＿村瀬雅美インタビュー「吉祥寺ミュージック・シーンの発火地点『ぐゎらん堂』」、『ジェネレーションF――熱狂の70年代×フォーク』桜桃書房（2001年）。

〈70年代の当初は、吉祥寺に行けば何かができる、何かをやろうという行動派がこの街を目指してたし、創造的で生産的なパワーが感じられたんだ。それが80年代になると、吉祥寺にできあがったものを…（中略）…見に来るとかさ、そういう人たちが多くなってしまった。それは、ぐゎらん堂の現場に出てても感じてたよ〉

1985年3月3日(日)

金ぴかの80年代は半ばを迎え、いよいよバブリーな時代へ向かっていた。その時期、マサミもまた思うところがあったようだ。[*35]

〈自分自身で考えるところがあったし、もうちょっと違う形で俺の生き方考えてみようかなとも思ってた。その矢先、85年にぐゎらん堂が入っていたビルを改築するという話があって、じゃあもうやめちゃおうってことになったんだよ。やめる記念に「武蔵野フォークジャンボリー」というコンサートを吉祥寺のバウスシアターで開いて……〉。その実況盤『吉祥寺発ぐゎらん堂ＥＸＰ』の制作は、彼がひとつの時代に区切りをつけるための記念碑だったようだ。

磁気失せた「ぐゎらん堂」

＊35__村瀬雅美インタビュー「吉祥寺ミュージック・シーンの発火地点『ぐゎらん堂』」、『ジェネレーションF――熱狂の70年代×フォーク』。
＊36__『読売新聞』1985年3月3日、「都市の履歴書12／第二部 吉祥寺はいま…／若者たち（上）」。

――〝抵抗〟の70年代／フォークと歩み

こんな見出しの記事が『読売新聞』に掲載されたのは85年の3月3日だった。＊36〈大人が一人、やっと通れるほどの階段を三階まで昇りつめると、店は今も、そこにあった。木製のドアに「武蔵野火薬庫」のステッカー。そう、その店はかつて若者の文化の〝火薬庫〟であった〉――と書き起こす記事からは、雑居ビルの三階から時の砂が滑り落ちていく音が聞こえる。

〈夕方六時の開店を前に、準備する手を休めて村瀬雅美さん（三七）が、ボソリと言う〉。あの店は〈若者たちにとって、格好のたまり場となった。集まった若者たちから、次々と歌が生まれた〉〈「ぐゎらん堂」は、吉祥寺に若者を引き寄せる磁石の役割を果たした、と言っても過言ではない〉〈「あれから十五年……」〉と、マサミがため息をつく。〈「店に来る連中から、ガッツとオリジナリティーが目に見えてなくなってゆくのは、たまらなかった」〉

最後に、記事は、マサミの言葉を引いてこう結ぶ。〈だが、村瀬さんが言う「ガッツとオリジナリティーがない若者たち」が群れる吉祥寺の街にあって、その再生が果たして可能か。「火薬庫」に火をつける火種そのものが、街にはすでにない〉

そして、あの日がやってきた。

１９８５年10月某日

ぐゎらん堂が、なくなった――と、いしかわじゅんがエッセイ集『吉祥寺気分』に書く。明治大学漫画研究会時代の彼は、店では「あぼさん」と呼ばれた常連客だった。〈ぼくはそこで卒業までのほとんどの時間を過ごし、卒業してからもカナリの時間を浪費した〉――とも書く[*37]。〈午後、下宿で目を覚ます。吉祥寺から中央線に乗って、大学に行く。といっても授業に出る訳ではない。まず食堂に行くのだ。腹ごしらえをして、それから漫画研究会の部室に行く。馬鹿話をひとしきりしてから、オモムロに雀荘へ行き夜中までやる。また中央線で吉祥寺に戻り、ぐゎらん堂に出勤する。ねこまんまを食べ、洗面器を借りて、トナリの弁天湯へ行く。朝までいて、掃除を手伝って帰る。／これがぼくの学生生活だったのだ〉[*38]

そのぐゎらん堂が閉店を迎えた。開店から十五年――１９８５年10月のある日、「解散パーティー」が開催される。「あぼ」は参加しなかった。〈行ったら、あそこがなくなったのを確認しちゃうような気がして、行かなかった〉――後日、彼はそう書いている[*39]。

ながいと私も行かなかった。私たちは１９８０年代の「ぐゎらん堂」を開店するのに忙しかった。それは、あの店とはちょっとちがうカウンターカルチャーの「時空」である。

＊**37**＿、＊**38**＿いしかわじゅん著『吉祥寺気分』の「一、夢の時代／解散」。
＊**39**＿「常連さん回想録」より。
＊**40**＿村瀬春樹著『怪傑！　ハウスハズバンド』晶文社（1984年）。

ご存知だろうか？　そのころ、またもや、私は七転八倒、逆風満帆！　ゴルフ場のキャディさんや巨大な便器会社（茅ヶ崎市の「TOTO」）の工場労働者として日銭を稼ぎながら、オヤジ社会に抗する「ハウスハズバンド＝男の主婦」に専心していた。ながいも私も、ジェンダーフリー方面の現場に集中する時間が必要だったのである（このへんの経緯は、拙著『怪傑！　ハウスハズバンド』に詳しい。[*40]ほどなく「男の主婦」の存在は社会現象となり、自由国民社『現代用語の基礎知識』に「主夫＝ハウスハズバンド」の項が新設される）。

そのころ、ようやくわかったのだ。「で、キミたち、その後《あと》はどうするの？」――1966年2月、右翼学生と殴り合っていたさなか、大学教授のひとりからそう問われたが、やっとわかったのである。その後、私がやりたかったのはこういうことだったのだ。70年代、あの「ヘンな名前のヘンな店」を開いたり、80年代、男たち――私を含む――をジェンダーバイアス（女性たちへの固定観念、差別意識）から自由にすることだった。

あの店の最期を見届けたのは、店主のマサミ、新旧の従業員たち、そして長年の常連さんたちだったと聞く。十五年目のパーティーはぐゎらん堂を裸にする集まりだったようだ。処分され、廃棄される店の室内装飾、建具、家具、備品類。レコード・コレクションや「青林堂漫庫」など蔵書類は、中山ラビが経営していた国分寺の「ほんやら洞」へ。家具、調度の多くが、秩父（埼玉県）のライブハウス「HONKY TONK」に引き取られていった。

店を飾った小物類はみんなで「形見分け」した。壁に掛けられていたゼンマイ時計は「ちーぽん

（村山千賀子）」の手に渡った。人形作家の出合五百美《であいいほみ》が、文字盤に「リンゴを食《は》む少女」の肖像を描いた例の「人面時計」である（P213参照）。ちーぽんが報告する。[*41]

〈今も大切に持っています。あの日、ぐゎらん堂の「お宝」をみんなで分けて。たしか、くじ引きとかじゃんけんで決めたのかな？　私が引き当てたのがあの古い時計でした。ぐゎらん堂が文字通りの空っぽになって、最後にシャッターを降ろして店を出たのは「チューソツ（中坊ひろし）」だったと思います〉。その夜、ちーぽんは井の頭線に乗って帰宅する。

〈電車の座席にすわっていたら、なにか「音」が聞こえるんです。私の膝の上で、あの時計がゴ・・・・ワンゴワンと鳴っていました〉

「音」の正体は人面時計の自己主張。横倒しにされ、電車に揺られて運ばれたゼンマイ仕掛けの精密機械である。ボーンボーンと鳴って時を告げるチャイム（渦巻き状の鉄線）が宙に浮き、それを叩くハンマーと戯《じゃ》れ合う。弾けてバラケた鋼《ハガネ》のゼンマイも暴れ出し、歯車たちとぶつかり合って大騒ぎしていたのだろう。閉店を告げる鐘が鳴る。

♪　GOWANG GOWANG……と古時計。

♪　GWARAN GWARAN……とぐゎらん堂。

*41__「常連さん回想録」より。

✣ GWARANDOH
in Kichijoji

1970 — 1985

あの店もまたゼンマイが弛《ゆる》みきっていたようだ。時代を刻む役割を終え、ネジを巻いてきた若者たちが解散してしまった。
〈何を生んだ「ぐゎらん堂」〉——『朝日新聞』の記者がそう書いていたけれど、ほんと、ぐゎらん堂はなにを生もうとしてきたのか？

オヤジどこ行く
青筋立てて
上げた拳《こぶし》を
どこ振り下ろす

オヤジなぜ居る
床の間背負って
行く当てないので
座ってる

✣ いまもハバを効かせる"オヤジ帝国主義(家父長制)"。
ビートルズやディランを知らない旧型ホモ・サピエンス(♂)?

The Memories of " People in A Parallel World"

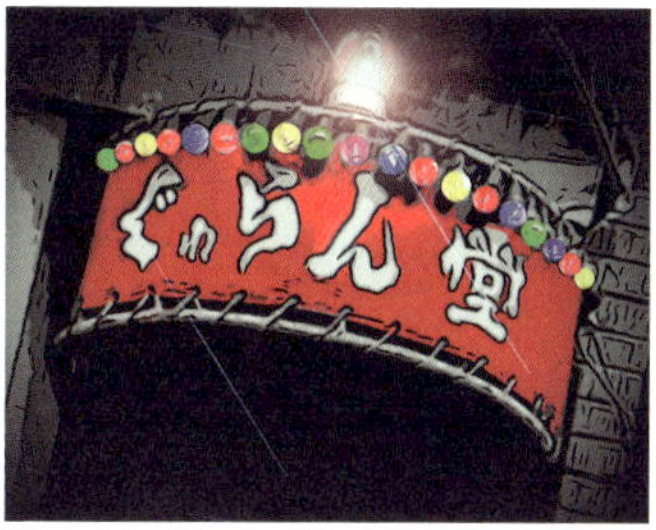

1970〜1985年、この店はあの街にあった。
いま、星座が巡り、17歳だった少女が71歳になった。
その年齢《よわい》を迎える前に、
この世を去った女や男、アーチストたちも少なくない。
去る者は日々に疎く、在る者は日々に忙し。
70年代に出会った多くの人びと——
「パラレルワールド」の記憶をしばしとどめむ。

Explosive Magazine　GWARANDOH

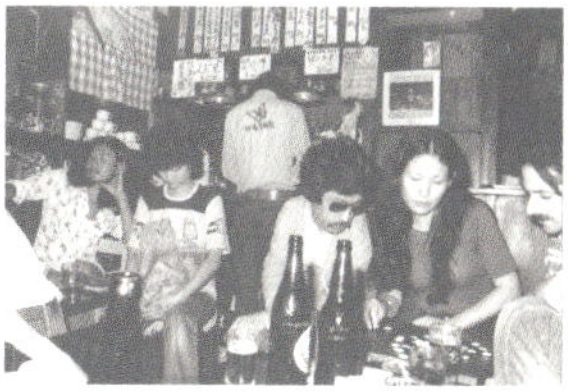

Oldies But Goldies

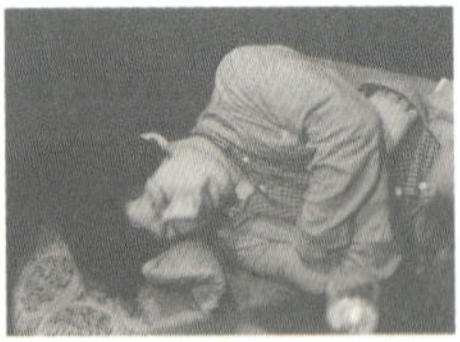

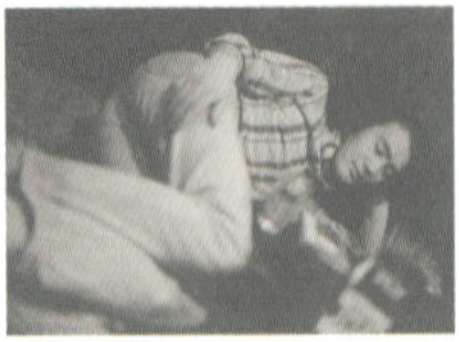

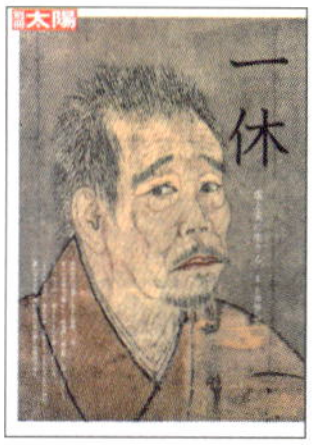

All You Need Is Love

1974年―高尾山・もみじ台「天狗の隠し桜」の樹下で遊ぶ

✣ **樹上**：左から、大塚未知雄／えみちゃん／リエコ（伊藤理恵子）。**樹下後列**：筆者／高以良基／八重さん／ゆみこ・ながい・むらせ／シモエミ／中坊ひろし／ヒロシ／マコトちゃん（向井誠）。**樹下前列**：Mary Sue ／ Charles Mergentime ／タプテ（飛礫）／高田漣／ふみこさん（高田富美子）／パーカーくん／かつし／ぐゎらん堂用心棒のチュージ（添田忠伸）。

「櫻下麗人」by HeiQuicci HARATA

1977年―いざ、春花乱心！ 高尾山「隠し桜」のお花見へ

✣ **左**：いま、複葉機から降り立ちました？ つなぎの飛行服であらわれた HeiQuicci HARATA（羽良多平吉）。**右**：左から、筆者／タプテ／マミ／ミヤドー（宮堂譲）／岡田くん／高田漣／ふみこさん／クロ（黒田義之）。

2007年―30年後、あの桜はまだあった。高尾山へお花見 Again！

✣ **樹上**：エミリちゃん。**後列**：左から、てつや&けいこ（渡辺哲哉&渡辺恵子）／中坊ひろし／添田忠伸／ハリマオ／筆者／しもじ／秀平／ゆみこ・ながい・むらせ／秀平Jr.くん／HIDE／並木くん（柚木公奈）／村山くん（村山敬一郎）。**中列**：のりむつ（野上範睦）／伊藤理恵子／家出くん／kanokin／シバ／向井誠。**前列**：よってるくん／めぐむこさん／駒子／メグ（矢島恵）／かものはし（川村恭子）／せっちゃん（沢田節子）／やよいちゃん（野村弥生）／ちーぼん（村山千賀子）／マヤさん（後藤佐恵子）／ふみこさん。写真：Tabute Murase。

✣ 野村弥生（**左から2人目**）はグラフィック・デザイナーの道へ。あのころの自分より大きくなった分身、愛娘のエミリ（**左端**）を伴って登場。沢田節子（絵本作家・沢田としきの伴侶、**左から3人目**）も、あの店の常連だったデザイン少女。いまも、時代の最先端を行く表現者たちの企画をヴィジュアル面から手広くサポートし、グラフィック・デザイナーとして活躍中だ。川村恭子（**右端**）は中学生のころからぐゎらん堂へ。80年代初頭、NHKのFM番組『サウンド・ストリート』に女子大生パーソナリティとしてデビュー、現在も音楽ライター&ナビゲーターとして奔走する。写真：Tabute Murase。

1974年―ぐゎらん堂恒例“白猫旗”争奪戦! ソフトボール大会

✣ この大会は出身地別に東軍(関東以北)、西軍(東海以西、中国、四国)、南軍(九州、海外諸国)の三チームに分けて行われた男女混合のリーグ戦だった。対外的には佐藤B作が率いる劇団「東京ヴォードヴィルショー」とぐゎらん堂が対戦。75年はぐゎらん堂が勝利、77年にはヴォードヴィルが雪辱を果たした。

✣「白猫旗(羽良多平吉が肉筆でマッチボックスの白猫を描いた優勝旗)」の授与式。74年11月21日、東大三鷹寮グラウンドにて。

✣ **左から**:筆者/自転車に乗った高田渡/優勝旗を渡すコミッショナーの添田忠伸/それを受け取る南軍代表の清水くん(清水隆治)/背後で拍手するチキンくん/よってるくん/あぼ(いしかわじゅん)/道着に黒帯、高下駄姿は空手の中川くん。写真:沢田節子。

He is the MASTER
by Ishikawa Jun

✣ **左**：反時計回りに、高田渡、高田蓮、シバ。**中**：中川イサト／中川五郎(写真：高田渡)、いとうたかお、福岡風太(「春一番」プロデューサー)。**右**:友部正人、"林亭"(佐久間順平、大江田信)。

水曜日の夜をにぎわせた出演者たち

✣ **左**：なぎら健壱、朝比奈逸人、高校生バンド "世情半"(野上範睦／キヨシ小林)、佐久間順平。**中**："アーリータイムス・ストリングス・バンド"(前列左から、村上律、高橋イタル、竹田裕美子、今井忍、渡辺勝。後列：松田 ari 幸一)。

Singer-songwriters

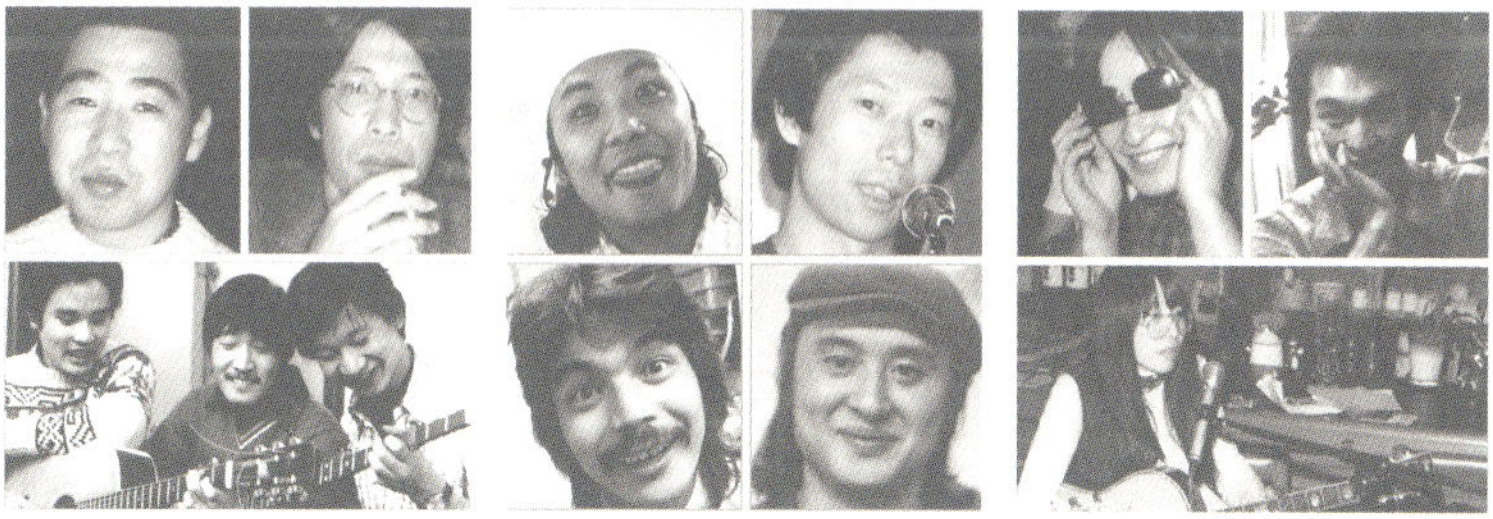

✣ **左**：三上寛、ジミー矢島／シバ／古川豪、田中研二。**中**：斉藤哲夫、加川良、佐藤GWAN博(写真：高田渡)、大塚まさじ。**右**：鳥井賀句、仲田修子(写真：ペンギンハウス)、"ちゃんがらブルースバンド"(小山田祐司)。

The Fuss Quartetto（空騒ぎ四重奏団）／井の頭公園にて

✣ **左から**：ジミー矢島、シバ、須田くん、星孝司。写真：秋山昌弘。

擦り切れたジーンズをはいた少年少女が、
ノーブラの胸みたいに
やさしく尖っていた70年代。
催奇《サイケ》で珍奇《チンケ》な70年代——
ほら、空のてっぺんから
ロック&ロールが降ってくる。

It's a Beautiful Day！／井の頭公園にて

✣ 平地孝治&えみちゃん。写真：大塚未知雄。

✣ この「Icon Zone」内に登場した各人物をはじめ、70年代の吉祥寺で躍動した多くの人びとの詳細は本編の各ページを参照。また、この「Zone」で特に表記のない写真は、中坊ひろし、秋山昌弘、大塚未知雄、村山千太、野上範睦の撮影（または提供）による。

7.

総括

――「武蔵野火薬庫／ぐゎらん堂」とはなんだったのか?

総括1

多角経営?

ぐゎらん堂の「営業案内」

あの店の「お品書き《メニュー》」は、B4サイズのプラスチック・ケースに入った手描きのボードだったが、その裏面に「営業案内」が記されていた。「お客さまへ、当店ではこんなことをやっています!」……

「武蔵野火薬庫/ぐゎらん堂」とはどんな店だったのか?

ぐゎらん堂の営業案内(1979年版)

【水曜コンサート】

1970年10月から、すでに四百数十回のライブを開催してきました。毎週水曜日、独特なブルースホールの雰囲気の中で、新しい歌とサウンドが生まれています。出演希望など、詳しいことは当店カウンターまでご連絡を!(詳細は「水曜コンサート―前・中・後篇」参照)

【フリーギャラリー】

店内の壁面を「アンデパンダン展(自由出品展覧会)」のギャラリーとして解放しています。開店以来、油彩、水彩、リトグラフ、写真、漫画、クラフトアート、オブジェ――そのほか名づけようのない作品のエキシビションを開催し、有名無名、多くの若い作家さんたちに利用されてきました。期間は一ヵ月、出展料は無料です。

【各種発表会／作品の直売】

あがた森魚くんの自主制作盤『うた絵本／赤色エレジー』（72年）の発表会を皮切りに、林亭の『夜だから』（74年）の発表会など自主制作レコードの広報支援《パブリシティ》を行っています。また、自費出版物、同人誌などを「産地直送」で販売中！　作者も読者も大いに利用してください。

【各種集会】

万国の深夜少年、家出少女に告ぐ！　「フォークリポートわいせつ裁判」の勝利に向けて結集せよ!!

と、76年の大阪地裁公判以来、中川五郎の法廷闘争の支援をつづけてきました。歌あり、スピーチあり、討論ありの集会です。最高裁の判決近し、ココロして待機せよ！

「李哲《イ・チョル》さんを救う会」（76年、韓国のKCIA――軍事独裁政権下の諜報機関から北朝鮮のスパイにでっち上げられ、死刑判決を受けた在日韓国人＝李哲さんの救援会。李さんは約十三年間拘束された後、88年に釈放される）ほか、多様な集会をミュージックイベントと併せて開催しています。

【映画上映会】

16ミリ映画、8ミリ映画、アニメなどの上映会を行っています。最近面白かったのは、柳町光男監督の『ゴッド・スピード・ユー！　BLACK EMPEROR』でした（78年11月）。この夜は、いつもとはちがった客層で満席になりました。たとえば、大型バイクを店の前に横付けしたリーゼント・

ヘアーの兄《あん》ちゃんたち、やたらと理屈っぽい長髪の映画青年。上映後、両者のあいだで論争が起こりましたが、「うるせー、バーロー！」でツッパリ兄ちゃんの勝ち。

【結婚式】
ぐゎらん堂では、開店以来、六組のカップルが盛大に結婚式を挙行しました。ウエディングベールの花嫁と胸にバラの花婿。新郎新婦は、聖書の代わりに分厚い電話帳（東京都多摩版）に手を添えて永遠の愛を誓い合いました（そのうちすでに二組が離婚しました）。

——と、あの店をごく控え目に宣伝した「営業案内」である。業務内容は、酒場、ライブハウス、画廊、映画館から結婚式場まで。どうです？　なかなかの多角経営じゃありませんか。

とりわけ、【フリーギャラリー】には思い入れがあった。開店初日、チンドン屋さんと吉祥寺の街で配ったチラシのキャッチコピーが「SOUNDS《サウンズ》 & OBJET《オブジェ》」——その「OBJET（アート作品全般）」のギャラリーを開設したのである。

1960年代後半、私は現代美術——特に、ニューヨークを中心に発生したポップアートの洗礼を受けて育った世代だ。あの時代のアートが好きな方には分かっていただけるだろう。

それは鮮烈な美的体験だった。ロイ・リキテンスタイン、アンディ・ウォーホル——そのシルクスクリーン作品にポップカルチャーの真髄を見せつけられ、ジャスパー・ジョーンズ、ジェームス・ローゼンクイスト、クレス・オルデンバーグの新鮮な奇想《オブジエ》に目を奪われた。ジョージ・シーガルが演出する「人体石膏模型」のストップモーション（静止像）には、凍りついた日常の虚無を思い知らされる。そして、敢えて包み隠すことで、隠されてきた暗黙のレアリテ（実在性）を剝き出しにしてしまう梱包アートのクリスト……。

ポップアートとは目で聴くロック&ロールなのだ——そんな視点から選んだ作家たちのエキシビションを開催したのである。出展者は新進気鋭の美術家、当代人気のプロフェッショナルから画学生、アマチュアまで。たとえば、73年の顔ぶれはこうだった。

フリーギャラリー出展者（1973年／手帳から抜粋、「*」は記録の詳細なし）

4月【藤井田くんほか二人展】（*）
5月【角文子「彫金七宝展」】（工芸作家）
6月【星孝司《ほしたかし》リトグラフ展】（版画家）
7月【原田久子「七夕によせる織物展」】（テキスタイル・アーチスト）
9月【笹倉慶展】（*）
10月【野津手重隆水彩画展】（東京造形大学学生）
12月【鈴木翁二原画展】（漫画家／73〜77年、吉祥寺「駱駝館《らくだかん》」との共催を含め計四回開催）

開店直後の71年春、驚かされたのは、いきなり店に持ち込まれたポップアート作品だった。ある日、色白の瘦せた青年があらわれ「ここで個展を開く」というのである。虹色科学のマッド・サ

✣キッチュ、ポップ&アバンギャルド！
"ぐゎらん堂 フリーギャラリー"

イエンティスト――羽良多平吉だった（当時二十三歳。P113参照）。それはキッチュで、ポップで、ぶっ飛んだ大判のシルクスクリーン群だった。

画風は赤、青緑、ピンク、紫色《パープル》やら――補色同士を劇的に衝突させた極彩色。その画面の中心に、「私ハ誰デセウ?」と純白のターバンに黒メガネ、白い覆面とボディスーツに身を包んだ「月光仮面」が仁王立ちしているのだ。ほかにも、当時の彼のモチーフは、力道山のブロマイド、水着のお嬢さんがポーズするレトロな着色写真、米国サイレント映画のスーパースター＝ハロルド・ロイドやアメリカ漫画の人気キャラといった大衆娯楽のヒーローたちだった。まさしく、眼球《めだま》を仰天させるロック&ロール！　ほどなく、私は彼に「月に赤猫」――店のマッチボックスのデザインを依頼することになる。

そのように、展示会のコンテンツは多種多様、ノン・ジャンルだった。プロの作家の場合は作品即売会を兼ねていた。出展料なし、歩合なし。それでも、本業の飲食業の売り上げでなんとかまかなえていた。71年に開催した「出合《であい》五百美《いほみ》の人形展」は、ルイス・キャロル（『不思議の国のアリス』の作者）の世界から抜け出てきたような美少女たちの彩色石膏像――サイズはビールの小瓶サイズから等身大まで。先の「人面時計」は私が購入した。

1✣神野次郎は店の常設パネルのスターたちをぐゎらん堂の客席に座らせた。左がジーン・ハーロウ、右にハンフリー・ボガート。二人の背後の壁に同じシーンが描かれた額縁絵があり、この「無限回廊」が奥へ奥へとエンドレスに後退して異空間へ続くワームホールのように人を誘う。

作家による各種個展（順不同）

【神野次郎《かんのじろう》油彩画展】（画家）

2

3

4

5

6

2✣「ガロ三人娘原画展」よりやまだ紫のペン画。

3✣羽良多平吉の「櫻下麗人」（レコードのラベル）。水色の空、黄色い地平線。満開のソメイヨシノの樹下、化粧したシルクハットの男装の麗人が振り返る。花影に差す月光は桜色。その全身が淡いピンクに染め上げられ……。

4✣鈴木翁二の彩色原画。

5✣佐々木マキの版画。

6✣漆山正美のエッチング。二方連続のレペティション（反復画面）、刷り上がりの画にスクラッチ（引っ掻き技法）が施されている。

【宇治晶《うじあきら》「幻覚《トリップ》するオブジェ展」】（画家、グラフィックデザイナー、装丁家）
【漆山正美エッチング展】（版画家）
【三橋乙揶（シバ）油彩画展】（画家、シンガーソングライター）
【「ガロ三人娘」原画展】（やまだ紫＝漫画家・エッセイスト、後に京都精華大学教授／近藤ようこ＝漫画家、エッセイスト、文学者／杉浦日向子《すぎうらひなこ》＝漫画家、エッセイスト、江戸風俗研究家——による「三人展」。青林堂『ガロ』編集長「モーゼルの勝ちゃん」の助力で実現した）
【佐々木マキ版画展】（漫画家、絵本作家、イラストレーター）
【勝又進原画展】（漫画家、イラストレーター）
【阪口笑子《さかぐちえみこ》イラスト展】（セツ・モードセミナー学生。後に画家、絵本作家）
【本《もと》くに子イラスト展】（セツ・モードセミナー学生。後にイラストレーター、絵本作家）
【「本屋《ほんや》くん」の写真展】（アマチュア写真家、詩人）

✣“ぐゎらん堂 フォト・ギャラリー”に見るミュージシャンたちの素顔

✣「キヨシ」こと秋山昌弘はぐゎらん堂のカメラ小僧だった。彼の得意分野は人物写真。彼がレンズを向けると、店に集まるシンガーソングライターたちは、仲間内にしか見せない“すっぴんの笑顔”で応じた。
左上✣何思う？　わずか12坪のぐゎらん堂店内で、迷子のように立ち尽くす佐藤GWAN博の横顔。
左中✣シバはくわえ煙草に親指を突き出し、お得意のキメポーズを見せる。
右上✣空きっ腹をかかえて街を行く「ペーパーバック・ボーイ」の友部正人。

左下✣キヨシが好んだ「大首写真」3点。（左から）ロングヘアーにタオルをかぶり、だれかの引っ越しの手伝い？　人の良い「下町のアンちゃん」は斉藤哲夫。武蔵野タンポポ団のプリンス＝いとうたかお（ペケ）はホワイトアスパラガスのようにやさしい青年。メガネを光らせ、白い歯を見せて笑う。♪嬉しいときにゃ、笑いなさいよ！　気にすることじゃありません……と、加川良。いずれも、写真展【「秋山キヨシ」の写真館】より。

【「秋山キヨシ」の写真館】（本名＝秋山昌弘。写真家、後に北海道・留辺蘂の写真館主人）
【高田渡の「街角日常写真展」】（写真家、シンガーソングライター）——etc

「企画展」も開催した。私は、昔も今も、古い道具や図像資料の蒐集家《コレクター》である。一例を挙げれば、ヨーロッパやアジアの「便器」「湯たんぽ」のコレクション（詳しくは、拙著『おまるから始まる道具学』平凡社新書）。また、戦時下の資源不足がもたらした「奇妙な代用品」——日中戦争から太平洋戦争にかけて日本本土や沖縄で発生した「陶器製《セトモノ》の日用品」。ベトナム戦争下、北ベトナムの人びとが、撃墜した米軍機を素材に鋳造した大量の「ジュラルミン製生活道具」（いずれも、沖縄市が主宰するミュージアム「戦後文化資料展示館ヒストリート」で公開されている）。

1970年代、私が蒐集していたのは、昭和期を象徴するポップなヴィジュアル・アートだった。これらの蒐集品を「オリジナル・エキシビション」として供覧した。

ぐゎらん堂企画展（順不同）

【「江戸千代紙・極彩色の世界」――浅草・仲見世通り最新版！】

ある日、浅草をぶらついていたら思わぬものに出会った。江戸千代紙――浮世絵の色づかいと刷り技法を華麗に発展させた多色木版（和紙刷り）のパターン図絵である。

地色は渋い淡灰色《ライトグレー》、深翠《ふかみどり》、黒。あるいは派手な薄紅色《ピンク》やイエローを背景に、桜、菊、牡丹が艶《あで》やかに乱れ咲き、松竹梅がデザイン化された草花紋《そうかもん》。はたまた、藤の花房、紅葉《もみじ》の乱舞、蔦の葉がうねる唐草紋《からくさもん》、格子模様に縞模様、雲母《キラ》の光もきらきらと……なんだ、これ？ アンディ・ウォーホルか、羽良多平吉か!?

――というわけで、「江戸千代紙」の70年代版エキシビションだった。

【「戦中・戦後の教育紙芝居」に見る日本社会】

――同時開催「実演！ 懐かしの紙芝居大会」（出演＝なぎらけんいち）

『小さい傳令使《でんれいし》』小学国語読本巻八（脚本・日本教育紙芝居協会／絵・小谷野半二＝昭和16年）
『爪文字《つめもじ》』陸軍省報道部推薦（脚本・文化奉公会／絵・野々口重＝昭和18年）
『純忠菊池一族』文部省監修（脚本・納富康之／絵・鳥居清言＝昭和19年）
『幸福物語』日本画劇株式会社製作（作・小川末明／絵・山川惣治＝昭和21年）
『母よいづこ』民主政治教育連盟企画（脚本・森眉根雄／絵・安里満＝昭和23年）

『お母さんの話―アンデルセンの童話から』日本紙芝居幻灯株式会社製作（作・稲庭桂子／絵・岩崎ちひろ［いわさきちひろ］＝昭和25年）――etc

「陸軍省報道部推薦」とか「文部省監修」とか、なんともキナくさいコレクションである。

ことさらに政治的な話をしたいわけじゃないが、これが日本の近・現代史のファクト（事実）なのだからしかたがない。若い諸君のために、かんたんにおさらいしておこう。

戦争をもくろむ為政者《いせいしゃ》たちは、他国民に銃を向ける前に、自国民に刃物《やいば》を向ける。「情報戦」という内戦を仕掛ける。プロパガンダ（情報操作）の体制を万全に整えて国民を洗脳するのだ。愛国心を高揚させ、自己犠牲を美化し、「他民族」を蔑《さげす》んで敵愾心《てきがいしん》を煽る。「戦中の教育紙芝居」はその典型だった。この「作品」が小学校の教科書に掲載され、教育機関や寺社が運営する日曜学校などで上演される。子どもたちのやわらかな脳に軍国主義《ミリタリズム》を刷り込んだのだ。

『小さい傳令使』は血染めの軍用鳩が主人公だ。満州事変（昭和6年）のさなか、敵情報告の信書管を足に巻いた一羽の伝書鳩が、飛行中に敵弾を腹に受け、血まみれになって守備隊へ帰還する。〈死をかけて、重い任務を果たしたこの輝く小伝傳使のいさをし［勲し＝勇ましさ］〉は、長く長く皇軍［日本軍］のあいだで語り継がれたのでありました……という物語である。

『爪文字』は、ニューギニア戦線（昭和17～20年）の高地を「死守せよ」と命じられ、全員が玉砕した部隊の話だ。空には米軍機が雲霞《うんか》のごとく押し寄せ、本土の司令部に「ヒカウキ［飛行機］の増援を求めてもナシノツブテ。やがて、島へ米軍が上陸、ここぞと演者《えんじゃ》（読み手）が声を張る。

〈それを邀《むか》へうつ地上の戦闘こそ日本魂《やまとだましい》の華《はな》であった〉。米軍機銃部隊vs皇軍抜刀隊、血で血を洗う白兵戦。だが、部隊がついに全滅した山頂には筆記用具となく、かたわらの岩肌には爪で刻まれた文字が残されていた。〈てんのうへいかばんざい／ヒカウキ／ヒカウキ〉と。

一方で、「戦後篇」は手の平返しのハッピーエンド路線だ。「民主政治教育連盟」なる団体が企画した戦災孤児をめぐる美談『母よいづこ』、山川惣治《やまかわそうじ》（戦後の少年誌を席巻した絵物語作家）を起用した『幸福物語』、岩崎ちひろ（絵本作家）の『お母さんの話』——。

作品展示と同時に「実演！　紙芝居大会」を開催。なぎらけんいちが「紙芝居屋のおっさん」を担当、コップ酒を傾けながらドタバタ喜劇風に熱演した（73年5月）。

【内藤良治《ないとうりょうじ》図案集「カーキ色の昭和モダンアート展」】

1930年代、当時のモダニズムを体現したイラストレーター＝内藤良治の『色彩商業図案集』（大修堂、昭和13年）を紹介。この書冊はアール・デコ、アール・ヌーヴォー、それに純和風の広告用装飾図案《カット》の手引き書（B5判、綴じ無し製本。硬紙製のページ全八十枚がひとつのハードケースに収められている）——その代表的な作品を展示する。

ショウウヰンドの背景図案［季節別］　カフェー、喫茶店、映画館、ダンスホールの図案
ラヂオ、写真器、自転車、下駄足袋類の図案　自動車、飛行機、汽船、建物の図案
オリンピック、日本趣味、非常時［戦時］の図案——etc

昭和13（1938）年といえば、ナチス・ドイツがオーストリアを併合し、中国大陸を侵略した日本が「国家総動員法」を施行した年。最先端のモダニズムがカーキ色のファシズムに身をゆだね、心地良さげに染まっていた。無惨に咲いた徒花《あだばな》だった。

【「楽譜の表紙絵」でたどる戦後流行歌史】（表記した「年」は楽譜の発行年）

――同時開催「蓄音機で聴くSP盤コンサート」

「懐かしのブルース」（松竹映画主題歌／唄・高峰三枝子／全音楽譜出版社＝昭和22年）

「東京の花売娘」（唄・岡晴夫／全音楽譜出版社＝昭和22年）

「待ちませう」（唄・松田トシ／全音楽譜出版社＝昭和24年）

「東京の屋根の下」（唄・灰田勝彦／全音楽譜出版社＝昭和24年）

「大江戸七変化」（大映映画主題歌／唄・竹山逸郎、榎本美佐江／新興音楽出版社＝昭和24年）

「蘇州夜曲」（東宝映画『支那の夜』［昭和15年］の挿入歌／原曲・李香蘭《リ・シャンラン》［山口淑子］。渡辺はま子、霧島昇／全音楽譜出版社＝昭和25年）

「想ひ出のボレロ」（松竹映画主題歌／唄・高峰三枝子／全音楽譜出版社＝昭和25年）

「リラの花咲くころ」（ラヂオ歌謡／唄・岡本敦郎／全音楽譜出版社＝昭和26年）――etc

「楽譜」というのは、歌謡曲ファンのために市販された流行歌の譜面《スコア》のことだ。いわば、SPレコードの歌詞カードとして別売されたリーフレット（B5判、六ページの冊子）である。当時、SP盤のパッケージはマニラ紙を使った無愛想な簡易包装だった。一方、楽譜の表紙を飾ったのは、どこか猥雑で、妖しい情感を漂わせたカラー刷りのイラストレーション。70年代でいえば、アルバム・ジャケットのカバーアートか。そのポピュラー・ミュージック史上のアート展をゼンマイ式蓄音機によるSP盤ライブと同時開催する。

これら一連の楽曲が流行した背景には「時代の激変」があった。♪ WORLD WAR II IS OVER! 日本が無条件降伏し、世界大戦が終わった。1945（昭和20）年8月15日、ラジオから昭和天皇の「終戦の詔書」が流れる（9月2日に降伏文書に調印）。世界地図から「JAPAN」という国の主権が消えた。日本列島で製造された海外向けの輸出製品には「MADE IN OCCUPIED《オキュパイド》 JAPAN＝占領下の日本製」と刻印された（1947〜52年）。

国家《くに》ってさ……と多くの人びとが肌身で感じていた。かんたんに滅びてしまうものだ、と。日本中の街や村が焼け野原になっていた。銀座の柳も黒焦げだったが、街角にはアメリカ兵の軍服があふれ、四丁目の服部時計店は接収されて「TOKYO PX（進駐軍専用酒保《しゅほ》）」の看板がかけられていた。だが、空にB29戦略爆撃機の影はない。

そう、待ちに待った平和がやってきたのだ。

なにものにも替えがたい平穏な日常！ その喜びに、肉親を失い、家を焼かれ、丸裸にされた人びとは心機一転、さまざまなものに「平和」を名乗らせる。

平和ナベ、平和タワシ、平和パチンコ、平和不動産、平和タクシー、平和湯。

あるいは、平和公園、平和台球場――そして、新しい憲法を「平和憲法」と呼んだ。

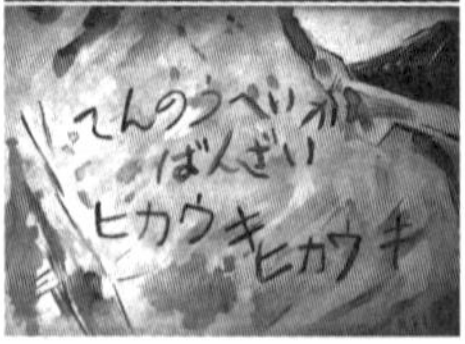

✣ぐゎらん堂企画展【「戦中・戦後の教育紙芝居」に見る日本社会】

左✣1973年5月、教育紙芝居を実演するなぎらけんいち。大好評だったため、2週間後に「アンコール大会」を開く。
右上✣教育紙芝居『爪文字』（昭和18年）のタイトル画。
右下✣部隊が玉砕した現場の岩には、爪で掻かれた無念の遺書が残されていた。

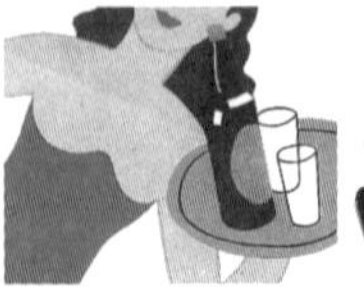

✣ぐわらん堂企画展【内藤良治図案集「カーキ色の昭和モダンアート展」】

左✣「飛行機の図案」より“ナチス・ドイツの飛行船”。ヒトラーがベルリンで「宝塚少女歌劇団」を出迎えて歓迎したのは、この図案集が発行された1938年だった。
中✣「カフェーの図案」より“ビールを運ぶ女給”。
右✣「眼鏡類の図案」より“航空兵のヘルメットとゴーグル”。『色彩商業図案集』より。

さらに、日本全国の街——吉祥寺を含め、あなたの身辺にいまもあるにちがいない——「平和通り」という名の商店街がぞくぞくと誕生した。驚くじゃないか、このころ、反戦・平和主義者がマジョリティ（社会の多数派）を形成していたようなのだ。

いや、驚くにはあたらないか。「平和憲法」はだれかの押しつけだ——なんていう与太話に、人びとは耳を貸さなかったのだ。

人を殺すな、殺されるな！「戦争の放棄」は、第二次世界大戦後、膨大な数の人死《ひとじ》にを経た果てに、人類がようやく行き着いた最低限の条理《ことわり》だった。嘘偽《うそいつわ》りのないホンネである。♪ IMAGINE!／考えてもみろよ／人はみんな、平和に暮らしたいだけなのさ。そういえば、敗戦五ヵ月後、大蔵省専売局も「平和＝Peace」というタバコを発売している（46年1月）。

——そんな時代に流行した日本のポップ・ミュージックであり、その楽譜の表紙絵だった。

♪ 東京の屋根の下に住む
若い僕等は　しあわせもの

✣ぐわらん堂企画展
【「楽譜の表紙絵」でたどる戦後流行歌史】

左から✣「東京の花売娘」(昭和22年)、「待ちませう」(24年)、「東京の屋根の下」(24年)、「想ひ出のボレロ」(25年)。時に世相は芋を洗うが如し、「団塊の世代」が一斉に産声を上げる。

日比谷は　恋のプロムナード
上野は　花のアベック
なんにも　なくてもよい
口笛吹いて　ゆこうよ
希望の街　憧れの都
二人の夢の　東京
（詞＝佐伯孝夫「東京の屋根の下」。SP盤発売＝昭和23年）

日比谷が〈恋のプロムナード〉なら、浅草六区は〈夢のパラダイス〉と唄われた。♪なんにもなくてもよい／映画にレビューにブギウギ！　と、若いぼくらは手放しで「愛と平和」を謳歌するのだ。しかし、この時期のラブソングの多くは、三浦光紀がいう〈旧態依然としたレコード制作（P096参照）〉が生んだ楽曲であり、戦前からの男女関係（主従関係）と恋愛感情（処女崇拝）を引きずったリバイバル・ソング（懐旧復古調歌謡）の域を出なかった。

この曲が発売された1948年、ジョン・レノンはまだ八歳、ボブ・ディランは七歳（ついでにいえば、私は四歳）。戦前育ちの大人たちの、四角四面《スクエア》な世界観を笑い倒す、丸いお尻《ヒップ》のような「愛と平和＝LOVE & PEACE」の時代は、あと十五〜二十年ほど待たねばならない。

総括2
あの店の「収支決算」を報告すれば……

ぐゎらん堂はその街を代表する商業圏にある大店《おおだな》ではなかった。商店街が途切れた街外れにオープンした裏店《うらみせ》。大店に出入りする客と裏店のそれとは自ずと顔ぶれがちがってくる。店の盛衰と顧客の層にはどんな関係があるのか？　ここでは、あの店に集まった特徴的な「客層」にまつわる総括をしておこう。決定的な話である。

裏通りにある酒場とそこに通う人びとは、とかく世間から誤解される傾向がある。まして、あの店は「武蔵野火薬庫」を名乗るヘンな店だった。

開店から半年、ある春先の昼下がりのことだったと思う。ドアの外に人の気配があったので開けてみると、十人ほどの男女が立っていた。掃きだめに鶴……というか、きちんとした身なりの集団だった。七、八人が女性で、細かい花柄のワンピース、ＰＴＡの役員会用に仕立てたような水色のスーツ、申し合わせたように、膝が深々と隠れる長めのスカートを着用している。男たちは背広姿で無精ヒゲなし。年の頃は、五十代半ば〜六十代？　「団塊の世代」のパパ＆ママ世代、あるいはそれよりちょっと年上の男女だった。

「いらっしゃいませ！」私が声をかけると、彼らは無言で入ってきた。店内にはジャニス・ジョプリンのアルバム『チープ・スリル』が流れていた。ジャニスがロングヘアーを振り乱し、腰を揺すってシャウトするあの曲——「男が欲しい（“I Need A Man To Love”）」。女性の一人がスピーカーの音量に眉をひそめながら、入り口に近い席を指差した。一行はたがいに譲り合いながら腰をおろし、座るなり、物珍しげに店内を見回している。奥の席では学校からフケてきた女子高生たちがトランプに興じていたが、いち早く異変に気づき、「ヤバイ！」とかいいながら笑い声を押し殺しているのが見えた。

私は神経質にならざるを得なかった。ヤバイ！ のだ。なにしろ、ぐゎらん堂は住宅街が寝静まったころに盛り上がる深夜営業だったし、ブルースバンドのライブやマルチ・ステレオが再生するハードロックは大音量。そんなハタ迷惑な店に、膝の抜けたジーンズ、踵《かかと》を履きつぶしたスニーカー、得体の知れぬ長髪の若者やヤサグレ少女たちが出入りしているのだ。愉快ならざるキモチを抱く人たちがいたとしても不思議ではない。

70年代に「若者」だった方なら憶えているかな？ 60年代初頭、ビートルズやローリング・ストーンズが誇示《ディスプレイ》したあの美意識と価値観を。それが、世界中の若者たちのココロを鷲掴《わしづか》みにしたのを。彼らは、戦後のベビーブーマー世代のファッションを一夜にして変えてしまったのだ。しかし、それは旧世代から強い反撥を招き、世間から爪はじきに遭うことになる。

いまでは信じられないかもしれないが、たとえば日本では、「長髪」という他愛のないヘアー・ファッションひとつとっても「BS&T《ビーエスティー》（血と汗と涙＝“Blood, Sweat & Tears”, Rock Band in USA）」の歴史があったのだ。ロングヘアーで街を歩けば、前方からは白い目、背中には後ろ指——。

それは私自身も体験していた。60年代後半、私の髪型は長髪（といっても、控え目なマッシュルームカット）だったが、新宿の歌舞伎町を歩いていると、目つきの鋭い角刈り頭の若い衆が身体を寄せてきて「髪を切れ、コノヤロー！」と凄まれた。九州のある街では、背後からいきなりコンクリートブロックの破片《カケラ》が飛んで来て耳を掠《かす》めたことがある。振り返ると、パンチパーマの中年男が「オマエ、日本人か！　男のくせに！」と、この時はさすがに身の危険を感じた。

そんな経験もあって、私はイヤな予感がした。こりゃ、一悶着《ひともんちゃく》あるかも……背広の男性の一人が私を手招きしている。メニューを手に席へ向かった。

「なんにしますかね？」男が女性にメニューを渡す。

「お紅茶、ありますか？」と彼女が私に聞く。

奇妙な茶番劇に巻き込まれていた。ぐゎらん堂にも「キャラメル・ママ」の襲来か⁉　ワンピースのママたちの、長めのスカートに隠された膝小僧に、私の鼻がなにやらキャラメル・フェロモンを嗅ぎ取ったようなのだ。女子高生の一団から無邪気な歓声が上がる。だれかがセブンブリッジでひとり勝ちしたようだった。

ママたちの一人が声をひそめ、隣のママと言葉を交わしていた。例のアレか？

不良とも
親不孝ともいはるゝ少女《おとめ》らの
涼しきひとみにわれはとまどふ……ってか？

（P150の「キャラメル・ママ」参照）

この状況は、いったいなんなのか？　目の前にいるこの人たちをなんと表現すればよいのだろう？　ひょっとして、アンシャン・レジーム（旧社会）の回し者？　近隣住民の自警団？　それとも、人畜無害の顔をしたファシスト集団か？　いやいや、それは考え過ぎだ。彼らはこの店に鳴り響くワケのわからぬ音楽と、そこにたむろする若者たちの風体《ふうてい》や立居振舞《たちいふるまい》に、ちょっとばかり違和感を感じているだけの大人たち――つまり、ごくフツーのオバサンとオジサンなのだろう。しかし、それにしても、なんのために大挙して押し寄せたのか？

　気に入らない店を潰す方法がいくつかあることは聞いていたが、これは「場違いな客による長《なが》っ尻《ちり》作戦」か？　店としては望まない客がひんぱんに来店し、長時間居座り、店の雰囲気をぶち壊して客離れを起こさせる手法だ。私はオーダーを運び終わると、ママの一人に聞いてみた。

「なにか、リクエストはありますか？」と小腰を屈《かが》めて。

「……」ママはなにも答えない。

　私はなけなしの愛想を振りまき、営業努力につとめた。ザ・バンド、ディープ・パープル――ロック&ロール系のレコードに顔をしかめていたので、エディット・ピアフの「バラ色の人生（“La Vie en rose”）」を聴いていただいた。次に三橋美智也のベストアルバムを用意していたのだが、「哀愁列車」をかける前に一同は席を立った。「またのお越しを！」と送り出した。二度と来なかった。

　あれは、いったいなんだったのだろう？　放っといてやれよ、若き遊民たちを。

　そのように、開店からしばらくのあいだは、ぐゎらん堂は吉祥寺の街にとって異物だったのかもしれない。だが、人のウワサも七十五日、次第にコミュニティに溶け込んでいく。なにより、ながいや私は街の商店でひんぱんに買い物する客でもあった。どんな店でも、得意客には心をひらくものだ。食材、厨房用品の仕入れ先――米屋、肉屋、乾物屋、瀬戸物屋、金物屋。とりわけ、酒の卸問屋「佐久間商店」の若旦那、行きつけの小料理屋「柿の木」のヤスヒコさんとその妹のサミーとは親しかった。中華飯店「萬福《まんぷく》」の料理長＝王《ワン》さんとは銭湯の「弁天湯」で裸でつきあう仲だったし、フロア担当の弥生さんからはうちの子どもたちがお年玉まで頂戴して……と、「新住民」だった私たちではあったが、吉祥寺の街に馴染んでいく。

ある商店主が〈ゆみこ・ながい・むらせさんとは面識がある〉と、ながいが街で買い物するシーンを書いている。吉祥寺の駅ビルにあった「ねじめ民芸店」のねじめ正一である[*1]。

〈ゆみこさんの買い物のしかたは、当時の私から見ても、いかにも「頭のいい」買い物のしかただった。いかにも民芸民芸した一般受けする品物には目もくれず、昔からあるいいデザインの、しっかりした実用品をきちっと選んでおられた。こういう客はこちらの記憶に残るものだ〉。しかも……と、作家はながいの容姿を描写する。〈ゆみこさんはなかなかの美人でもあった。私と同年代に見えたが、色が白くてグラマーであった。こう条件が揃っては忘れられるものではない。どういう人なんだろうと気になっているうちに、何かの雑誌でゆみこさんのインタビュー記事を見つけた。彼女がはっきりした自分の意見を持つ物書きであることを知った〉

ぐゎらん堂のママは、あの街に強い印象を残していたようだ。そうこうしているうちに、水曜コンサートは三百回、四百回と回を重ね、フリーギャラリーの開催も八十回を超える。

やがて、『朝日新聞』の記者がやってきた。〈木製のテーブルの塗料がはげ、油じみている〉〈何

＊1＿ねじめ正一「目の高さで丁寧に」、『波』1998年1月号、新潮社。

を生んだ「ぐゎらん堂」10年〉——例の記事の取材だった。それは私にとっても、店の十年間を振り返るひとつのきっかけになった。

そのころ、ぐゎらん堂の経営は赤字ではなかったが、胸を張れる黒字経営というわけでもなかった。店の預金通帳の残高はいつも六桁台前半を行きつ戻りつし、もう一つ「0《ゼロ》」が付く桁に届くことは決してなかった。十年間もにぎわってきた店なのに……？　はたと、私は気づいた。あの【限界効用逓減の法則】に次ぐ第二の経済法則に。商店経営に欠かせない重大なマーケティング理論を発見したのである。そのキーワードが「客層」だった。

ぐゎらん堂はさまざまな立場や職業に就くお客さんたちでにぎわってきた。高校生、大学生、時には中学生。大工、畳屋、植木屋、本屋、魚屋さん。街の商店、飲食店の従業員たち。家出少女（全国から）、脱走少年（千葉の少年院から）。そして多様なアーチストとその卵たち。みんなビンボーな若者だった。彼らのジーンズの、尻のポケットに突っ込まれた財布には、一万円札の代わりになにがしかのココロザシとか野心が入っていたように思う（後にそれが潰《つい》えたとしても）。モンダイはそこなのだ。そろいもそろって、懐《フトコロ》がさみしい連中だった。

商店経営にはズブの素人だったながいと私は、「店」というものは、お客さんたちが自分の好みに合わせて店を選ぶものだと思っていた。しかし、実際にはちがっていた。店は、どんな店でも、【客が店を選ぶのではなく、店が客を選ぶ】という市場の原理に直面したのである。

通常、店の経営者たちは自分の好みや価値観に合わせて、店名、店構え、雰囲気、それに品揃えや価格を決める。ここで、すでに客層が選別されている。店のほうが、開店前から、あらかじめ客層を選んでしまうのである。

「武蔵野火薬庫／ぐゎらん堂」の場合、店名はいかにも物騒だった。店構えは真っ暗、雰囲気はなんでもありのホンキートンク（俗悪野卑）。さあ、こんな店でもよろしかったら……と、端《はな》から店が客を峻別《しゅんべつ》している。だが、決定的だったのは「価格設定」だった。これは前にも書いたことだが、わかりやすい例として挙げておこう。

70年代初頭、ジャズ喫茶やロック喫茶では、最低料金の相場が「コーヒー＝二百円」だった。生バンドが入るときは「チャージ（ライブ料金）＝五百円」である。ところが、私たちの料金設定は「コーヒー＝百五十円」「チャージ＝五十円」。ライブ料金を相場の十分の一にしたのは、出演者にとっても、五百円という高値で客が入らぬステージより、五十円で満席になったほうが唄いやすいだろうという考えからだった。高田渡がそう助言してくれた（P238参照）。少ない出演料の埋め合わせに、『櫻画報』の主筆——赤瀬川原平が発行する「零円札《ぜろえんさつ》」をボーナス・チャージとして払っていたのは先に述べたとおりである。

ぐゎらん堂は、そのように、飲食代もライブ料金も、浮き世離れした低価格の店だった。

この結果、なにが起こったかというと、「コーヒー二百円＋チャージ五百円＝七百円」だと払えないけど、「コーヒー百五十円＋チャージ五十円＝二百円」なら払えるぞという客層が殺到したのである。客の頭数《あたまかず》が多くても、利の薄い商い。そのうえ、ツケが利く店……。

なんということだ！　私たちは三多摩地域と中央線沿線に住むビンボーな若者たちを一手に引き受けてしまったようなのだ。客が店を選ぶのではなく、店が客を選んでしまったのだ。

ぐゎらん堂の最盛期、店は連日連夜の賑わいだったかもしれない。十年後、手元に残ったのは回収不能なツケ（未払い伝票）の山だった——と、これがぐゎらん堂の「収支決算」である。
だったとしても、楽しかったぞ、あの店の経営は！　ロック＆ロールの名曲に喩《たと》えれば、♪　イッツ・ビーン・ナ・ハード・デイズ・ナイト（艱難辛苦の明け暮れ）？　店の帳簿と店主の財布に、ほら、♪　ビンボーがやってくる、Ｙａｈ！　Ｙａｈ！　Ｙａｈ！　ま、いいか。

総括３
ぐゎらん堂は「街の学校《フリースクール》」だった

１９９４年の夏、ながいと私はパリのサンジェルマン・デ・プレを歩いていた。大いなる尊敬の念とミーハー的気分に背中を押され、カフェ「ドゥ・マゴ」へ向かって足を速める。

その老舗カフェは、シモーヌ・ド・ボーヴォワールやＪ・Ｐ・サルトルが書斎代わりに使っていた店である。ボーヴォワールは世界中のフェミニストたち（男性も含む）が畏敬するビッグ・シスターだし、彼女の哲学はながいの行動原理の基盤を成していた。サルトルは私が憧れる「行動する作家」である。１９６８年——ぐゎらん堂開店の二年前——彼はパリの「五月革命（学生の叛乱と労働者のゼネスト）」のさなか、学生たちを熱烈に支持し、そのリーダー「赤毛のダニー（ダニエル・コーン＝ベンディット）」とこんな対話をしている。[*2]

＊2　「ジャン＝ポール・サルトルとダニエル・コーン＝ベンディットとの対談」（『ヌーヴェル・オブセルヴァトゥール』誌特別版＝1968年5月20日号）を『朝日ジャーナル』1968年6月2日号が翻訳・掲載。それを毎日新聞社編『毎日ムックシリーズ20世紀の記憶　1968年』（1998年）の「パリ5月革命」の項で抜粋・再録。

〈きみたちはわれわれの社会をつくったすべてのもの、われわれの社会の持つすべてのものを驚かせ、押しのけ、否認する〉〈［そのことを］やめないで続けてほしい〉

ドゥ・マゴは、そんな彼女と彼が原稿を執筆し、推敲《すいこう》し、資料を読み込んでいた街なかの仕事場だった。学生や新人作家たちが持ち込んだ原稿を批評し、議論を交わした応接室である。同じ大通りに面した「カフェ・ド・フロール」とともに、サンジェルマン・デ・プレのカフェは時代を担う知識人、作家、詩人、前衛芸術家とその卵たちが集う聖地——そこへ行けば「先生」と出会える「学校」でもあったのだ。エスプレッソ・カフェとショコラが香る教育現場。

日本全国の喫茶店、コーヒー店、居酒屋の店主の方々（それに、これからそれを開こうという未来の店主の皆々さま）に申し上げたい。あなたの店が、歴史を動かすパワーを秘めた「聖地」になるかもしれない——ということを。

ドゥ・マゴのオープン・テラスはパリジェンヌとパリジャン、それに観光客とおぼしき老若男女で満席だった。パリのタウンマップを手にした日本人《ジャポネ》は、セピア色の店内に席を見つけ、カフェ・オ・レとハムのクロックムッシュを味わった。

「モンパルナスの墓地、ここから歩いて行けるのかしら？」ながいがいう。

「どうかな？」地図を見ながら私。これからボーヴォワールとサルトルの墓にお参りする予定だった。「メトロ６号線に乗ると行かれるって……」

地下鉄の駅へ向かう途中、ながいが声を上げて前方を指差した。舗道に鋳鉄製の六角柱《ポール》、そこに青銅の文字盤が掲げられていた。「サルトルとボーヴォワールの居場所（PLACE SARTRE - BEAUVOIR）」。ふたりの生年と没年が刻まれ、「哲学者にして作家」とも。サンジェルマン・デ・プレは「サルトル／ボーヴォワール広場」だったのだ。

「店」は「学校」だった……しかし、それはパリだけの話ではない。

18世紀、大英帝国の首都ロンドン。この街には種々雑多な話題を議論し、情報を収集し、知見を交換するための集まりが無数にあったという。市民たちのいわば「私的クラブ」である。その舞台となったのがコーヒーハウス（喫茶店）であり、パブ（居酒屋）だった。

最盛期には市内に二千〜三千軒あったというコーヒーハウスは、ロンドンっ子たちにとって、アラブから渡来した琥珀色の飲み物と出会える場である以上に、人と人が出会える場だった。他人は自分が知らなかった知識を身につけている。他人は自分が思いもよらなかった異論をまくしたてる。それになにより、人が集まる場では、自分と息の合った仲間と出会うことができる。コーヒーハウスには自由な言論と活気、旺盛な好奇心が渦巻いていた。今井賢一（経営学）と金子《かねこ》郁容《いくよう》（情報組織論）が指摘する[*3]。

〈あらゆる身分、職業、服装の人々（ただし男のみ）が店に自由に出入りし…（中略）…タバコの紫煙が立ち込める中、商売、政治、生活、ファッション、貿易、船舶、文学、ゴシップなどなどあらゆる情報が交わされ生まれていた〉

＊3＿引用・参考：今井賢一・金子郁容著『ネットワーク組織論』岩波書店（1988年）。

✣サルトルとボーヴォワールを顕彰した記念碑
✣18世紀、ロンドンのコーヒーハウスは大騒ぎ

上✣パリ6区サンジェルマン・デ・プレ――「ここは、SARTRE（1905 - 1980）とBEAUVOIR（1908 - 1986）の馴染みの場所だった」とある。
下✣Edward Wardの『The London Spy（ロンドン・スパイ）』によれば、〈びっくりしたのはその喧騒ぶりである。あちらでワイワイこちらでガヤガヤ〉〈やたらと人が出入りするし、何か書いている者もいれば、おしゃべりに夢中なのもいる。コーヒーを飲んだり、タバコを吸ったり、議論をしたり、ともかく部屋中が煙だらけで……〉（上の図）。今井賢一・金子郁容著『ネットワーク組織論』より。

クラブの常連たちでごった返す「店」は、客同士がそれぞれの情報と見聞をたがいに共有し、新たな時代の息吹きを学習するための最前線――一種の「私立学校」だった。折りしも、産業革命前夜の大英帝国は歴史の転換点を迎えていた。〈そこはそれまで特権階級に独占されていた情報が市民のものとなり、多種多様な人の集まる場面でさまざまな情報がダイナミックに発生しつつ伝播するようになったという「情報革命」の現場〉*4となっていく。

コーヒーハウスに集まり、口角泡を飛ばして議論する人びとは、世間からは一種の「LUNATICS《ルナティックス》（ヘンな人たち）」と見なされていたようだ。大英帝国に、特権階級の文化や価値観とは異質の「カウンターカルチャー＝パラレルワールド」が出現していたのだろう。ここでいう「LUNATICS」とは、同時期、バーミンガム（産業革命後、ロンドンに次ぐ大都市に発展）に存在した「ルナ・ソサエティ（The Lunar Society）」に由来する。

この団体は、英国の産業を近代化した実業家＝マシュー・ボールトンらが主宰した有産市民《ブルジョワジー》階層のサロンで、満月《フルムーン》の夜に定例会を開いたという「ヘンな集まり」だった。しかし、会員の顔ぶれを見ると、ここが、後に「産業革命」を担うことになる人材——新興有産階級と知識人たちの情報交換の場であり、また、彼らを支援した有力者が用意したハイクラスな「学校」だったということがわかる。

たとえば、ジェームズ・ワット（蒸気機関の発明者、実業家）、ジョサイア・ウェッジウッド（陶芸家、陶磁器メーカー「ウェッジウッド社」創業者）、E・ダーウィン（医師、詩人。チャールズ・ダーウィンの祖父）、トーマス・デイ（ジャン＝ジャック・ルソーの影響を強く受けた作家、奴隷廃止論者）。それに、十九歳で印刷工としてロンドンに渡り、パブやコーヒーハウスに出入りしていたベンジャミン・フランクリン（科学者、アメリカ建国の父の一人）ほか、産業革命期の世界史に登場する多数の著名人たち——。

彼らのバーミンガムでの活動と情報発信、そして彼らに与えられた蔑称《べつしょう》（もしくは尊称）が飛び火し、ロンドンのコーヒーハウスで「LUNATICS」が同時多発したということか。

それにしても、なのだ。18世紀の大英帝国では、コーヒーハウスに〈あらゆる身分、職業〉のヘンな人たちが〈あらゆる服装〉で集まった……!?

20世紀——1970年代にオープンした、どこぞの店と似てないかい？

吉祥寺のあの店は、雑多な職業、勝手なファッション、それに、音楽、美術、漫画、文芸、政治、エトセトラをごった煮にした闇鍋《やみなべ》のような店だった。多感な表現者たち——「LUNATICS」のスクランブル交差点となった場には、たまさかの不穏な論争や殴り合いを別にすれば、同世代あるいは新旧の世代がたがいに刺激し合い、異分野のアーチストたちがたがいに敬意を表しながら、それぞれの知見をやりとりする微笑ましい人間関係が見え隠れしていた。

＊4＿引用・参考：今井賢一・金子郁容著『ネットワーク組織論』。

〈〔あの店には〕友部正人がいた。シバがいて、鈴木翁二がいた。中川五郎と高田渡と羽良多平吉と、それから長井さんも胸に外泊用の歯ブラシをさして、いた。／彼等はスターだったので、ぼくはあまり話した事はなかったが、たまに彼等の気紛れで話しかけられたりすると、嬉しかった。時代を少し、分けてくれた様な気がした〉[*5]

——と、初々しく回想するのは、そのころ大学生だった「あぼ」こといしかわじゅんだ。〈長井さん〉とは、あの「モーゼルの勝ちゃん」のことである。いしかわが、いつも、ぐゎらん堂の常連客と楽しげに遊んでいたのを思い出す。店に常備したフリーノート「几帳面」に、中坊ひろしを主役《キャラ》にしたマンガ（里中満智子の少女漫画『アリエスの乙女たち』のパロディ版）を肉筆で連載し、「遊民一座」の一員として「ソフトボール大会」に出場して活躍した。彼は、長井勝一、友部正人、高田渡や羽良多平吉らを「スター」と呼んでいるが、いま、彼自身が日刊紙に四コマ漫画を連載する時の人となって輝いている。[*6]

ぐゎらん堂とはなんだったのか？　「あぼ」はこんなふうに総括する。[*7]

〈あんな無尽蔵に時間を持ったことはなかった。あれ程、無為に時を過ごすことは、もう二度とないだろう。／あの無駄に浪費した莫大な時間が、今のぼくのほとんどを作ったのだ。つまり、ぼくのカナリの部分は、ぐゎらん堂が作ってもいるのだ〉。彼はさらに記す。〈ぼくはあの店の中で、

＊5__いしかわじゅん著『吉祥寺気分』の「一、夢の時代／ちょっと感傷」。
＊6__いしかわじゅんは『毎日新聞』朝刊紙上に四コマ漫画「桜田です!」を連載中（2015年2月〜）。
＊7__いしかわじゅん著『吉祥寺気分』の「一、夢の時代／解散」。

やりたい事をするのが一番美しい、ということを学習したのだと思う。それはぼくの一番若い時代の中で、一番大きなテーマだった〉

やりたい事をするのが美しい。一番大きなテーマを学習した……? そうだったのか!? ってことは、あの店もまたアレだったのか。

1960年代半ば——米国で公民権運動が盛んだったころ——アフロ・アメリカンの作家＝ジェイムズ・ボールドウィンがこんな発言をしていた（たしか、河出書房新社の月刊誌『文藝』誌上だったと思う）。
「黒人の子どもたちにとって『街のSTREET《ストリート》（街頭）』こそが学校だった。この学校で、子どもたちは人生のすべてを学んだ」と。

ひょっとしたら、ぐゎらん堂は「街の学校」だった? 吉祥寺の裏街《ストリート》に自ずと発生したフリースクールである。そういえば、先生たちはたくさんいた。

若者たちにとって、活字の世界でしか知らなかった金子光晴は、あの店に下駄履きで足を運んでくれた。壺井繁治や佐藤英麿を引き連れて。

「モーゼルの勝ちゃん」は、村の若衆宿《わかしゆやど》の上座にすわる長老のような先生だった。「オレの若いころの浅草は……」とか「満州の夾皮溝金山《ジャビコウきんざん》ってとこはね……」とか話しはじめると、高校生たちが「うんうん」とうなずきながら目を輝かせていた。赤瀬川原平は、私に「女の尻を追いかけ回すのはヘンタイじゃない」という人の世の真理を諭《さと》してくれた師匠である。

高田渡は、意識的に、次世代を育てる教師の役を実行していた。自分のライブを見に来た若手ミュージシャンをステージに引っ張り上げ、マイクを譲っていたのを思い出す。当時、大学生だったのが「林亭」の佐久間順平、大江田信であり、高校生だったのが、いまや、ジプシー・スウィング・ギター&ウクレレの第一人者＝キヨシ小林である。そして、今は亡き加川良（「教訓1」を唄って戦争に尻を向けたシンガーソングライター）、中川イサト（フィンガー・ピッキング・ギターの巨匠《マエストロ》だった）、山本コウタロー（後年、実際に先生＝白鷗大学教授となる）の場合は……と数え上げればキリがない。数多くの若き遊民たちが、大学や高校の教室では、決して出会うことのなかった多彩な先生たちの薫陶を受けたのである。

そして、もし、吉祥寺の「街の学校」に素晴らしい点があったとしたら、パリのカフェやロンドンのコーヒーハウスには立ち寄らなかったあの先生がいつもいてくれたことだ。彼女の名は「ミューズ＝音楽の女神」——愛と平和と歌舞音曲のスペシャリストである。

音楽や歌は、いつの時代も、泰平の眠りを醒《さ》ます目覚まし時計だった。それは、時代の変化を先触れするにぎやかな導火線であり、「反逆の象徴《アイコン》」でもあった。19世紀末期〜20世紀初頭、添田唖蟬坊が街頭で唄う辛辣な「演歌（新流行歌）」は、時の権力者たちを軽妙かつ逆説的にしばき倒し、人びとを鼓舞するプロテストソングだった（百年後、高田渡が復活させ、岡大介が唄い継いでいる）。

1941年の秋——第二次世界大戦のさなか、ナチスのドイツ兵たちがラジオの前に集まり、タバコの煙をくゆらせながらその時刻が来るのを待ちかねていた。毎晩21時57分、ベオグラード放送（ナチスの占領下にあったユーゴスラビアのラジオ局）があの歌をオン・エアするのだ。

＊8＿引用・参考：「アメリカンセンターJAPAN（About the USA）」のデータベース。

♪ もう、うんざりさ、連隊兵舎の歩哨なんて／営門《ゲート》のランタンに灯がともるころ／ぼくはその下で、きみのことを想うのさ／会いたいなあ、リリー・マルレーン（私訳）。ドイツの歌姫＝ララ・アンデルセンが唄う「リリー・マルレーン（"Lili Marleen"）」は、ナチス兵士の洗脳された頭をやさしく揺さぶり、覚醒させる。なんで、オレたちはこんなところにいるんだ？　なんなんだ、この戦争は!?　会いたいなあ、故郷に残したあの娘《こ》に……。

アセったのはナチスの戦争指導者たちである。宣伝相＝ゲッベルスはドイツ軍の士気低下を恐れ、この歌の放送を全面的に禁止した。英国、米国の政府と放送局が、自国がからむ戦時になると、ジョン・レノンの「イマジン」にアセるように。

1963年、真夏のアメリカ合衆国。白人社会に人種差別撤廃を迫る「ワシントン大行進」を先導したのはフォークソングだった。見渡すかぎりの大群衆の前で、ボブ・ディランが唄ったのは「風に吹かれて」「しがない歩兵」だった。オデッタが、♪私に自由を《オー・フリーダム》！／奴隷になるくらいなら墓に埋められたほうがましだ（"Oh, Freedom"）とスピリチュアルに声を震わし、ジョーン・バエズは「勝利をわれらに（"We Shall Overcome"）」をシャウトした。この曲は公民権運動の象徴歌ともなり、二十五万人の参加者たちがシング・アウトするのである。

そして、この大集会の総仕上げをしたのがマーティン・ルーサー・キングの演説だった。1963年は終わりではなく始まりだ――と前置きして、彼は唄うように説く[＊8]。〈今日こそ、わが友たちに語りたい。私には夢がある！　それは、いつの日か、ジョージア州の赤土の丘で、かつての奴隷の息子たちとかつての奴隷所有者の息子たちが、兄弟として同じテーブルにつくという夢である。今日、私には夢がある！（I have a dream, today!）〉と。

1968年、ミューズはインドシナ半島に降り給うた。米国政府がベトナムへ送った若者たちは、皮肉なことに、ジャニス・ジョプリンやジェファーソン・エアプレイン、ディラン、ピート・シーガー、PP&M（ピーター・ポール&マリー）らの歌声を聴いて育った世代――フォーク&ロック世代だった。彼らは派遣された戦地で、マリファナの紙巻き《ロール》を回しながら考える。人を殺すのになんの意味がある？　まして、自分が殺されるなんてまっぴらだ！　ビートルズがレコードデビューして六年、ジョーン・バエズの初ステージから九年、女神の申し子たちが地に満ちていたのである。

この年の1月、ここは泥沼化したベトナム戦争の最前線――ベトナム南部タイニンの米軍基地である。ハードな一日が終わり、第二十五歩兵師団の兵士たちがギターを弾く戦友のまわりに集まってきた。即興のセッションがはじまる。

♪　Oh！　ジョニーよ、ジョニー／あなたは戦場へ行ってしまう／昼も夜も、いつも一緒にいたいのに／私だって髪を束ね、軍服を着て／あなたと一緒に行きたいわ……Yes, my love Yes!（私訳）。「悲惨な戦争（"The Cruel War" by PP&M）」に勝利者はいないのだ。死体になったのは異国の民だけではない。五万人、六万人の米兵がベトナムで命を落とした。

二ヵ月後の3月、ケサンの戦闘基地でも米軍兵士たちがギターを掻き鳴らしていた。ピート・シーガーの「花はどこへ行った」を切々と唄う。♪　若者たちはどこへ行ったの？／兵士になって戦場へ行った／で、兵士たちはどこへ行ったの？／みんな墓場に埋められてさ（私訳）……この映像がアメリカ本土のテレビ局で放映された。

米国民は大きなショックを受けた。劇的に、反戦運動の局面が変わった。当事国のアメリカをはじめ、ヨーロッパ、日本——世界中でベトナム反戦運動が燃えひろがる。多くの若者たちが警官隊と衝突し、舗道の敷石を砕き、直接行動で警察や軍隊に対抗した。

そして、１９６９年8月、ベトナム戦争下に開催されたあの「ヒューマン・ビーイン」だ。

ニューヨーク州ウッドストックの上空は、米軍がエスカレートさせる虐殺の現場——インドシナ半島の空とつながっていた。そのステージで、ジミ・ヘンドリックスが合衆国国歌「星条旗（“The Star-Spangled Banner”）」を弾く。狂おしく、官能的な悲鳴を上げるストラトキャスター（フェンダー製エレキギター）。巨大なスピーカーから放たれた電気的轟音《エフェクター・サウンド》が天を裂き、急降下するＦ１０５戦闘爆撃機の爆音にも似た重低音が地を圧した。会場を埋め尽くした長髪の若者たちは、最初、当惑したようだった。曖昧な笑みを浮かべ、水を打ったように静まりかえる。が、やがて、やんやの口笛と万雷の拍手。それは、軍隊経験のあるジミ・ヘンが嫌味《イヤミ》たっぷりに演じたパフォーマンスであり、ロックビートによる破天荒なメッセージだった。

音楽は、いつも、時代を変える「曳き船《タグボート》」だった。

ながいや私もまた、ミューズの申し子である。ぐゎらん堂は女神の底力を強く感じ、いわば、彼女にうながされてスタートした店だった。

「武蔵野火薬庫／ぐゎらん堂」とはなんだったのか？　もう、おわかりだろう。

開店記念品のマッチ箱に「有害無益」を標榜《ひょうぼう》した店。

雑居ビルの最上階——昼なお暗き天空の地下室。
オマワリとヤクザが近寄らなかった酒場。
裸電球の下、白い乳房が揺れるライブハウス。
「大日本零円札」が通貨として流通し、
「ぎんぎら通り13番地」の宛名で手紙が配達された店。

そうなのだ。ぐゎらん堂とは、延床面積十二坪の虚構《フィクション》だった。まるで、絵空事のように実在したカウンターカルチャー。もしかしたら、コーヒー代百五十円の「木戸銭」を払えば体験できる見世物小屋と似ていたかもしれない。

私たちの目の前には、大掛かりなフィクションがたくさん存在する。

在るようで無く、無いようで在る「国家（社会主義国家を含む）」とか「国境」という蜃気楼、「体制」と呼ばれる作り物《レプリカ》。「核の傘」という薄氷の悪夢。「日本精神《ヤマトダマシイ》」とか「民族の血」などという妄言は、これからも、ほかならぬ日本国民を不幸にするだろうし、歴史の恥部にパンツを穿《は》かせる「修正主義（historical revisionism）」ほど恥ずかしい猥褻図書《ポルノ》はない。「多数決」という集団原理は、少数派《マイノリティ》にとっては独裁政治《ファシズム》とさして変わりがないし、「男らしさ」という虚像は、男たちの胸毛の胸を締め上げるブラジャーじゃないか。バカな話である。

手の込んだフィクションの正体を暴くには、別のフィクションが必要だ。

多数決より一人決《いちにんけつ》。悪いけど、勝手にゴメンね！

それが、小説や文学であり、映画、演劇だ。それはまた、音楽や芸術《アート》であり、けっきょくのところ、いつの時代も、多数派社会と背中合わせに存在する「パラレルワールド（もうひとつの時空）」――つまり「カウンターカルチャー」の世界ではないかと思う。ほら……

「♪Imagine there's no heaven
=考えてもみろよ、天国なんてあるものか」（ジョン・レノン）

「La barricade ferme la rue, mais ouvre la voie
=バリケードは通りを塞ぐが道を開く」（パリの大学の壁に書かれた落首）

「女ヨ、もう男の便所になるのはやめよう！」（ぐゎらん堂のトイレの壁の落書き）

足かけ十五年――ウソみたいに存在したホント。♪ GOWANG GOWANG……と鐘が鳴り、♪ GWARAN GWARAN……と「場」が消える。あのころ、吉祥寺にはぐゎらん堂があった。

あんな店、あんな居場所、つくってみないか？